치유와 억압의 집,
여성병원의 탄생

MEDICAL BONDAGE

디어드러 쿠퍼 오언스 지음
이영래 옮김
윤정원 감수

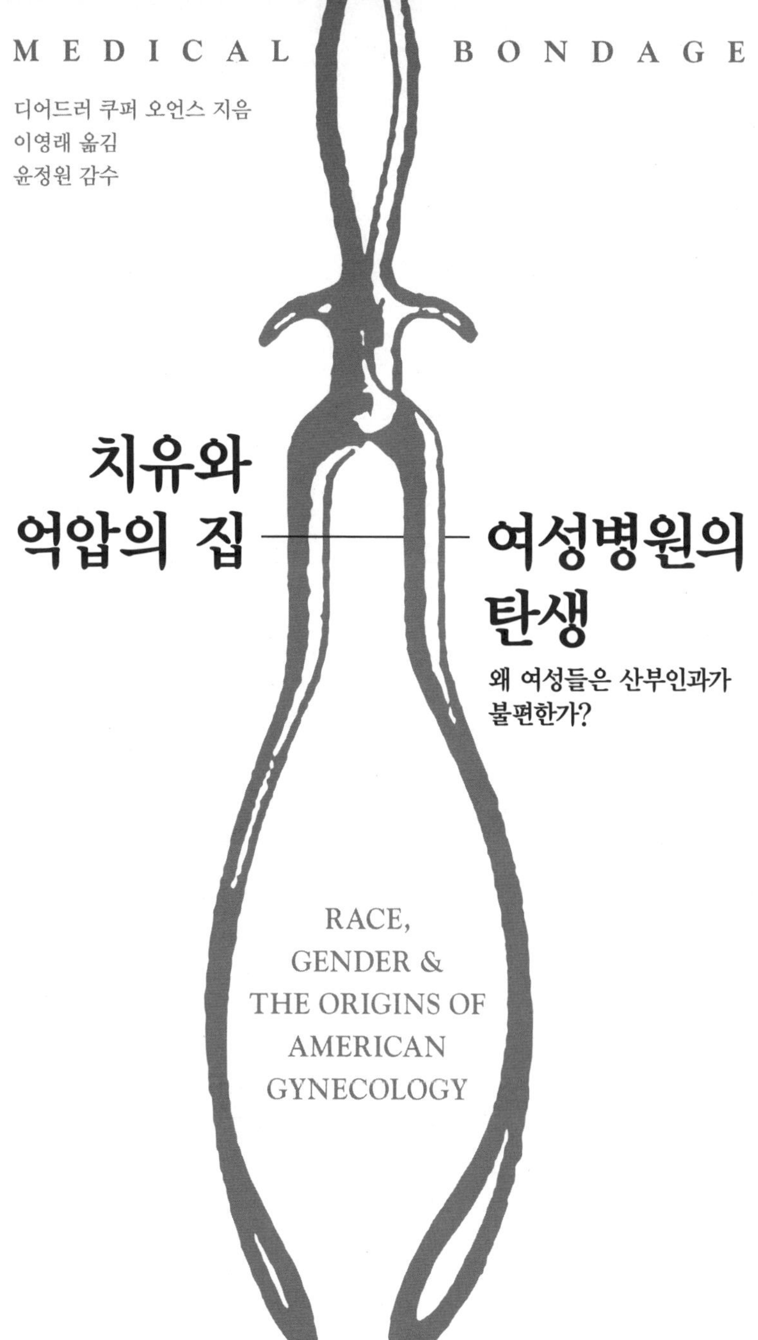

치유와 억압의 집 — 여성병원의 탄생

왜 여성들은 산부인과가 불편한가?

RACE, GENDER & THE ORIGINS OF AMERICAN GYNECOLOGY

갈라파고스

일러두기

· 단행본은 『』, 논문이나 단행본 내 장 제목은 「」, 신문, 잡지 등 정기 간행물은 《》로 묶었다. 기업명과 단체명은 별도의 문자표 없이 붙여 썼다.
· 옮긴이 주는 본문 안에 ()로 묶어 표시했고, 원문에는 없으나 이해를 돕기 위해 삽입한 문구는 []로 묶었다.

노고에 대한 인정도, 감사도 받지 못한,
삶과 과업으로 내게 영감을 준
과거와 현재 우리 가족의 모든 여성들에게,

더불어 메리 쿠퍼와
에드워드 브라이언 쿠퍼 오웬스에게
이 책을 바칩니다.

들어가며

미국 부인과 의학과 흑인들의 삶

"신체"라고 할 때, 우리는 뼈와 살 같은 요소들, 외형과 윤곽, 손톱과 머리카락 등 물질적인 것을 먼저 떠올리곤 한다. 그러나 잘 알다시피, 신체는 그저 물질이 아니다. 따라서 인식이나 해석과 절대 분리될 수 없다.
—카를라 피터슨, 『흑인 여성 신체의 재발견』

미국 최초의 여성병원은 앨라배마주 마운트 메이그스의 작은 노예 농장에 자리했다. 이 지역은 노예무역의 중심지였던 몽고메리에서 15마일(약 24.14킬로미터) 떨어진 곳으로 목재가 유명한 도시였다. 1844년부터 1849년까지 애너카, 벳시, 루시 외에 신원 미상인 여성 노예 약 9명이 이 병원에서 함께 일하며 살았다. 제임스 매리언 심스는 개인적인 수련과 수술한 환자들의 회복을 위해 이 시설을 만들었다. 그는 노동자들(아마도 노예였을)을 시켜 방광질루 증상이 있는 노예 여성들의 치료를 위한 병원을 짓게 했다. 방광질루는 매우 흔한 산과 증상으로 실금을 유발하며 여성들이 외상이나 출산으로 경험하는 질과 항문의 파열으로 초래된다. 수년간 이어진 선구적 연구(모두 실험연구였다) 끝에 방광질루 치료에 성공한 심스는 세계적인 명성을 얻게 되었다. 그는 이후 "미국 부인과 의학의 아버지"로 알려지게 된다.

그가 수술한 여성들은 계속해서 노예의 의무를 이행해야 했다. 아픈 사람을 돌보는 것을 비롯해 심스 가족의 모든 요구에 부응해야 했다. 그들은 요리를 하고, 청소를 하고, 불을 때고, 겨울이면 벽난로가 꺼지지 않게 살피고, 우물에서 물을 길어다 나르고, 주인 가족의 곁에서 땀과 눈물을 닦아 주고, 채소를 심고, 잡초를 뽑고, 아기를 보살펴야 했다. 또한 수술 간호사가 되어 이 19세기의 가장 성공적인 부인과 의사에게서 부인과 수술의 기초도 배워야 했다. 심스의 농장에서 살았던 5년 동안 이 여성 노예들은 그가 새로운 의학 분야를 탄생시키는 데 큰 몫을 했다. 산과 누공 치료에 대해서라면 이 여성들이 1840년대 중반에서 후반까지 대부분 미국 의사들보다 더 많은 것을 알고 있었다.

제임스 매리언 심스의 경력, 특히 그의 "앨라배마 시절"에 대한 연구에서는 이 노예 여성 환자들이 가졌던 간호사로서의 지위가 질병에 대한 논의에 묻히곤 했다. 하지만 노예제도, 인종, 의학에 대한 연구에서는 노예, 특히 이 노예 간호사들의 다채로운 개인적, 직업적 생활을 조사하고 이해하기 위한 꾸준한 노력이 이어지고 있다. 이들의 경험은 전문 여성의료인의 탄생과 '검다'는 존재론적 개념 사이에 어떤 관계가 있었는지를 보여 준다.

남북전쟁 이전, 미국 의사들 대부분은 '검다'는 것이 인간 피부색을 넘어 그 자체로 인종 생물학과 그 불변성에 대해 중요한 가르침을 주는 인종 범주라고 믿었다. 이런 생물학적 이론을 따라야, 흑인 여성은 백인 여성과 같은 종이면서도 백인 여성과는 생물학적으로 구분되는 열등한 존재일 수 있었다. 19세기 인종 형성 이론racial formation theory이라는 프리즘을 통해 노예 여성 환자와 간호사 들의 일을 살펴보면 인종 과학뿐 아니라 노예제와 의학에 내재된 모순, 열등하다고 간주되는 인종 집단을 상당한 지적 능력이 요구되는 전문적인 노동에 종사하게 한 모순도 보다 명확해진다.

심스를 위해 일했던 노예 간호사는 환자이면서도 수술 조수로 일해야 했다. 학자들은 일반적으로 이를 노동력 착취 문제로 다룬다. 하지만 이 책은 간호가 지능과 판단력이 중요한 여성들의 일로 여겨졌음에도 불구하고 이 여성들이 간호사로 인정받지 못한 데에 초점을 둔다. 그럼으로써 노예제와 인종 과학이 흑인의 열등성에 대한 관점에서 자기모순에 빠지게 됨을 보여 준다.

역사 기록들은 심스가 1855년 설립한 뉴욕병원을 미국 최초의 여성병원으로 기록하고 있지만 우리는 그가 그보다 10년 앞서 앨라배마여성노예병원을 설립했음을 알고 있다. 심스는 이 병원을 운영한 마지막 두 해 동안 환자들에게 수술을 보조하는 방법을 가르쳤다. 심스가 남부에서 뉴욕으로 떠나면서 앨라배마의 여성병원은 심즈의 후배 의사인 네이선 보즈먼에게 팔렸다. 심스의 수술 보조원이었으며 역시 노예 소유주였던 보즈먼 박사는 그 병원을 계속 부인과 병원으로 운영하면서 주로는 노예 신분인 환자들을 치료하고 실험 대상으로 삼았다.[1] 심스와 마찬가지로 보즈먼은 이후 병원을 팔고 노예 환자들을 주인에게 되돌려 보냈다. 그는 막 싹을 틔운 의사로서의 경력을 계속 발전시키고 심스의 '실크 봉합법'보다 성공적이라고 내세웠던 자신의 '단추 봉합법'을 진척시켰다.

선구적인 부인과 의사들에게 흑인 여성들은 살아 숨 쉬는 모순이었다. 연구에 필수적인 존재였지만 그들의 신체나 노동이 필요를 잃는 즉시 버릴 수 있었던 것이다. 심스는 "미국 산과 의학의 아버지"로 추앙을 받은 반면, 심스나 다른 미국 초기 의사들은 노예 환자들에게 '산과 의학의 어머니' 자리를 허락하지 않았다. 인종, 성, 노예 소유 측면에서의 우위를 차지하는 데 많은 투자를 한 전문직 백인 남성에게 노예 여성들의 노력을 인정하게 할 사회적, 문화적 압력은 존재하지 않았다.

이 여성들의 기여가 인식되지 못한 상황을 바로잡기 위해 이 책은 의사와 상관없이 수술을 받기 위해 병원에 들어와 입원 기간에도 일을 해야 했던 이들의 알려지지 않은 노고, 건강한 재생산을 위해 붐비는 병원에 기꺼이 들어선 가난한 여성 이민자들의 노동을 들여다볼 것이다. 이 책은 역사를 되찾는 일보다도 병원 침상 밖에서 노예 여성들의 삶을 복원하는 데에 초점을 맞춘다. 의학사 연보에서 내가 생각하는 그들의 자리는 수술을 행한 의사들 바로 옆이다.

노예제도 아래 아픈 여성들은 다른 미국인들이 상상할 수 없는 삶을 경험했다. 노예제는 흑인 여성들이 백인 여성, 때로는 백인 남성보다 혹독한 노동에 종사해야만 하는 환경을 만들었다. 성별과 무관하게 노예들이 해야 하는 농사일은 똑같았기 때문에, 의사들은 흑인 여성의 체력과 건강을 평가할 때 성별에 따른 차이를 무시하곤 했다. 백인들은 흑인 여성이 흑인 남성만큼이나 채찍질과 같은 잔혹한 체벌을 잘 견딜 수 있다고 생각했다. 이 여성들이 병에 걸려서, 보통은 몸이 약해질 수밖에 없는 신체적 상태에 처해 있을 때에도 백인 사회는 그들을 물건 취급하고, 더 강한 의학적 "피검물"로 다루었다. 그 결과로 노예 여성들은 피해자와 행위자의 사이를 맴돌아야 했다.

미국 부인과 의학의 역사는 득의양양한 태도에 있어서 다른 미국 역사와 매우 닮아 있다. 부인과 의학의 역사는 엘리트와 탄압받는 자들의 목소리가 모두 담긴 다층적 서사이다. 면밀하게 분석하면 이 역사는 인종, 계급, 성별이 의학과 같이 겉보기에는 가치중립적인 분야에 어떤 영향을 주었는지 보여 주는 증거가 된다. 샤를라 펫의 『실제적인 치료법*Working Cures*』, 마리 젠킨스 슈바르츠의 『노예를 낳는다는 것*Birthing a Slave*』, 데버라 쿤 맥그리거의 『산파에서 의학까지*From Midwives to Medicine*』와 같은 저작에서 여성 노예와 아일랜드 여성 이민자는 검토할 가치가 충분한 역사 속의 행위자로 등장한다. 이 학자들은 성폭력, 재생산, 가족에 집중하지만 이 책에서는 이 담론에 과학과 의학을 접속시킨다. 이 책은 노예 여성의 삶을 연대순으로 기록함으로써 노예제도, 의학, 과학이 상조적 관계에 있다는 것을 입증해 보인다.

이 책은 흑인 여성 노예, 아일랜드 여성 이민자, 백인 남성 의학자 들에 대한 비교연구인 동시에 '흑인성blackness'에 대한 남북전쟁 이전의 인종 형성 이론, 즉 인종은 생물학적인 것이며 사람의 행동, 성격, 문화를 결정한다는 이론의 탄생을 깊이 파고든다는 점에서 앞선 연구들과는 방향을 달리한다.

또한 이 책이 다루는 내용은 주요한 의학사 연구들을 확장하는 시도다. 일례로 토드 새빗은 인종과 의학에 초점을 맞추어 왔지만 부인과학의 역사에서 노예가 담당한 중심적 역할에 대해서는 조사하지 않았다. 인종과 의학을 다루는 역사가들은 남북전쟁 이전의 의료, 노예해방이 건강에 미친 영향, 폐결핵, 인종, 도시에 대한 19세기 후반의 문제 등의 주제들을 재구성해 왔다.[2] 이 책은 이런 논의를 노예 농장으로 되돌리는 방식으로 미국 부인과 의학의 발전사를 다룬다.

이 책은 노예제도와 의학 사이의 관계에 대한 두 가지 중요한 논거를 기반으로 한다. 첫째, 생식의학은 남부 노예제의 성공과 유지에 필수적이었다. 흑인 여성의 대규모 이민과 판매가 이루어졌던 남북전쟁 이전에는 특히 더 그랬다. 의사들은 이 나라의 노예시장에 큰 영향을 미치는 흑인 여성에 대한 부인과적 진단을 맡은 백인 엘리트 남성 집단이었다. 판매되는 노예 각각은 의학적 진단을 통해서만 가격을 매길 수 있었다.

둘째, 남부 의사들은 부인과 질환의 치료에서 임신에 이르기까지 생식과 관련된 노예 여성의 노동이 여성 전문 의학을 혁신하는 데 이바지했음을 알고 있었다. 노예 소유주들은 이들 백인 남성의 의학적 판단을 이용해서 노예 여성이 경제적으로 건전한 자산인지 확인했다. 여성 노예가 가진 생식력이 얼마나 되는지, 생식에 문제는 없는지, 농장에 있는 다른 노예에게 전염이 될 만한 성병을 갖고 있는지 등, 이런 문제는 대단히 중요했고 의사들은 구매자들에게 그에 대한 답을 제공했다. 난소절제술(병든 난소의 적출)과 제왕절개술과 같이 미국 부인과 의학 역사에 있었던 선구적 외과 수술 대부분은 남부 백인 의사와 흑인 노예 환자 사이의 상호작용에서 생겨났다.

또한 이 책은 비교연구로 아일랜드 여성 이민자의 의학적 경험과 삶 역시 분석한다. 이 연구에서는 가정부, 성 판매 여성, 공장 노동자였던 아일랜드 여성 이민자들의 직업적 삶보다는 부인과 의학이 그들에게 미친 의학적 영향에 보다 집중한다. 1805년에 있었던 유럽인들의 엄청난 미국

대륙 유입은 현대 미국 의학과 밀접한 관련이 있다. 아일랜드 여성 이민자들은 남북전쟁 이전 시대의 미국 여성 대부분이 그렇듯이 여러 차례 임신을 경험했을 텐데도, 이들의 생식의학 경험과 관련해 남아 있는 글은 거의 없다. 이 글은 노예제 시대 미국에서 가장 큰 비중을 차지했던 여성 이민자 집단의 생의학적 경험을 조명하려는 시도이기도 하다.

아일랜드 태생인 가난한 여성들은 북부 도시의 병원과 의사 들에게 크게 의존했다. 일부 도시에는 아일랜드 여성들의 정신적, 의학적 수요를 충족시키기 위한 가톨릭 병원들이 세워졌다. 뉴욕과 같은 도시에서는 남부의 의사들이 노예 여성들에게 했던 것과 똑같은 방식으로 이 환자 집단을 실험적인 부인과 수술의 대상자로 삼았다. 이들 여성이 쉽게 이용할 수 있는 취약 계층이었기 때문이다.

지금까지 많이 이루어졌고 또 계속되고 있는 노예제 연구라는 분야와 인종과 의학의 역사라는 성장 중인 분야 안에서, 이 책은 미국 노예제도, 인종, 성별, 의학의 역사에 대한 다른 서사를 제시한다. 또한 노예제와 아일랜드 이민이 현대 미국 부인과 의학 성장에 가지는 본질적인 연관성을 입증한다. 아일랜드 이민자인 환자, 특히 뉴욕 여성병원의 첫 환자인 매리 스미스에 대한 심스의 연구는 그가 이민자와 흑인 여성의 질환에 의존해서 일반 여성의 질환에 대한 치료법을 발견하고 있으면서도 엘리트 백인의 생명이 가난한 이민자의 생명보다 존중받아야 한다는 믿음이 만든 19세기의 의학적 관행을 실천에 옮겼다는 것을 증명한다. 이는 19세기 미국인들이 인종, 건강, 지위에 대해서 가진 생각이 환자와 의사가 노예들의 오두막, 의과대학, 병원이라는 치료의 장소에 들어서기 전에 서로를 생각하는 방식, 그들이 가지는 상호작용에 어떤 영향을 미쳤는지 보여 준다.

당시에는 여성의학이 발전하는 동시에 인종 형성 이론이 만들어지고 논의되고 있었다. 또한 부인과 의사들이 수행한 혁신적인 외과적 연구로 인해 미국 의학은 서구 의학계의 변방에서 중심으로 이동하고 있었다. 제왕절개, 산과 누공 치료, 난소절제술에서의 급속한 발전 대부분이 처음에는 주로 노예 여성들에게, 이후에는 가난한 여성 이민자에게 행해졌던 선구적인 부인과 수술 덕분이었다. 이런 의학적 발전은 의미가 컸다. 기존에는 유럽 의학이 미국에서 일하고 연구하는 의사들의 의학 이해 방식을 지배하고 있었기 때문이다. 여성의학에서의 이런 이론과 실천의 발전은 미국을 현대 부인과 의학의 선도국으로 변모시키기 시작했다.

18세기 말까지 미국 의사들은 고대 그리스와 로마로부터 이어진 체액 이론에 의존해서 신체를 이해하고 치료했다.[3] 예를 들어, 미국 의사들은 유럽 의사들과 마찬가지로 독소 배출을 위해 환자에게 사혈 치료를 했다. 사혈은 미국 헌법을 제정한 사람이자 지금은 "미국 의학의 아버지"로 알려진 벤저민 러시 같은 선구적 의학자들에 의해 대중화된 대단히 일반적인 관행이었다. 일찍이 러시는 '흑인임'이 유전적 병리 증상이라고 주장했으며 의학을 배우는 학생들에게 흑인이라는 것이 나병의 한 형태라고 가르치기도 했다.[4] '흑인임'을 질병으로 본 러시의 이론은 과학적 인종차별주의에 대한 서구 세계의 일반적 믿음에 뿌리를 두고 있는 것처럼 보이지만, 그는 흑인과 백인이 다른 종은 아니라고 주장했다. 따라서 타고난 해부학적 차이 때문에 흑인이 되는 것이 아니며, 결국 흑인과 백인이 최소한 생물학적으로는 동일함을 인정했다.

미국 의사들이 세계 최초로 개복수술에 성공하고 남부의 의사들이 외과적 방법을 통해 생식기의 이상 증상을 영구적으로 바로잡기 시작하자 미국 의학은 대내외적인 인정을 받게 되었다. 이런 외과적 업적의 반향은 전 세계에 퍼졌다. 1852년 제임스 매리언 심스의 방광질루 치료에 관한 혁신적인 논문이 발표된 후 그는 유럽 왕실에서 여성 왕족들의 다양한 부인과 증상과 질병을 치료해 달라는 초청장을 수도 없이 받았다.

심스의 업적으로 미국의 첨단 의학(대부분 노예 공동체에서 이루어진)은 의학 지식 생산의 원천이 되었다. 하지만 이런 발전에서 노예 여성들이 (의사들에게 신체를 제공하고 때로는 실험, 치료, 회복에 필요한 노동을 제공함으로써) 중심적 역할을 담당했다는 점은 인정을 받지 못했다. 현대 미국 부인과 의학은 노예제가 없어도 분명 존재했겠지만, 노예제의 존재는 이 분야의 의학, 특히 부인과 수술이 급속하게 발전할 수 있게 했다.

흑인 노예 여성들과 마찬가지로, 아일랜드 여성 이민자들은 사회에서 수많은 장애물을 만났다. 이런 불리한 상황에는 육체노동이 신체에 준 부정적 영향, 성적 학대, 잦은 출산, 질병, 의학 실험, 폭력 들이 포함되었다. 흑인 여성과 아일랜드 여성의 처우에 대한 이 연구는 그들을 외국인 혐오나 의학적 인종차별주의의 단순한 피해자로 격하시키지 않을 것이다. 나는 이론가 사이디야 하트먼의 조언에 따라 역사적 행위자들이 당시 경험했던 트라우마와 억압적 시선을 이 연구에서 재현하지 않기로 했다. 나는 "고통받은 흑인의 신체"에 대한 논의와 해석을 독자의 지식과 평가로 연결시키는 데 나름의 규칙을 두었으며 이런 역사적 행위자들을 대상화하는 것은 이 책의 목적이 아니다.[5]

나는 노예 여성의 삶뿐 아니라 '흑인'과 마찬가지로 취급받았던 이민자들에게도 주의를 기울이고, 그들에게 의학적인 면에서 어떤 일이 일어났는지를 조명하려 한다. 이들의 경험, 고통, 용도, 이들의 신체에 대한 나의 이론이 절대 흑인 여성을 영혼과 분리된 '대상'으로 만드는 또 다른 방법으로 이해되어서는 안 된다.

또 다른 난제는 그들에게 압력을 행사하는 사람들에 의

해 억압받고, 걸러진 방식으로 기록된 것이 아닌 당사자의 목소리를 담은 사료를 찾아내는 일이었다. 그러나 이런 어려움에도 불구하고 나는 노예제 안에서 비인간적인 신체적, 정신적 대가를 치러야 했던 이 여성들을 복합적이고, 전체적이고, 온전한 인간으로 표현하기 위해 노력했다.

"의학적 초신체medical superbody"라는 용어를 만들고 정의한 이래, 나는 이 용어의 사용에 대한 문제로 씨름을 해 왔다. 이 용어는 위험이 따르는 공통분모였기 때문이다.[6] 무력화된 여성을 가리키기 위해 널리 사용되지만 문제의 소지가 많은 기술어 "비하된degraded" 외에, 남북전쟁 이전 시대의 단어 중에 노예 여성의 사회-의료 경험의 일부였던 복합성과 모순을 압축하는 역사적 명칭은 없었다. 결국, 나는 의학적 초신체라는 용어를 의도적으로 어수선하고, 모호하고, 논쟁의 여지가 있는 방식으로 사용했다. 흑인 여성의 부인과 진입 자체가 그들을 단순성과 복잡성이라는 단 두 개의 렌즈만으로 보는 백인 의사들에게는 복합적인 문제였기 때문이다. 이 여성들은 그들이 견딘 치료와 수술에 의해서 어떻게 건강하면서 동시에 아프고, 강하면서 동시에 약해졌을까? 애초에 왜 뛰어난 신체적 역량과 열등한 지능이란 상충되는 함의를 담은 흑인들의 신체가 생물학적으로 우월하다는 백인 여성들이 건강을 되찾기 위한 선구적 부인과 수술 연구의 본보기로 자리잡게 되었을까?

백인 의사들이 물건으로 취급한 이 "검은" 의학적 초신체가 가진 보다 중요한 기능은 흑인 여성들의 치유와 연구보다는 주로 백인 여성의 생식건강에 혜택을 주는 일이었다. 이들은 "생명의 의료화medicalization of life"를 대변했다. 심각하지 않은 여성질환이나 심지어는 정상적인 여성의 생물학적 기능까지 "문제화"시키고 점점 산업화되는 의사-고객 간 관계의 궤도 안에서 권한을 키우고 있는 남성 전문가의 "자문 절차"를 거치게 하는 관행 말이다.[7] 그곳에서 의학적 초신체는 "소비자중심주의의 전형"이자 교육자료가 되었다.[8] 환자가 객체가 아닌 주체로 대우받아야 할 의학의 장에서조차 "그녀"는 "그것"이 되었다. 이 책은 결국 이런 의학적 시선이 노예 여성과 가난한 여성 이민자의 삶에 미친 영향에 대한 역사적 기록인 동시에 두 집단에 시선을 고정했던 백인 남성 의학자들의 이야기이다.

노예 병원은 흑인 여성을 예외적 존재로 만드는 대표적인 장소였고, 의학 저널은 이들 병원에서 일어난 일을 설명하고 그 결과로 도출된 개념을 표현하는 이상적인 매체였다. 저널을 통해 의사들은 흑인 여성을 "다른 것"으로 내보이고 정의했다. 그럼으로써 인종차별 계획의 핵심인 흑인 여성과 아일랜드 이민 여성의 의학적 도구화를 가능하게 했다.

초기 부인과 의사와 환자 사이에 존재했던 "대항 구도"를 설명한 것도 의학 저널이었다.[9] 가정, 숲, 지하 숙소 등의 휴식 공간에서, 노예들은 인근의 백인과 주인들의 감시를 피해 스스로를 치유하는 시간을 갖곤 했다. 노예들은 거의 언제나 비밀스러운 활동에 관여했다. 어디에나 있는 감시의 눈을 고려하면 불가피한 일이었다. 노예들이 아무리 은밀하게 몸을 숨겨 본들, 백인 의사들은 여전히 흑인의 신체에 압도적인 접근권을 가지고 있었고 부인과 실험은 계속됐다. 백인 남성 의사들은 흑인 환자의 몸과 신체 일부를 그들이 통제할 수 있는 영역으로 옮겼다. 역사가 스테파니 캠프는 "봉쇄의 지형"을 통해 노예주들이 통제를 실천에 옮겼다고 주장한다. 이 연구에서 다룬 노예 병원은 이런 "봉쇄의 지형"의 전형이다.

의학 저술은 주의 깊게 만들어진 명확한 언어를 이용해 일반인과 전문가 들에게 같은 질환을 가진 흑인 여성 환자와 백인 여성 환자를 어떻게 치료하고 생각하는지 설명하는 기초 교과서의 역할을 했고 병원은 이런 의학 저술의 배경이었다. 그런 의미에서 의학 저널은 인종이란 개념이 점차적으로 모습을 갖추어 가는 중요한 장이었다.[10] 이런 글은 독자들에게 흑인의 생물학적 차이와 질환에 대한 소위 '가치중립적'인 설명을 제공했다. 예를 들어, 아프리카 혈통의 여성들은 길쭉한 음순과 아래로 늘어진 유방을 가지며 백인보다 성욕이 강하다는 내용 등이었다.[11]

의학 저널에 등장하는 환자의 이력과 의사와 나눈 대화를 기록한 사례 기술case narrative은 흑인 여성이 남북전쟁 이전 시대에 경험한 전문 의료와 다양한 방식의 인종차별에 대한 기록이 됐다. 이런 정보들은 농장 기록, 거래 대장, 노예와 가난한 이민자 들을 물건으로 취급하는 의사들의 태도를 폭로하는 인터뷰만큼이나 중요하다. 의학 저널은 이 책에서 참고한 자료 중에도 큰 부분을 차지한다. 미국 의사들, 특히 부인과 의학의 창조를 도왔던 선구적 남부 의사들은 스스로 전문화, 엘리트화가 진행되고 있는 분야에 속해 있다고 생각했다. 나아가 자신들이 생식 관련 수술에 있어서는 유럽 의사들의 의학 연구를 앞지르기 시작했다고 믿었다. 남부 의사들은 "의학이란 학문은 명확한 표명과 불가분의 관계"라고 믿었다.[12] 이들의 저술에는 최근 미국 노예제 역사 기록학에서 겨우 인정을 받기 시작한 노예 생활의 단면들이 담겨 있다.

남부의 노예주와 의사 들은 이런 출판물에 의지해 노예를 관리했다. 노예 관리에 대한 저널들은 노예, 특히 여성 노예의 건강관리에 많은 분량을 할애했다. 노예주와 감독관 들에게 의사들이 발표한 논문들은 임신을 했거나, 출산을 했거나, 부인과 질환을 앓는 여자 노예를 어떻게 취급할지 알려 주는 지침 역할을 했다. 흑인 여성이 성적으로 착취를 당하거나 소유주 남성이 가한 신체적, 정신적 상처로 고통을 받는 상황에서도 노예 여성의 신체를 유지, 관리하는 것은 중요한 일로 여겨졌다. 남부의 백인들은 흑인 여성들이 종족을 유지함으로써 노예제를 존속시키고 있다는 점을 정확히 인식하고 있었다.

이 책은 19세기 의사들이 환자에게 했듯이 노예제와 의학사에 존재하는 누공을 막으려는 시도다. 이런 역사적 기록의 간극을 봉합하려는 목적에서 나는 객체이면서 동시에 주체였던 여성들의 경험에 인간성을 부여하려 했고, 이는 쉽지 않은 과제였다. 기록들이 노예들의 삶의 존엄성을 탐구하고 정확히 포착하는 데 충분하지도, 적합하지 못하기 때문이다.

초기 역사학자 U. B. 필립스가 노예를 자애롭게 대한 노예주들을 찬양하며 남부 연합에 공감하는 친남부적 역사를 쓴 이후 미국 노예제에 대한 연구는 큰 변화를 겪었다. 1985년 데버라 그레이와 재클린 존스가 미국 노예제에 대한 논의에 여성을 포함시킨 이후 30년 동안 역사학자들은 노예 여성들의 재생산 노동, 그리고 그들이 이 굴레에 저항하고 그것을 타개한 방법을 조사해 왔다. 1990년대 말 이후에야 소수의 학자가 의료(전문 의학과 민간요법 모두), 치료, 출산, 모성이 노예 여성의 삶에 미친 영향을 연구하기 시작했다.[13] 이 책은 노예제의 역사와 의학의 역사를 엮어 각 체계가 상대에게 어떤 영향을 주었는지 연구하는, 적지만 점점 성장하고 있는 연구자들과 연결되어 있다.

나아가 이 책은 생식이 흑인 노예 여성의 경험을 노예 남성의 경험과 얼마나 뚜렷이 구분되게 만들었는지 설명한다. 여성 노예들은 부인과적 문제 때문에 남자 노예에 비해 의사와 보다 잦은 접촉을 가졌고, 병원에 머물러야 할 때가 많았다. 그들은 백인 의사들 사이에서 강한 흥미를 불러일으키는 연구 대상이었다. 노예제의 초창기 역사와 의학사는 노예 여성을 전혀 언급하지 않지만, 그들은 미국 의학의 진화에 핵심적인 역할을 담당했으며 이는 인종, 성별, 의학의 교차점을 추적하는 학자들의 연구에서 반드시 인정받아야 할 부분이다.

백인 의사들의 글에는 간간이 여성들의 목소리와 경험이 들어 있었다. 나는 다양한 출처에서 이런 기록들을 모아 그들의 삶을 재현해 볼 수 있었다. 나는 주로 19세기 의학 저널, 항소법원의 소송 사건, 의사들의 일지, 노예주의 개인 일기와 농장 기록, 인구조사 기록, 공공산업진흥국 Works Progress Administration에서 노예였던 이들과 가진 구술사 인터뷰, 노예들의 회고록에 의지했다. 시대상을 드러내는 데 도움이 된 다른 중요한 정보원으로는 남북전쟁 이전 시대 신문 광고와 의학 교과서, 안내서 들이 있다. 다행히 많은 기록 보관소가 노예제의 역사와 의학 관련 자료를 따로 보관해 두고 있다. 반면, 아일랜드 여성 이민자의 의료 생활에 관한 기록은 매우 부족했고, 이 집단에 대한 내 연구의 대부분은 19세기 의학 저널, 의학 교과서, 병원 기록을 담은 디지털 기록 보관소를 통해 이루어졌다.[14]

이 연구는 "위대한 백인 의사"에 대한 칭송 일색인 하향식 역사에 아무런 이의를 제기하지 않은 사회사와 의학사에 대한 대항 담론이기도 하다.[15] 여성 노예는 찰스 앳킨스와 같은 초기의 선구적 부인과 의사가 이룩한 부인과 의학에서 만들어진 발전에 중심적인 역할을 했다. 흑인 여성이 통증을 쉽게 견디는 신체적 우월성을 지녔다고 믿었던 찰스 앳킨스는 노예 환자 중 하나였던 내니에 대해 그가 발견한 것들을 유명 의학 저널에 발표했다. 1825년 내니를 수술하고 거의 6년이 지난 후의 일이었다. 의학 저널에서는 생물학적 발견이 곧 이데올로기가 되었다. 남부의 백인 의사들은 목화, 쌀, 담배, 사탕수수 등의 농사로 혹사당하고 여러 차례 임신과 출산을 거치면서 몸이 허약해진 노예 여성을 수없이 만나 보았음에도 불구하고, 흑인 여성이 신체적으로 강인하고 출산을 쉽게 한다는 입장을 고집했다.

19세기 미국 여성의학이 성장하는 동안 노예 여성이 담당한 역할을 보다 사실적으로 이야기하기 위해서는 미국 남부 노예제의 역사를 전체적으로 이해해야만 한다. 역사가 울라 테일러는 과거의 흑인 여성에 대한 글을 쓰는 학자들에게 그들 삶의 "침묵을 이야기하라"고 상기시킨다.[16] 의사들이 의학 저널에 발표한 흑인 여성의 신체와 그들의 통증 한계에 대한 허구적 이야기와 싸우려면 그런 서사 안에서 틈이 드러나는 순간에 관심을 쏟는 것이 중요하다. 예를 들어 의사들은 글에서 출산이나 수술 동안 노예 환자들을 어떻게 제지해야 했는지 설명했다. 흑인 여성들이 통증에 영향을 받지 않는다면 왜 이런 관행이 필요하단 말인가? 초기 역사학자들은 노예제를 전후 사정과 관련짓지 않았고 여성, 특히 흑인 여성에 대한 검토에 거의 주의를 기울이지 않았다. 노예제, 인종, 의학에 대한 역사 기술에 논쟁이 분분한 상황에서 여성이 현대 미국 부인과 의학의 기원에서 실제로 어떤 지위를 갖고 있었는지에 대한 문제 제기가 필요하다.

노예주들은 임신과 비위생적인 작업환경, 생활환경 등의 위험이 노예의 생명과 건강에 영향을 준다는 것을 인식하고 있었다. 이들은 농장 관리 저널에 실린 "주인들을 위한 조언"을 자주 공유했다.[17] 저널에는 이런 문제들이 길게 논의되었다. 따라서 흑인 여성이 의학적 도구로 이용된 역사를 만드는 데에는 의학 저널뿐 아니라 흑인 여성과 치료에 대한 "최고의 관행"을 돌려 보곤 했던 노예주들도 한몫을 했다. 예를 들어, 사우스캐롤라이나의 한 농장주는 다른 노예주들에게 노예 여성에게 치료법을 가르치라고 조언했다. 그는 "똑똑한 여자들은 약물 사용법을 금방 배울 것"이라 말했다.[18] 결과적으로, 흑인 여성은 다른 사람을 치료할 마음이 없더라도 의료 행위에 동원되어야 했다.

이들 노예 여성은 치료법을 이용해서 노예 공동체를 돌봤다. 삶과 죽음, 건강과 질병, 불임이나 난임, 직업적 칭송이나 악명의 가능성에 직면한 흑인 여성들은 의사, 주인, 공동체와의 관계에서 매우 복잡한 "탄압받는 자들의 방법론methodology of the oppressed"을 실행했다.[19] 최초로 북미 노예제를 다룬 역사학자 U. B. 필립스는 『미국 흑인 노예제도*American Negro Slavery*』에서 노동이 흑인 여성의 일상적 경험에 어떤 작용을 했는지 상술했다. 필립스는 책에 노예주의 조언을 인용했다. "임신한 여성은 분만 전까지 항상 어느 정도의 일을 해야 한다. 밭에 걸어가서 거기 서 있기라도 해야 했다."[20] 사우스캐롤라이나의 노예였던 해리 맥밀런은 이런 상황에 처한 노예 여성들의 치료 네트워크를 회상한다. 그의 기억은 이런 '방법론'의 분위기를 드러낸다. 맥밀런은 "임신한" 여성도 남성과 똑같은 밭일을 했다고 말했다. 맥밀런은 "나이 든 산파가 … 그들을 봤고, 밭에서 일을 하다 해산을 하러 가면 여자 형제들 일부가 집에 가서 그이를 도운 다음 밭으로 돌아왔다"고 전하면서 출산한 지 얼마 되지 않은 노예 여성을 보살피는 것보다 농사일에 지장을 주지 않는 것이 더 중요하게 여겨졌다고 말했다.[21]

노예 여성과 아일랜드 여성에 대한 연구는 이 새로운 의학 분과를 공식화시키는 데에도 도움을 주었다. 법, 종교, 과학과 마찬가지로 19세기 의학은 "흑인"의 신체를 열등한 것으로 인식하는 인종차별주의적 요소를 포함하고 있었다. 거기에는 마취가 일반적으로 사용되는 경우에서조차 마취를 사용하지 않는 고통스러운 의학 실험, 공평하지 못하고 분리된 치료 장소, "튼튼한", "힘센", "강한"과 같은 관용적 표지로 환자들을 인종적으로 차별한 의학 저널 등이 포함된다. "흑인"의 신체(이 말은 흑인으로 취급되는 모든 신체를 아우른다)는 이론가 라스 슈뢰더가 말했듯이 "백인 의학의 대상물"을 나타냈다.[22]

남북전쟁 이전 시대에 의업에 종사하던 남성들은 그 분야를 발전시키고 그 분야가 공식적인 의학으로 인정받도록 만들기 위해 신체가 필요했다. 임상 재료 역할을 할 신체에 대한 의사들의 수요는 대단히 높았다. 미국인 대다수는 병에 걸렸을 때 혼자 치료를 했기 때문에 병원에 방문하는 경우가 드물었다. 의사들은 시체를 해부하고, 아픈 몸이나 건강한 몸에 수술을 했다. 더 중요한 것은 그들이 이런 의료 행위를 하는 목적이 지식을 얻는 데 있었다는 점이다. 부인과 의학(어느 정도는 산과 의학도)은 방광질루, 난소절제, 제왕절개와 같은 중요한 외과적 돌파구를 찾으면서 가장 혁신적인 의학 분야로 부상했다. 남부 노예제는 노예 여성들의 꾸준한 재생산 노동이라는 지원을 받았고, 이들 여성의 재생산 노동과 부인과 질환은 부인과 의학의 성장을 도왔다. 이들의 신체는 선구적인 부인과 의사들에게 큰 도움이 되었다. 늘 쉽게 이용할 수 있는, 병든 흑인 여성의 신체 덕분에 이전에는 치료할 수 없던 질환을 치료하게 되었기 때문이다. 19세기에 노예 여성의 신체에 이루어진 다양한 의학적 개입은 산과와 부인과 같은 의학 분과의 공식화와 인종차별적인 의학에 필수 요소였다.

사료 가운데에는 이들 노예 여성이 심스의 치료를 받는 동안 점했던 복잡한 위치를 다루고 있는 글이 없다. 노예 여성들은 의사의 칼이 닿는 동안 환자를 제지하는 법을 배웠다. 그들은 수술 상처를 소독하고 치료하고 붕대를 감는 법을 배웠다. 그들은 5년이라는 기간 동안 산과 누공에 의한 실금失禁을 치료하는 다양한 수복외과 기법을 관찰했다. 그리고 그들은 이 모든 일을 미국 최고의 부인과 의사가 될 사람의 감시 아래 행했다. 심스가 그들을 주인에게 돌려보낸 후에 그들은 이 지식으로 어떤 일을 했을까?

노예 간호사들은 숙련된 노동자였고, 숙련된 노예들은 주인이 더 많은 돈을 벌도록 해 주었다. 아마도 그들은 실험이 끝난 1849년 이후 노예 간호사나 산파가 되었을 것이다. 안타깝게도 마운트 메이그스를 떠난 이후 그들의 사생활이나 의료 활동을 담은 기록은 남아 있지 않다. 분명 그들은 이미 갖고 있던 의학적 지식과 심스의 노예 간호사로서 받은 의학적, 외과적 교육을 통합시켰을 것이다. 이들 여성은 존재 자체로 의학 전문 분야의 설립과 남북전쟁 이전 남부 노예제 사회의 복잡성을 대변한다.

이런 역사적 주제들과 마찬가지로, 이 책은 노예제와 의학 사이의 복잡한 관계를 강조한다. 전체 구성은 연대순이나 전체를 관통하는 공통의 주제, 미국 부인과 의학 발전에서 노예 여성의 중요성이라는 주제를 다룬다.

1장 “미국 부인과 의학의 탄생”에서는 부인과 의학을

중심으로 초기 미국 의학을 그 전후 사정과 연결 짓는다. 부인과 의학은 1870년대까지 의학의 공식적인 분과로 완전히 자리 잡지 못하고 있었다. 부인과학이 처음 발생한 시기에 의사들이 여성질환을 치료하기 위해 행한 연구에서 노예제와 노예 환자들은 없어서는 안 될 요소였다. 여기에서 검토하는 주된 주제는 남북전쟁 이전 시대 흑인에 대한 인종적 관념과 의학과의 합일이다. 1800년대에 전문 여성의학이 성장함에 따라 점차 그 자체로 우위와 정통성을 갖게 된다. 그 때문에 역사가들 역시 식민 시대 초부터 남북전쟁 이전 시대까지 의사들이 미국 사회의 모든 여성을 치료한 방법들 사이에 연속성이 있다는 과거의 관념을 지지할 수 있었다.

2장 "노예제와 의학에서 흑인 여성의 경험"은 노예 여성의 생식과 관련된 의학적 요구들을 역사적으로 진단한다. 생식과 관련된 치료가 필요했던 수많은 노예 여성은 부인과 의학의 약진에 가장 요긴한 자원이고, 그들 덕분에 남부 의사들은 이후 부인과 수술이라고 불리게 된 부문에서 직업적으로 큰 성공을 거둘 수 있었다. 가혹한 노동, 노예 여성들이 경험한 압도적인 수효의 성폭행, 해산 공간의 비위생적인 상태, 필수 영양소와 무기질이 갖춰지지 않은 식사로 인해 노예 여성들은 생식과 관련된 여러 질병과 증상에 취약했다. 이 장은 전적으로 여성들의 영역이었으나 백인 남성들이 지배하게 된, 빠르게 성장하는 의학 분야에서 흑인 여성들이 자신의 위치를 어떻게 찾아 갔는지 탐구한다.

3장 "상충적 관계—노예제, 성, 의학"은 남부의 백인 남성 의사와 흑인 여성 환자, 의료 기득권층과의 관계를 탐구한다. 의사들 다수가 남부의 특수성을 믿었고, 이들은 농장에서뿐 아니라 노예 병원과 남부 의과대학에서 자애로운 '가장'의 역할을 수행했다. 조셉 메타우어, 제임스 매리언 심스, 네이선 보즈먼과 같은 초기의 선구적 의사들은 환자로서 혹은 성적 파트너로서 흑인 여성의 신체에 대해 가지고 있는 정통한 지식을 통해 성공적으로 부인과 수술 기법을 개발했다. 그들은 흑인 여성의 몸이 모든 여성의 몸을 대변하는 의학적 전형의 역할을 할 수 있다는 것을 알고 있었다. 흑인 여성과 백인 여성의 몸이 기능하는 방식에는 어떤 실질적 차이도 없었기 때문이다. 하지만 그들은 흑인의 생물학적 차이를 옹호하는 의학과 과학 관념에 따라 인종적 불문율을 고수했다. 또한 초기 부인과 의사들은 의사들이 약장수나 돌팔이로 취급받던 시대에 직업적 지위나 성공적인 사업가로서의 가치에 대해 성별화된 불안감을 경험했다.

4장 "아일랜드 여성 이민자와 미국 부인과 의학"은 가난한 아일랜드 이민자 여성의 의료 생활이 어떠했는지 그 실상을 설명하고, 치유의 장소에서 그들이 겪은 신체적, 의학적 경험이 노예 여성들과 유사했음을 밝힌다. 당시 발행된 신문, 의학 저널의 논문, 의사의 메모, 병원 환자 기록을 검토함으로써 이 환자들에 대해 서술하는 방식, 이들을 대하는 태도, 외국 태생 환자들을 차별하는 의사들이 행한 실험 방법에서 얼마나 많은 유사성이 발견되는지 보여 줄 것이다.

이 장에서 나는 인종차별의 피해자들이 짊어진 인종적 부담에 대한 철학자 프란츠 파농의 언급을 증거로 든다(인용에서는 흑인을 아일랜드인으로 대체한다). "아일랜드 여성은 그냥 아일랜드인다워야 하는 것이 아니라 백인 남성, 백인 여성과 비교해서 아일랜드인다워야 한다."[23] 가난한 아일랜드 이민자 여성 환자들 역시 그들의 신체를 노예 여성의 그것과 똑같이 여기는 인종차별주의자들에게 영향을 받았다. 이들 여성은 최근에 이민을 온 불안한 지위와 그들을 공격적이고, 사내 같고, 못생기고, 신체적으로 강인한 여성이라고 정의하는 인종적 수사법에 갇혀 있었다.

마지막 장인 "흑인 '의학적 초신체'의 역사와 의학적 시선"은 의사들이 같음과 다름이라는 이분법적 체계를 통해 '흑인성'을 다룬 방식을 철저히 파헤친다. 이 장은 인종, 성별, 의학, 계층과 같은 다양한 분석 범주의 활용이 얼마나 유동적이었는지 설명한다. 이에 여기서는 신체에 대한 사회적, 문화적, 정치적 의미에 뿌리를 둔 의미 중심의 비판적 분석을 적용해 노예 여성과 가난한 이민자 여성의 삶에 주목했다.

미국 부인과 의학의 역사에는 남북전쟁 이전 시대에 "미국 부인과 의학의 아버지"로 혜성과 같이 등장한 제임스 매리언 심스의 이야기가 빠지지 않는다. 하지만 나는 이 책을 통해서 그보다 포괄적인, 거기에는 부인과학의 탄생에 중추적이었던 많은 역사적 행위자, 다시 말해 흑인 노예 여성들이 포함됨을 주장한다. 심스 밑에서 임대한 재산이자 환자, 간호사로 일했던 10명가량 되는 노예 여성을 시작으로 흑인 노예 여성들은 "아버지"인 심스에 대응하는 명칭을 받아야 할 만한 역할을 했다. 이들은 적어도 이 의학 분과의 "어머니"가 되어 마땅하다. 심스와 같이 노예를 소유한 남부의 백인 의사들에게 흑인 여성은 어디에나 있는 존재였고, 안타깝게도 그같은 의사들은 기록에 남았지만 이 여성 환자들은 기록에 남지 않았다. 나는 이 책에 그들의 이야기를 담을 것이다.

이 책을 통해서 나는 미국 부인과 의학 탄생에 얽힌 이야기에서 누락된 부분을 보충하기만 하는 것이 아니라 그 이야기 자체를 고쳐 쓰려고 한다. 나는 의학사에 남은 흑인 노예와 백인 의사라는 편협한 이분법적 범주화에 대항하는 의미에서 이 책을 썼다. 노예 여성들은 재생산 의학 연구에서 유일하고도 대표적인 억압 대상으로 재현돼 왔다. 하지만 자료들을 접하면서 역시 하찮은 존재로 취급받아 온 다른 여성들을 만나게 되었고, 그중에는 가난한 아일랜드 여성 이민자들도 있었다. 나는 이 과정을 통해 '억압'과 '다름과 같음'이라는 복잡한 개념들을 잡아 나갔다.

미국 노예제에 대한 연구에서는 노예의 삶을 포괄적으로 고려해야만 한다. 그리고 그 안에는 의료적인 측면도 반드시 포함되어야 한다. 인간은 모두가 의료의 영향 하에서 태어나고 의료 경험 속에서 살아가기 때문이다. 의료 경험에 대한 연구는 노예 그리고 더 나아가 억압받는 자들의 삶을 이해하는 토대가 될 것이다.

차례

1장

미국 부인과 의학의 탄생

의학자는 내가 극도로 경멸하는 직업이다.
거기에는 과학이 전혀 존재하지 않는다.
그 안에서는 명예에 도달할 수도, 어떤 명성도
이룩할 수 없다.
—존 심스가 "미국 부인과학의 아버지"로 불리는
아들 제임스 매리언 심스에게

1808년 의회가 아프리카 태생 노예의 수입을 금지한 후, 미국 내에서 출생하는 노예의 수를 늘리는 일에 노예주들의 비상한 관심이 쏠리게 되었다. 미국이 점점 많은 수익을 올리는 노예 기반의 국가로서 세계적 위상을 높이는 가운데, 이 나라 산업의 하나인 소위 생식의학도 급속하게 발전하며 확장되고 있었다. 의사와 노예주 들이 긴밀하게 협력해 흑인 노예 여성의 생식건강을 보호하기 시작한 것은 그리 오래지 않은 일이었다. 의사들은 노예주, 노예 상인 그리고 마지막으로는 부인과 질환을 치료한 노예 여성들과 복잡한 관계를 발전시켰다. 백인 남성과 흑인 여성은 의사와 환자로서의 복잡한 관계에도 불구하고 때로 치료라는 이름으로 힘을 합쳤지만, 대부분은 별개로 일을 했다. 그러나 이들의 최종 목표는 같았다. 노예 여성의 생식건강을 유지해서 그들이 계속 아이를 낳게 하는 것이었다.

17세기 초 식민지 버지니아의 입법자들은 노예 아동의 지위가 오로지 어머니의 신분에 종속된다고 결정했다.[1] 그렇게 100년이 흐르자, 다산은 노예 여성의 성공을 가늠하는 척도가 됐다. 일부 노예주는 자녀가 많은 노예 어머니에게 선물을 주기도 했고, 드문 경우이지만 노예 신분에서 해방시켜 주기도 했다. 메리 레이놀즈가 살던 농장의 주인은 쌍둥이를 낳아 한 해에 아이 두 명을 갖는 노예 여성에게 "쌍둥이가 입을 옷과 따뜻한 모포 두 장"을 준다고 약속했다.[2]

레이놀즈는 주인과 맺는 성관계로 특전을 얻은 노예 여성의 이야기도 전해 주었다. 루이지애나 배턴루지 출신으로 밝은 피부색을 가진 이 노예 여성은 집 안에 배치되었다. 주인은 이 여성을 농장의 다른 노예 구역에 접근하지 못하게 했다. 이 노예는 원래 '침모'로 사들여졌지만 이는 아마도 "팬시걸(fancy girl, 혼인 관계 바깥에서 성관계를 맺는 여성, 혹은 피부색이 밝은 흑인 여성을 이르는 말로 쓰였다.—옮긴이)"이나 성 노예를 완곡하게 표현한 말일 것이다.[3] 몇 년 뒤 그는 농장주 킬패트릭의 아이를 여럿 낳았다. 이 '첩'에게 마음을 단단히 빼앗긴 그는 인종적 관습을 어기고 그 아이들의 아버지임을 인정했다. 메리 레이놀즈에 따르면, 농장주는 아이들의 옷을 사고, 매일 아이들을 보러 가고, 아이들이 자신을 공공연히 "아빠"라고 부르도록 허락했다고 한다. 물론 사료만으로는 킬패트릭의 여성 노예가 그의 첩이자 그의 노예 자녀의 어머니로 살며 어떤 느낌을 받았는지는 알 수 없다.

메리 레이놀즈가 언급했던 가임기 노예 여성과 달리, 생식력이 없는 노예 여성은 주인뿐 아니라 흑인 여성들의 재생산 노동에 의존하는 노예 사회에서 살던 백인 주민들에게도 골칫거리였다. 앨리스 슈얼은 노예였던 할머니가 "아이를 낳을 수 없다"는 이유로 어떻게 "치워"졌는지 기억하고 있었다. 할머니가 새로운 노예 농장에서 살게 된 후에 새 주인이 전 주인에게 "그 늙은이가 아이를 뱄더라"고 알려 주었다. 슈얼은 그러고 나서 전 주인이 자기 할머니를 판 일을 얼마나 "후회"했는지 회고했다. 앨리스의 어머니는 "아이를 열 셋이나 낳을 때까지" 어머니를 다시 만나지 못했다.[4]

흑인 여성들의 출산율이 높아지면서 백인 의사들이 산파 일을 맡는 경우가 잦아지기 시작했다. 산파 일은 수세기 동안 여성의 영역이었고 남성들이 지배하던 '의학 분야'가 아니었다. 식민지가 개척되고 미국이란 나라가 세워진 이래, 그 국민들은 여성의 건강을 유지하는 것은 신이 여성에게 맡긴 일이라고 믿어 왔다. 유럽에서는 여성의 전문적인 건강관리에 남성이 참여한 역사가 길었다. 반면 미국 여성들은 (전 세계 대부분 여성과 마찬가지로) 출산을 할 때 서로를 보살폈다. 이 분야에서의 여성 우세에도 불구하고, 미국 의사들은 제도를 만들고 여성 신체에 대한 일을 전담할 남성을 교육하는 방식으로 부인과 의학을 '남성의 것'으로 만들었다.[5] 이 초기 미국인들은 유럽 선조들이 거의 100년 전에 시작했던 관행을 기반으로 그같은 체제를 구축하고 있었다. 일부 시민은 여성들만의 영역이었던 분야에 남성들이 진입한 것을 거슬릴 뿐 아니라 부자연스러운 일로 보았다. 《버지니아 가제트Virginia Gazette》가 남성 조산사를 "부도덕"하다고 묘사하는 등 식민지 신문 지면에 이에 대한 비판이 실리면서 그같은 격렬한 반응이 이목을 끌게 됐다.[6]

이런 초기의 반대에도 불구하고 백인 남성들의 생식의학 분야 진입은 100년 동안 계속되었다. 그 결과, 정식으로 교육을 받은 의사들은 여성의 질환, 증상, 통증에 대해 진지하게 고민하게 되었다. 이들 남성은 의학을 보다 광범위하게 공식화하고 여성건강과 같은 특정 분과를 합법화하는 일에 많은 관심을 쏟으면서, 여성건강을 현대 미국 부인과 의학으로 변모시켰다. 더 중요한 것은, 초기 미국 부인과 의사들이 성공적인 제왕절개 출산, (실금을 중단시키고 출산 후의 질열상을 치료하는) 산과 누공 치료, 난소질환 제거를 위한 개복난소절제술의 수술 절차를 혁신하여 전 세계적으로 여성건강이 향상되었다는 점이다.

의사와 의과대학, 특히 남부 소재의 의사와 의과대학은 노예 여성에게 영향을 미치는 생식기 질환을 치료하면서 노예주들과 동반자 관계를 맺었고, 이로 인해 그들은 생식력이 있는 흑인 여성(100년 후 북부에서는 가난한 아일랜드 여성 이민자)의 신체에 대한 더 큰 접근권을 갖게 되었다. 남자 조산사는 노예나 가난한 사람 등 취약계층의 신체에 의존해서 의학 연구를 발전시키고, 이전에는 치료할 수 없었던 부인과 증상을 치료하는 효과적인 수술 절차를 만들고, 적게나마, 흑인 여성과 백인 여성의 생물학적 차이라고 믿고 있는 것들을 이해하는 데 관심을 가진 의사들에게 교육 모델을 제공했다.

열심히 일하는 건강한 흑인들은 노예제도의 경제적 가치를 높이는 존재였다. 특히 죽었든, 살아 있든 흑인 여성 신체는 의학적 가치 역시 높았다. 의사들은 흑인 사체의 병든 생식기를 이용해서 부인과 연구를 촉진했고 이를 부인과 교육자료로 사용했다. 의학 저널에 연구 결과를 발표해서 전문가로서의 목표를 달성한 의사들에게는 직업적인 보상도 따랐다.

의학 저널의 수가 늘어나고, 보다 쉽게 접할 수 있게 되면서, 이들의 인기는 의학 전문 분야 너머까지 확대되었다. 일부 노예 농장주들은 노예 관리를 다루는 간행물을 구독하면서 거기에 실린 의학적 조언에 의지했다.[7] 건강상의 문제는 노예를 소유한 남부인들에게 물리적, 경제적 부담으로 작용했고, 건강한 노예 노동력을 유지하는 일에 이해관계가 걸린 사람들은 의학 저널을 통해 얻는 전문 의학 조언이 가진 가치를 알아봤다. 의학 전문 사서인 멀 에버트는 저서에서 1779년부터 1850년까지 미국 의학 저널의 계보를 보여 주면서 이렇게 단언했다. "미국 의학 협회의 출현은 미국 본토의 의사 간 소통을 강화할 필요성과 결합해 진정 최초의 미국 의학 정기 출판물을 탄생시켰다." 의학 저널은 현대 미국 의학의 성장을 상징했다. 이 저널들은 의사들이 "실무에서의 확고한 윤리, 환자와 의사 보호를 위한 의료 입법, 의학 교육의 재편성, 확대, 수정"을 요구할 수 있게 했기 때문이다.[8]

의학 저널의 중요성은 단 50년 만에 사회적으로나 문화적으로, 특히 인종적 차이라는 문제에 있어서, 엄청나게 확대되었다. 그렇다면 의학의 측면에서 유럽에 비해 거의 200년이 뒤처져 있던 미국이 어떻게 이렇게 빠른 시간 안에 변신할 수 있었던 것일까? 18세기 후반 동안, 미국 의학 저널은 "유럽 의학 저널의 재판, 번역판, 모방품"에 불과했다.[9] 《메디컬 리파지토리Medical Repository》는 1797년 미국 최초의 의학 저널로 발행되기 시작했고 그 안에는 많은 선구적 논문이 담겼다. 존 스턴 박사는 미국 부인과와 산과가 정식 의학 분과로 공식화되기도 전에 "출산에서 맥각(출산 도중 자궁수축을 유인하는 데 쓰이는 호밀 기반 약물)의 사용"을 다룬 글을 썼다.[10] 1850년에 발행된 건강과 의학에 관한 정기 간행물은 249개에 달했고 그중 189개는 전문 의학 저널이었다. 미국인들은 여전히 친지와 친구들에게 의지해 병을 치료하고 있었지만, 그 가운데에서도 미국 의학 저널이 성장했다는 사실은 의사들이 의학 간행물을 통해 자신의 일을 계속적으로 전문화시키고 기록함으로써 공식적인 교육을 받은 의사들의 위상이 높아지고 있음을 보여 준다.[11] 1870년대 말에 이르면 부인과 의사의 평판은 심스가 처음 의사 생활을 시작할 때 그 아버지에게 들었던 경멸적인 말에서 드러나는 저평가와는 달리 크게 도약하게 된다.[12]

조지아주 오거스타의 헨리 F. 캠벨 박사와 로버트 캠벨 박사 형제는 딥사우스(미국 최남단 조지아, 앨라배마, 미시시피, 루이지애나, 사우스캐롤라이나 등 주를 일컫는 말.—옮긴이) 최초의 의학 저널《남부 의학·수술 저널 Southern Medical and Surgical Journal》의 편집자로 활동했다. 그들은 직접 설립한 잭슨스트리트병원에서 오로지 노예들만을 진료했다. 캠벨 형제와 같은 진취적인 엘리트 남성들은 개인적인 의료 행위를 노예 병원, 지역과 국가의 의학협회, 선도적인 의학 저널과 연결시켰다. 캠벨 형제의 활동을 살펴보면, 노예제, 의학, 의학 출판물이 동반 상승적 협력 관계를 형성했고, 그 안에서 남부 의학, 특히 부인과 의학이 지역의 특색으로 부상했다는 것을 알 수 있다(적어도 의학 문헌에서 드러난 바를 통해서 볼 때는 그렇다).

예를 들어, 헨리 캠벨은 부인과 의사로서 노예 환자들을 연구하고,《남부 의학·수술 저널》에 이 수술들에 대한 의학 사례 기술들을 발표해, 1876년 미국부인과협회

American Gynecological Society가 설립되는 데 주요한 역할을 했으며, 1885년에는 미국의학협회American Medical Association의 회장 자리에 앉았다.[13] 헨리와 로버트 캠벨 같은 선구적 남부 의사에게 미국 의학 저널은, 초기 미국 부인과에서 그들이 행한 연구가 그들의 전문적 저술을 인증하는 데 기여한 만큼이나 그들의 이력을 정당화하는 데 기여했다.

남북전쟁 이전 시대의 의사들이 쓰는 글은 가치중립적이고 환자의 인종, 성별, 계층에 대한 편견과 선입견에서 자유로운 글이어야 했다. 그렇지만 그 글 대부분은 당시의 과학적 인종차별주의를 반영했다. 특히 부인과는 연구와 실험에 대한 집중도가 늘어나면서 점차 '과학'적 지위를 얻게 됐다. 나아가 부인과 의사들이 가진 생각과 관행은 이들이 진출해 이끌고 있는 분야가 태생적으로 열등하다고 여겨진 존재인 '여성'들의 영역이라는 보다 더 넓은 범주의 믿음을 반영했다. 그리고 바로 그 이유로 이들은 공식적인 의학 분야로서의 신뢰가 절실히 필요하다고 믿었다. 또한 이 의사들은 여성의 생물학적 기능 상태를 '전문가'의 의학적 개입을 필요로 하는 문제로 의료화해 버렸다. 더구나 실험을 비롯한 그들의 과학적 연구로 인해 19세기 중반 다른 미국인들은 그들에 대한 존경심을 점점 키워 가고 있었다.

특히 1900년대 중반까지, 의학 저술은 일반인과 전문가들에게 흑인 여성과 백인 여성, 그리고 인종과 생물학에 기반한 이들의 차이에 어떻게 접근하고 이들을 치료할 지를 알려 주는 기초 교과서 역할을 했다. 당시 이런 글을 쓴 저자들은 역사가 브루스 데인이 주장했듯이 "19세기 생물학과 18세기 자연사 사이의 극명한 차이에 신빙성이 없다"는 것을 이해하고 있었다.[14] 자연사학자들은 주로 식물과 동물을 분류하고 이해하려 했고, 이 일은 식물의 수정 과정과 동물의 교미를 인간의 구혼 의식에 빗댄 언어로 설명하는 식이었다.

19세기에 이르러 과학자와 의사 들은 인간을 연구할 뿐 아니라 인간의 질병을 치료하는 방법을 연구하기 시작했다. 19세기에 일어난 과학과 의학의 융합은 연구의 여지를 넓혔고, 보다 견고한 인종적 범주화를 야기했다. 의학 저널은 이런 합병의 조짐을 보여 주었다. 노예제를 연구한 역사가 월터 존슨은 의학 저널을 "인종이 매일 형태를 갖추는" 곳이라고 표현했다.[15]

의학 저널들은 특정한 질병, 특징, 행동 즉 둔부의 지방 축적(큰 엉덩이), 길쭉한 음순, 늘어진 유방, 강한 성욕 등이 아프리카 혈통 여성 고유의 것인가 하는 문제를 다루면서 흑인이라는 인종을 구체화하기 시작했다.[16] 노예 여성과 기타 인종적으로 "열등한" 자들의 신체에 대한 담론을 연구하는 문학 이론가 호텐스 스필러스의 표현대로 "은유의 보고" 역할을 하는 "흑인" 여성 신체가 등장한 것이다.[17] 미국 문법책에 등장하는 흑인에 대한 기술어는 "호텐토트의 비너스Venus Hottentot(남아프리카 코이코이족 여성 사르지에 바트만은 둔부와 성기의 생김이 특이하다는 이유로 영국에 끌려와 순회공연을 전전했고 사망한 뒤에는 박제되어 박물관에 전시되었다. 영국인들은 이 여성을 호텐토트의 비너스라 불렀다.—옮긴이)"와 "팬시걸"에서 "보잘것없는 흑인 하인humble negro servitor"까지 다양하다. 하지만 흑인 노예 여성을 이르는 가장 흔한 기술어는 "씨암컷breeder"이었다. 19세기 미국에서 노예(그리고 100년 후 가난한 이민자 여성까지)는 그 주된 가치가 생식능력에 있는 "씨암컷"의 전형이었다. 이 범주에 맞지 않는 여성은 거의 아무런 가치가 없었다.

이런 명칭들은 미국이 흑인 여성에 대해 오랫동안 가져온 '과잉 성욕자'라는 망상에 깊게 뿌리를 두고 있다. 부인과와 산과 같은 의학 분과가 성장하는 와중에도, 흑인 여성(그리고 때로 흑인의 성질과 연관되는 아일랜드 여성과 같은 사람들)은 육체적 고통에 영향을 받지 않고 수술을 두려워하지 않는, 백인 의사의 힘세고 순종적인 하인이라는 관념이 지속되었다.

부인과 증상으로 고통받는 노예 여성들을 치료했던 남부 병원이 흑인과 백인의 생물학적 차이가 신빙성을 얻는 데 대단히 중요한 장소임이 밝혀졌다. 조지아의과대학은 흑인과 백인의 차이에 대한 의학적 가르침이 이루어졌던 초기 장소 중 하나였다. 1850년 4월 중순 조지아주 오거스타에서는 월경 주기가 불규칙하고 질 출혈이 있는 28세 흑인 기혼 여성 메리가 치료를 위해 이 대학의 외과 교수인 폴 이브 박사를 찾았다.[18] 이브는 남부의 저명한 외과의이자 미국의학협회의 창립자 중 하나였다.[19] 메리는 의사에게 병력과 증상을 밝히고(이 여성은 3년 동안 질 분비물과다 문제를 겪었다), 더불어 아이를 갖지 못하는 것에 대한 걱정을 토로했다. 이브 박사는 그 증상에 놀라지 않았다. 그의 주장에 따르면, 이런 종류의 부인과 질병은 그 지역의 흑인 여성들 사이에 흔한 것이었다. 그는 이렇게 적고 있다. "흑인에게 나타나는 질병의 역사는 보통 알려진 바가 별로 없다. 자궁착란deranged uterus에 관해서는 특히 더 그렇다."[20] 메리에게 암 진단을 내린 후 이브는 수술 팀을 꾸렸다. 그들은 암세포가 퍼진 메리의 자궁을 들어냈다. 의사들은 이 수술이 미국 최초의 성공적 자궁절제 수술이라고 주장했다. 수술 직후 메리의 회복은 성공적이었다. 회복 후 메리는 의사에게 계속 의문을 가졌던 점을 질문했다. 수술 이후 왜 월경이 없는 것인가?

메리는 자궁을 절제하면 불임이 되며 출산이 기대되는 노예나 아내로서 가치를 잃게 된다는 것을 영영 알지 못했을 것이다. 이브를 찾아간 지 3개월 만인 1850년 7월 22일 메리가 사망했기 때문이다. 물론 수술 팀은 그 수술의 성격은 물론 가임연령 노예 여성에게 나타날 수 있는 결과도 완벽하게 이해하고 있었다.

메리가 사망한 후, 그의 병든 자궁은 북부에서 활동하는 이브 박사의 동료이자 또 다른 유명 부인과 의사 찰스 메이그스에게 유용하고 귀중한 자료가 되었다. 이브는 메이그스에게 필라델피아의학박물관에 보관된 메리의 자궁을 전시해 다른 의사들도 암이 자궁을 어떻게 유린했는지 관찰할 수 있도록 해 주었다.[21] 일부 흑인 여성은 죽은 후에도 백인 남성의 시선과 소유에서 벗어날 수 없었던 것이다.

메리와 같은 흑인 여성들은 검은 피부, 과잉 성욕, 특정 부인과 질환에 대한 취약성 등이 특징으로 알려진 탓에 미국 사회에서 예외적 존재로 취급됐다. 노예 여성에게 행해졌던 시술 보고에서 의사들은 흑인 여성의 생식기와 신체를 "실험용 표본"으로 격하시키는 노골적인 의학용어를 사용했고, 그들의 장기는 임상 자료로 전시되었다. 백인 여성의 병증과 신체적 고통을 고칠 목적을 가진 사람들이 그들의 장기를 관찰하고 분석했다. 19세기 의사들은 생의학적 연구로 흑인과 백인 사이에 존재한다는 생물학적 차이를 찾으려 했지만, 백인 의사들은 흑인 여성의 몸만을 연구에 이용했다. 그들은 흑인 여성의 생식기가 백인 여성의 그것과 똑같다는 것을 알고 있었기 때문이다.

정확히 하자면, 남성 의사들은 모든 여성을 열등한 존재로 보았다. 여성이 남성만큼 지적으로 발전하거나 신체적으로 강해질 수 없다고 믿었기 때문이다. 의사들은 모든 "여성의 통증"을 자궁과 신경의 지배를 받는 그들의 "민감한" 천성 탓으로 돌렸다. 역사가 론다 쉬빈저는 19세기 미국 의사들에게 "일반적인 여성은 그들 인종의 성적 부분집합"이었고 "남성의 몸은 인간 해부학의 기준으로 남아 있었"음을 밝혔다.[22] 흑인 여성은 특히 예외적이었다. 흑인 여성의 신체, 생산력, 출산의 고통을 참는 소위 비정상적인 능력에 대한 과학 이론이나 의학적 견해의 근원은 아프리카를 방문했던 남성 여행가들과 유럽 자연사가들의 저술까지 수세기를 거슬러 올라간다. 이런 견해들은 다른 영역에도 스며들었다. 영국 전역의 백인 노예해방론자들은 이미 18세기 말부터 흑인 해방을 지지해 왔지만 여전히 흑인 여성이 백인 여성에 비해 성욕이 강하고 훨씬 튼튼하다는 견해를 받아들이고 있었다.

흑인 여성을 다르게 만드는 '차이'는 유럽 남성과 아프리카 여성 사이의 첫 만남에서 구체화되었다.[23] 한 초기 여행작가는 서아프리카 출생인 남성과 여성 간 신체적 동일성에 대한 가설을 세웠다. 그는 이렇게 적었다. "염소의 젖통처럼 길게 아래로 매달린 유방이 아니라면 남자와 여자를 구분할 수 없다."[24] 이들 초기 남성 여행자 대부분은 학식을 갖춘 과학자나 자연사학자가 아니었다. 그럼에도 불구하고 이 분야의 발전과 함께 그들은 인종차별적 기술을 계속 이어 갔다. 칼 폰 린네(스웨덴), 요하네스 블루멘바흐(독일), 앙리 드 불랭빌리에(프랑스), 에드워드 롱(영국) 등은 그들이 과학에 근거하며 그렇기에 편파적이지 않다고 믿었던 지침에 의거해 인간의 등급을 나누었고 아프리카인들은 거의 언제나 그 등급의 맨 밑바닥이나 그 언저리에 놓였다. 1743년 발표된 인간의 기원에 대한 린네의 영향력 있는 저서, 『자연의 체계*Systema Naturae*』, 인종과 정치 정복에 대한 이론을 다룬 불랭빌리에의 1767년 저서, 1774년 출간된 롱의 『자메이카의 역사*History of Jamaica*』까지 모두가 아프리카 혈통 사람들의 인종적 열등함에 대한 긴 논의를 담고 있다. 이 같은 저작들은 20년에 가까운 기간 동안 민족적 기원을 인종적 차이의 유일한 지표로 삼는 것에서부터 인간의 다양성과 혼종성이 신경, 근육, 혈액과 심지어는 담즙에 기반한다는 확신까지, 과학자들이 품었던 인종적 구별과 그에 따른 열등성이라는 관념이 어떻게 변화되었는지 보여 준다.

18세기 말에 이르러 아프리카 혈통 사람들에 대한 과학적 인종차별주의, 아니 최소한 일종의 원시 과학적 인종차별주의가 미국에서 많이 수용되었다는 점은 토머스 제퍼슨의 책 『버지니아주에 대한 비망록*Notes on the State of Virginia*』을 통해 부각되었다. 아마추어 과학자였던 제퍼슨은 과학적 언어로 자기 사상을 표현하면서 미국 최초의 인종과 천성 이론 대변자로 자리매김했다. 제퍼슨은 책 속에서 제기한 14번째 질문에서, 추정에 근거해 그가 덜 미개하다고 생각하는 아메리카 원주민과 가장 진화된 집단이라는 백인과 흑인을 구분하는 결정적인 차이들을 정의했다. 그가 관찰한 가장 두드러진 인종적 차이는 미와 고상한 성적 취향, 천성에 대한 유럽의 정의에 깊이 뿌리 내린 것이었다. 제퍼슨이 강조한 첫 번째 차이는 밝은 색 피부를 가진 유럽인들이 아름답다고 상정하는 것과 비교할 때 피부색이 어두운 아프리카인들이 추하다는 점이었다.

인종적 차이를 보여 주는 두 번째 표지는 흑인의 기질에 관한 것이다. 제퍼슨은 흑인들이 두려움을 유발하는 상황에 처했을 때 "최소한 백인들만큼 용감하고 백인들보다 더 모험을 좋아한다"고 말했다.[25] 제퍼슨의 논리에 따르면, 흑인들의 용기는 어린아이와 같은 무모함과 위험한 환경에서의 위험에 대한 순진함에서 나온다고 한다. 마지막으로 제퍼슨은 흑인 여성의 과다한 성욕을 아프리카 여성이 애인이나 성행위의 상대로 인간 남성보다 유인원을 선호한다는 관찰 가능한 관행과 과학적 "사실"에 연관시킨다. 제퍼슨은 사실적인 언어를 사용해서 아프리카 여성이 "자기 종족보다 오랑우탄을 선호"한다고 주장했다.[26] 제퍼슨은 색이 짙은 피부, 납작하고 넓은 코, 주걱턱과 같은 아프리카인들의 신체적 특성이 그들의 원시적이고 동물적인 천성을 보여 주는 징후라고 생각했다.

제퍼슨이 지지한 이런 "생물학적 인종차별주의"는 백인의 반아프리카 인종차별주의를 더욱 강화시켰다. 교양 있는 백인들은 아프리카인의 열등함에 대한 믿음과 노예제를 정당화할 수없이 많은 방법을 끌어들였다. 백인들은 강간 사건에서 흑인의 "악한" 본성을 강조하는 판결을 내렸고, 백인 목사들은 노예제도를 옹호하는 설교를 했으며 의사와 과학자 들은 퇴화한 종족인 흑인의 생물학적 결함을 상세하게 언급했다. 더구나 이런 인종차별적 이념은 막 성장하기 시작한 지식 분야인 생물학과 인류학에도 영향을 주었다.[27]

하지만 이런 종류의 인종차별이론은 영감을 준 그 모든 측정과 실험에도 불구하고 일관성이 없는 발견들 때문에 과학으로서는 실패하고 말았다.[28] 이들 담론이 "본성"과 "본질"과 같은 개념을 증명하려 할수록 그런 이야기들이 곱슬머리, 두꺼운 입술, 심지어는 기질과 같이 흑인이 가진 생물학적 특성(눈에 보이는 것이든 아니든)을 입맛에 맞게 해석하려는 백인 지식인들의 시도라는 것이 확실해질 뿐이었다. 이런 상황에서 19세기 생식의학이 인종 과학의 실패가 드러나는 가장 중요한 분야 중 하나로 부상한 것도 이상한 일이 아니다. 의사들이 흑인 여성의 생식기를 진찰하고, 이용하고, 병에 넣어 보관하는 경우, 파열된 난소나 작은 자궁경관이 흑인 여성의 것인지 백인 여성의 것인지 어떻게 정확히 알아낸단 말인가?

몇십 년 후, 미국 과학 분야는 영국의 노예 폐지론과 함께 발달했고 인종에 대한 담론, 이후에는 노예제와 노예해방 모두가 흑인을 적절히 문명화시키는 데 실패했다는 담론으로 옮겨갔다. 19세기 중반, 저명한 노예 폐지론자 제임스 레드패스는 노예 여성이 "색슨족의 범죄 증가에 흐뭇해했다"라고 적기도 했다.[29] 흑인 여성이 생래적으로 열등하다는 개념은 인종차별적 과학의 교리와 나란히 작용했다. 다른 과학 분야와 마찬가지로, 미국 생식의학은 생물학에 뿌리를 둔 인종차별주의의 큰 영향을 받았으며 가치중립적인 분야가 아니었다. 의사들은 그 분야가 객관적이라고 격렬하게 주장했지만 말이다.

노예 여성들은 부인과에서 완벽한 실험 대상이었다. 의사들은 자신들의 연구 결과에 근거해 노예 여성들이 백인 여성들에 비해 생물학적으로 열등하면서도 고통을 잘 견딘다고 생각했기 때문이다. 흑인 여성의 낮은 지위로 인해 백인 의사들은 그 문제에 대한 당사자의 생각에는 가치를 부여할 의무조차 느끼지 않았다.

역사가 데버라 쿤 맥그레거는 골반계측법과 같이 환자를 평가하는 새로운 "과학적" 방법에 의존하던 초기 부인과 의사들의 경향에 대해 썼다. 이런 새로운 도구는 의사들이 여성의 골반 크기와 환자에게 출산 과정이 얼마나 힘들지 가늠하기 위해 고안되었다. 그는 이렇게 말한다. "골반계측법은 초기 형질 인류학의 도구이기도 하다. … 골반계측법의 사용은 인종적 차이가 존재한다는 인식에 뿌리를 두고 있으며 나아가 성적 차이와 출산 경험의 차이를 강조했다."[30] 정식으로 교육을 받은 의사들이 편견을 가지고 인종차별적 메타언어에 개입하는 글을 쓴다고 이의를 제기하는 미국인은 많지 않았다. 외려 백인 의사들이 노예제에 적합한 흑인 "특유"의 질병과 행동에 대한 "과학적" 연구를 통해 그것을 입증해 냈기에 추상적 관념으로만 존재하던 편견이 '사실'이 될 수 있었다.

미국 부인과 의학과 인종적, 성적 편견이 가지는 관계는 오래전 서구, 주로 그리스에서 유래한 유나니(Unani, 아랍어로 이오니아를 뜻한다.—옮긴이) 의학 모델의 수칙에 근거를 두고 있다. 역사가 데버라 브런튼은 이렇게 말한다. "유나니 의학에서는 모든 여성이 체액의 불균형으로 인해 남성보다 차고 축축한 상태에 있다고 믿는다."[31] 미국 의사들은 여성이 문자 그대로 더 약한 성별이라는 굳은 믿음을 갖고 여성건강에 주의를 집중했다. 그 결과 그들이 발표하는 글은 생식의학에 더욱 집중하게 되었다.

이런 출판물이 발간된다는 것은 부인과 의학의 전망이 변화하고 여성 조산사의 가치가 낮아질 것을 암시했다. 부인과 의학을 남성이 주도하게 되면서 의사들이 성욕, 월경, 심지어는 출산과 같은 여성의 생물학적 기능까지 조정이 필요한 상태로 결정지었다. 엘리트 여성들은 산과 응급 상황에서 전문적인 훈련을 받은 이에게 처치를 받으려 하는 경향이 있었기 때문에 의사들은 비정상적인 출산에 대한 글을 점차 더 많이 발표했다. 그런 사례야말로 의사들이 참여하는 일들이었기 때문이다.

부인과 의학은 여성이 아닌 남성이 출산을 돕는다는 면에서 전통적인 산파술과 달랐다. 난산일 경우 의사들은 겸자와 같은 도구들을 사용했다. 아주 드물게는 출산하는 여성에게 마취제를 투여했는데 이런 관행은 최상층 계급 산과 환자에게만 허락되었다. 다음 사례는 후자의 경우를 강조한다. 미국에서 출산의 고통을 덜기 위해 마취제를 투여받은 가장 초기의 사례자는 파니 워즈워드 롱펠로로, 유명한 시인 헨리 워즈워드 롱펠로의 아내였다. 보스턴의 치과 의사(치과 의사들은 다른 의사들에 비해 통증을 없애는 약물을 자주 사용했다)가 마취제를 투여했다.[32] 롱펠로의 사례는 의사들이 상류층 백인 여성의 신체적인 고통에 대한 취약성을 특별히 취급했다는 것을 보여준다.[33]

의사들은 환자가 무의식인 경우 수술 중 과다 출혈로 사망할 수 있다는 두려움(근거가 충분한 두려움이었다) 때문에 보통은 마취제를 사용하지 않았다. 따라서 환자를 무의식으로 만드는 것보다는 손재주와 시술 속도에 훨씬 큰 가치가 부여되었다. 예를 들어, 제임스 매리언 심스는 회고록을 통해 노예에 대한 실험적 수술에서 환자의 목숨을 구하기 위해 속도에 의존했음을 기록했다.

의학에 관심이 있는 남성, 특히 남부 남성들에게 보다 중요한 것은 지역 의과대학에서(그런 기관이 있다면) 질

높은 의학 교육을 받을 수 있는가였다. 여성의학에 관심이 있는 남부 남성 다수는 고향에서 먼 곳으로 떠나야 했다. 그 지역에 의과대학이 부족했기 때문이다. 1840년 남부 전체에는 학교 7곳이 흩어져 있었다. 루이스빌에는 켄터키의과대학(1817년 설립), 버지니아에는 윈체스터의과대학과 프린스에드워드코트하우스에는 랜돌프메이콘대학 의학과(1840년), 메릴랜드에는 볼티모어 워싱턴의과대학, 사우스캐롤라이나에는 찰스턴 사우스캐롤라이나주립의과대학(1832년), 조지아에는 메이컨 서던보타니코의과대학(1839년)과 사바나의과대학(1838년)이 있었다. 많은 남부 백인 남성이 도제제도를 통해 의학을 배운 반면, 일부 "남부의 아들"들은 정규 의학 교육을 위해 에든버러, 런던, 파리와 같은 유럽의 대도시로 갔다. 미국에 남아 있던 사람들은 북부 의과대학에서 의학 교육을 받으려는 경향을 보였다. 미국의 의과대학 경영자들은 유럽 학교의 전형적인 개설과정과 마찬가지로 학생들에게 다음의 교육과정을 제공했다. "1) 해부학, 생리학, 병리학 2) 약물학, 치료학, 약학 3) 화학 4) 법의학 5) 의료 이론과 실제 6) 수술의 원리와 실제 7) 산과 및 여성과 소아 질환."[34]

남부는 의과대학을 많이 보유하지는 못했지만 부인과 의학에서의 선구적인 혁신과 성과를 낸 중요한 곳이었다. 역사가 조셉 웨어링은 이 문제를 언급하면서 남부 흑인들, 주로 노예들이 이 측면에서 얼마나 중요했는지 강조한다. 이 흑인 환자들은 의사들에게 "해부학적 지식을 획득할 좋은 기회"를 제공했다.[35] 남부 의사들은 환자의 인종과 성별을 기반으로 환자를 어떻게 치료하고 환자에 대해 어떻게 생각해야 할지를 동료들에게 가르칠 길을 닦았다. 에프라임 맥도웰("난소절제술의 아버지"), 존 피터 메타우어(최초로 성형수술을 성공시킨 미국 의사), 프랑수아마리 프레보("제왕절개의 아버지"), 제임스 매리언 심스("미국 부인과 의학의 아버지")와 같은 저명한 의사들은 각자의 분야에서 혁신을 일으켰다.[36] 그들은 산과와 부인과에서의 연구를 통해 미국 의학에 정당한 지위를 부여했고, 보다 큰 서구 세계의 의학 연구자와 동료 들은 그들의 연구를 높이 평가했다.

따라서 미국의 노예제와 초기 부인과 의학은 분명히 남부라는 뿌리에 얽혀 있다. 백인 의사들이 미국 부인과 의학의 "아버지"들로 찬양을 받는다면, 흑인 여성들, 특히 노예 여성들은 그들이 환자, 농장의 간호사, 산파로 한 의학적 역할에 근거해 이 의학 분야의 "어머니"로 불릴 수 있을 것이다. 그들의 몸은 연구를 가능하게 했고 연구에서 나온 자료를 통해 백인 의사들은 부인과 질환, 약리학, 처치, 치료법에 대한 의학 논문을 쓸 수 있었다.

제임스 매리언 심스와 같은 선구적 의사들은 흑인 노예의 몸에 의지해 모든 인종을 괴롭히는 질환의 치료법을 찾았던 선대 남부 의사와 과학 연구자 들의 긴 명맥이 남긴 유산의 계승자였다. 잘 알려지지 않은 의학 사례로, 토머스 제퍼슨 대통령은 1801년 천연두 예방접종 실험을 실시했다. 여기에는 자기 집에 있는 흑인, 백인 구성원과 이웃 몇 명이 참여했다. 흥미롭게도 제퍼슨은 예방접종을 받은 노예 여성이 보살피는 백인 아이들이 천연두에 감염될 가능성에 노출되는 것(특히 실험이 실패할 경우)을 원치 않았다. 때문에 그는 흑인 아기들에게만 노예 여성의 젖을 먹이라고 지시했다.[37] 몇 년 후 프랑스 태생 외과의사 프랑수아마리 프레보(그는 아이티 혁명 이후 아이티에서 미국 남부로 건너온 사람이었다)는 루이지애나에서 노예 여성만을 대상으로 제왕절개 수술을 개척했다.

19세기 초 미국 의학의 전문화는 1847년 미국의학협회의 설립으로 정점에 이르렀고 자기 손으로 전국적인 위상을 높여 보겠다는 의사들의 야심은 기관 설립의 욕구로 이어졌다. 남북전쟁 이전 시대에는 부인과 의사들이 최초로 개복수술을 시행해 병든 난소를 제거하고, 제왕절개로 아이를 받고, (생명을 위협하지는 않지만 분만을 하는 10대 청소녀와 여성들이 시달린) 방광질루를 치료하는 등 부인과 연구에 큰 발전이 있었다.

개복이 필요한 난소절제술이나 제왕절개술과 달리 방광질루나 산과 누공은 사망의 위험이 낮았다. 여성들은 누공 수술 시에 거의 피를 흘리지 않았다. 여성들은 출산 과정에서 아기를 산도로 밀어내면서 질벽에 열상이 생길 때

심하면 방광까지 구멍(누공)이 나면서 이 부분이 열리기도 했다. 여기에 상부 질 조직이 많이 소실되어 아물지 못하게 되면, 불수의적으로 그 구멍을 통해 소변이 질강 안으로 계속 배출된다.[38] 방광질루 환자들은 불편함, 감염, 심한 냄새로 고통을 받았고 많은 환자가 이로 인해 우울증을 겪게 되었다. 이 여성들은 누공에서 지속적으로 떨어지는 소변, 때로는 누공에서 새어 나온 대변에서 풍기는 악취 때문에 배척을 당하는 경우가 잦았다.

노예제의 미래와 세계 경제의 리더로서 높아지는 남부의 위상은 흑인 여성의 생식력과 건강한 노예 자손 출산에 의존했기 때문에, 남부 의사들에게는 각종 부인과 질환을 진단하고 치료할 노예 여성이 부족한 법이 없었다. 그들은 파열된 난소를 제거하고, 방광의 누공을 봉합하고, 사산된 아이를 꺼내고, 종양을 절제했다. 남부 노예 공동체에는 아픈 사람이 가득해서 제임스 매리언 심스는 "단 하루도 수술 환자가 없었던 날이 없었다"고 자랑했을 정도다.[39]

평상시 이 노예 여성 환자들은 농장 간호사에게 보살핌을 받았지만, 때로 너무 심각한 질환이 있는 경우 의사들을 불러오곤 했다. 1811년 있었던 한 의료 사례가 그런 경우였다. 어느 여름날 오후, 임신 7개월쯤 된 노예 여성이 울타리를 넘으려다 쓰러졌고 "2파운드(약 0.9킬로그램) 이상의 자궁출혈이 있었다." 동료 노예들은 그를 집으로 데려가라는 명령을 받았다. 하지만 그조차 부푼 배 때문에 쉽지 않았다. 결국 동료들은 그를 "주방까지 끌고 갔고 … 집까지 가는 길에는 핏자국이 생겼다." 쓰러진 여성은 문가에 이르자마자 정신을 잃었다.[40] 그 현장에 있었다는 토머스 라이트 박사는 이런 글을 남겼다. "그 환자가 바닥에 누운 동안 옷을 찢고, 머리를 지지하고, 엉덩이를 올렸다. … 이후 옆에 있던 담요 위로 옮겼다. 옷은 복부와 음순에 끊임없이 발라지고 있는 차가운 식초와 물에 푹 젖었다. … 나는 청산염 알갱이 10개를 우유에 넣어 오라고 지시했다. … 출혈은 완전히 멈췄다. … 막달까지 임신을 유지시킬 수 있었고, 환자는 잘 분만했다."[41] 라이트는 그 과정에서 그 여성이 총 6파운드(약 2.72킬로그램)의 피를 흘렸을 것으로 추정했다.[42] 다행히 그는 출혈이 있었던 그 환자와 태아의 목숨을 건졌다. 하지만 환자를 대하는 그의 태도와 처치는 노예 여성에 대한 그의 생각을 드러내 준다. 라이트의 묘사 속 여성은 옷이 찢기고 다른 노예들이 의사가 질에 손을 넣고 출혈 부위를 찾는 모습을 지켜보는 가운데 알몸으로 누워 있어야 했다. 그가 그 환자를 "연약한 성"으로 취급하지 않았음은 분명하다.[43]

《볼티모어 의학·철학 리시움Baltimore Medical and Philosophical Lycaeum》에 발표된 라이트의 글은 '흑인성'에 대한 19세기 문화가 만들어지는 데 도구 역할을 하게 되었다. 바로 이 '흑인성'이 예술, 지성주의, 민족주의에 표현된 '백인성' 출발점이자, 다른 초기 미국 산과의와 외과의들을 가르칠 교수법의 기반이기도 했다. 지식 생산의 관점에서 '흑인' '여성'의 임신한 몸을 끌고 와, 바닥에 던져두고, 옷을 벗기고, 남녀 할 것 없이 다른 노예들이 지켜보는 가운데 눕혀 놓아도 아무렇지 않았던 것이다. 이런 비존중은 토머스 라이트와 같은 의사들이 치료법을 배우기 위한 수단으로 흑인들의 몸이 필요했고, 그 필요성은 흑인들이 의사를 필요로 했던 정도보다 훨씬 컸다는 사실은 숨긴다.

라이트의 사례에서 의사들은 두 가지 중요한 교훈을 배울 것이다. 첫째, 의사는 자궁 내 출혈을 경험하는 만삭인 환자의 치료법을 알게 될 것이다. 둘째, 그보다는 명시적이지 않지만 백인 의사들은 특정한 의료 공간에서 흑인 여성을 취급하는 방식을 배울 것이다. 무엇보다도 이 글에는 노예 여성 환자의 필요에 응할 만한 공감적 태도에 대한 내용은 전혀 없다. 역사가 일레인 브레슬로가 초기 미국 의료에 대한 연구에서 주장했듯이, "백인 의사들은 사회적으로 백인 여성들에게 용인되지 않는 수술을 흑인들에게 마음대로 적용했고, 그런 일이 품위를 손상시키는 것으로는 인식되지 않았다."[44]

한편 같은 글에서 라이트는 1809년 임신 이후 오랫동안 심각한 자궁출혈을 겪은 백인 여성 환자를 만났던 경우를 이야기하며 대단히 당황했다고 인정했다. 이 젊은 산모는 출산하고 2주가 되기까지 출혈량이 무척 많았기 때문이었다. 라이트는 글에서 그가 "체질이 약한 숙녀"였다고 적었다.[45] 너무 몸이 약한 그 여성에게 함부로 도움을 주기 겁이 났던 라이트는 인근 동료 의사들과 이 문제를 상의했다. 그는 산과 환자들을 40년 동안 돌봐 온 나이 든 산파가 '프러시안 블루Prussian blue'라고 알려진 가루 소화제를 환자들에게 사용해 큰 효과를 보았다는 정보를 듣게 되었다.[46] 의사는 '프러시안 블루'의 효과를 시험해 보기 전에 그 산파에 대해서 조사를 해야 했다. 한 남자 동료가 산파의 신원과 품성을 확인해 주고서야 라이트는 안심하고 몸이 약한 백인 환자에게 그 처방을 사용할 수 있었고 이후에는 '흑인' 환자들에게도 그 방법을 사용했다.[47] 아이러니하게도 라이트는 백인 환자에 대한 실험을 통해 노예 여성의 치료법을 배우게 되었다. 흑인과 백인 환자의 역할이 뒤바뀐 것이다.

라이트는 의료 활동을 통해 남북전쟁 이전 시대의 인종 역학을 보여 주는 수많은 백인 의사 중 하나일 뿐이다. 역사가 말리 와이너가 말했듯이, 남부 백인들이 흑인과 백인의 인종과 성적 차이에 대해 가지고 있는 개념은 "우월성과 열등성에 대한 해묵은 논거에 뿌리를 두고 있다. … 인종과 성적 차이는 노예 사회의 이념적 필요성에 걸맞은 방식으로 이해되어야만 했다."[48] 흑인은 백인과 생물학적으로 다르고 백인에 비해 열등하다고 알려졌다. 그렇지만 의료 행위를 할 때에는 이런 믿음을 무시해야 했다. 남부의 백인 의사들은 흑인 여성의 질이나 자궁경관이 백인 여성의 질이나 자궁경관과 똑같다는 것을 너무나 잘 알고 있었다. 따라서 인종차별주의 때문에 환자를 대하는 태도나 의료적 처치는 달랐지만 부인과 수술은 흑인이나 백인 환자 모두에게 동일했다.

그 당시는 인종과 젠더 구분이라는 시대적 인식에 바탕을 두고 닦여 온 의학과 노예제라는 두 길이 만나는 교차로에 있었다. 그러나 모순적이게도 그들이 발견한 것들은 19세기 당시 의학 지식으로부터 벗어나고 있었다. 그들의 연구에서 노예제가 가지는 중요성은 부정할 수도 무시할 수도 없다. 노예제는 그들의 의료 행위와 학문의 중심에 있었다. 다만 이 의사들은 노예제가 자신들이 하는 지적 노동의 핵심이라고 드러내 놓고 밝히지는 않았다. 노예 여성을 비롯한 흑인 노예의 존재는 흑인의 열등성과 여성의 연약함이란 개념을 교란했다. 이 의사들이 우월한 백인 여성의 질병 처지와 치료에 적용되는 지식을 모으기 위해서 열등한 흑인 여성의 몸을 사용했음을 의학 문헌에서 어떻게 설명할 수 있었겠는가? 이는 많은 의사가 직접적으로 대답하기를 꺼리며 침묵을 지킨 당혹스런 문제였다. 노예 여성의 부인과 질환을 개술한 의료 사례 기술 등의 출판물은 19세기 의학에서 인종과 생물학을 둘러싼 모순을 드러내고 있다.

선구적인 부인과 의사들은 여성 전문 의학의 새로운 길

그림 1.1. 존 아처의 초상
펜실베이니아대학 기록보관소 제공

로 나아가는 동안, 출판에도 (때로는 꽤나 많이) 관여했다. 1768년 메릴랜드에서 태어난 존 아처는 필라델피아대학에서 의학 학위를 받은 최초의 미국인이었다. 그는 동일한 배란주기에 중복임신, 즉 한 명 이상의 남자와 성행위를 통해 들어온 정자로 두 개 이상의 난자가 수정되는 드문 경우를 발표하면서 명성을 얻었다.

아처는 1810년 발표한 논문인 "흑인 노예의 여성 자녀에게만 있는 질병을 입증하는 사실과 관찰: 백인 남성, 흑인 남성과 성교한 백인 여성이 하나는 백인이고 다른 하나는 물라토인 쌍둥이를 임신하거나, 반대로 흑인 남성, 백인 남성과 성교한 백인 여성이 하나는 흑인이고 다른 하나는 물라토인 쌍둥이를 임신함을 보여 주는 사례"에서 두 건의 중복임신에 대해서 설명했다. 이 논문에서 아처는 중복임신과 아무런 관계도 없는, 한 임신한 노예 여성의 흥미로운 부인과 사례 두 가지를 상술했다. 첫 번째 사례는 1783년 치료를 받은 39세 부인과 노예 환자에 관한 것이었다. 그는 해산 중에 심각한 진통을 겪었다. 그를 진찰한 후 아처는 음순끼리 달라붙어 질입구가 거의 닫혀 있는 것을 관찰했다.[49] 그는 이 노예 여성의 출생지를 확인하지 않았지만 이 만삭의 18세기 노예는 1743년이나 1744년 사이 서아프리카에서 태어났을 가능성이 높다. 노예무역이 금지된 1783년 이전까지 대서양을 가로지르는 노예무역이 번성했기 때문이다. 만약 그렇다면 이 여성은 할례를 받아

음핵과 음순의 일부 혹은 전부가 제거되었을 수 있었다.

아처는 원래 이 산과 환자를 담당했던 노예 산파에게 도움을 받아 "W.M." 소유인 이 노예 여성을 수술했다.[50] 의사는 "즉시 유합된 음순과 치골구 사이에 가이드와이어를 넣어 날이 구부러진 수술용 메스를 넣었다." 이 시술 후에 아처는 "음순을 … 완전히 절개하여" 질입구를 열었다.[51]

아처의 의학 논문은 영국 식민지 아메리카에서 아프리카 혈통 여성에게 행해진 가장 초기의 생식기 수술 중 하나를 기록하고 있다. 이런 수술은 이 건이 마지막이 아니었다. 두 번째 음순융합 사례에 대한 논의에서 아처 박사는 그가 "M'A" 부인 소유인 "어린 흑인 소녀"를 어떻게 치료했는지 설명한다.[52] 아처는 이 만삭 소녀의 접합된 음순을 손가락으로 찢었다. 고통스러운 방법이 적용되긴 했지만 덕분에 소녀는 정상적인 분만을 할 수 있었다.

수십 년 후 "산과 의학의 아버지"라는 명칭을 얻은 선구적 의사, 에프라임 맥도웰은 의학사에서 아처 박사보다 훨씬 유명하다. 그의 이야기는 생식의학 분야의 혁신가인 사람들에게 삶이 얼마나 큰 도전이었는지 보여 주는 전형적인 예이다. 맥도웰은 1771년 버지니아 식민지에서 태어났다. 그의 아버지는 군 장교이자 정부 관리였다. 에프라임이 어릴 때 맥도웰 가족은 켄터키 댄빌로 이주했다. 청년이 된 그는 의학 분야에 발을 들여 놓았고 지역 의사의

그림 1.2. 에프라임 맥도웰의 초상
국립의학도서관
(http://ihm.nlm.nih.gov/images/B29869)

도제로 일했다. 하지만 그 도제 교육은 그가 도굴을 했다는 혐의를 받은 후 갑작스럽게 중단되었다. 이후 그는 서구 세계 최고의 의과대학으로 칭송받던 에든버러대학에서 수학하기 위해 아메리카를 떠났다.

맥도웰은 에든버러 생활을 마치고 켄터키로 돌아왔고, 거기서 백인이 대다수인 지역 사람들을 치료하기 시작했다. 1809년 에프라임 맥도웰은 자녀가 있는 중년 백인 기혼 여성인 제인 토드 크로퍼드에게 난소절제술을 시행했다. 처음에 맥도웰은 크로퍼드 부인이 임신을 했다고 생각했다. 하지만 임신이 아니라 종양이 있음을 발견한 후, 그는 크로퍼드 부인에게 외과적으로 종양을 제거해야 한다고 알렸다. 댄빌은 소도시였고, 이웃 정보망을 통해 맥도웰이 여성의 배를 가르고 난소절제술을 하려 한다는 말이 빠르게 퍼졌다. 이 신생 국가에서 수술은 극히 드문 일이었으며, 켄터키 댄빌과 같은 변경에서는 개복수술이 곧 환자의 죽음으로 생각되었다. 일부 주민은 맥도웰에게 물리적인 위협을 가했다. 그들은 이 외과의가 분명히 크로퍼드 부인을 죽일 것이라고 믿었기 때문이다. 그럼에도 불구하고 크리스마스 날 이른 아침, 맥도웰은 20파운드(약 9.07킬로그램)에 달하는 크로퍼드 부인의 종양을 제거했다. 놀랍게도 부인은 살아남아 78세까지 장수했다.

맥도웰 박사는 거의 10년이 지난 1817년에야 《절충적 레퍼토리와 분석적 리뷰Eclectic Repertory and Analytic

Review》에 그의 성공적인 난소절제술 절차를 설명하는 획기적 논문, "병든 난소 제거의 세 가지 사례"를 발표했다. 이 논문을 발표한 후 맥도웰은 심한 조롱을 당했다. 그를 가장 격하게 비난한 것은 유럽의 의사들이었다. 미국 의학은 여전히 유아기였고 정적이었으며 선구적인 의사들을 배출하지 못했기 때문이다. 가장 앞장서서 비판을 가했던 영국의 외과의 제임스 존슨은《런던 내·외과 리뷰London Medico-Chirurgical Review》에서 맥도웰을 "켄터키 촌뜨기"라고 불렀다. 존슨은 이렇게 말했다. "단 한 사람을 제외하고 켄터키에서 수술을 받은 모든 여성이 흑인이었다. … 그리고 그들은 개나 토끼가 그렇듯이 큰 고통 없이 살을 째는 수술을 참아 낼 수 있을 것이다." 그러면서 "의사인 우리에게는 놀랄 일도 아니다"라고 덧붙였다. 의사들은 흑인 여성이 어렵지 않게 통증을 다스린다고 이해하고 있었기 때문이다.[53]

맥도웰은 고향에서조차 제인 토드 크로퍼드에 대한 그의 이단적 행위와 과거에 그가 연루되었던 도굴 사건을 연결시킨 지역 노예주들의 통렬한 비난을 피할 수 없었다. 맥도웰의 손녀이자 전기 작가인 메리 영 라이던보에 따르면 "그는 단지 직업 때문에, 동정심이라고는 없는, 여성의 배를 갈라놓고 기뻐하는 잔인하고 사악한 사람이라는 맹비난을 받았다."[54] 그는 노예들이 할아버지의 존재에 어떻게 반응했는지 회상하면서 이렇게 말했다. "보통 무지하고 미신에 사로잡혀 있던 마을과 주변 지역 흑인들은 그가 자신들을 불러 세워 학대하지 않을까 두려워한 나머지 멀리서 맥도웰이 걸어오는 것만 봐도 가까운 건물로 뛰어 들어갔다. 그들은 맥도웰이 맹수나 되는 것처럼 그를 두려워했다."[55] 흑인 환자들의 죽음에도 전혀 처벌을 받지 않고 흑인의 몸을 실험하는 것으로 보이는 사람이라면 흑인 주민들이 두려워하는 것도 충분한 이해할 만하다.

맥도웰은 비난과 두려움의 시간에 직면해서도 여성을 대상으로 한 실험적 수술을 계속했다. 다만 이제는 거의 모든 환자가 흑인이었다. 그는 댄빌 지역에서 난소종양이 있는 흑인 여성 4명을 찾아서 거의 10년 동안 실험을 했다. 그가 여기에서 거둔 성과는 켄터키의 얼마 되지 않는 흑인 인구를 고려하면 대단한 것이었다.[56]

흑인 여성의 생식기관과 몸에 대한 부인과 시술이 공식화되고 합법화되고 있었지만, 의사들이 출판한 글에서 그들의 몸이 이 새로운 전문 의학 분야의 성장에 직접적 공헌자로 묘사되는 경우는 없었다. 19세기 미국에서 흑인 여성들은 사회의 주변부에 있었다. 흑인 노예 여성은 의학저널의 부인과 사례에서 압도적인 비중을 점했지만, 그들의 삶은 그런 출판물의 중심이 되지 못했다. 의사들은 노예 환자들의 질환과 손상된 기관이 의사들에게 제공되는 자료쯤인 듯 취급했다.

의학 교육자이자 선구적인 부인과 의사로 유명해진 또

다른 버지니아 출신 외과의, 존 피터 메타우어의 의학 논문은 초기 의사들이 노예 여성 환자를 물건으로 여겼음을 잘 보여 준다. 메타우어는 1787년 프린스 에드워드 카운티의 유명한 노예주 집안에서 태어났다. 그는 유명한 외과의였던 아버지의 뒤를 이었다. 버지니아주의 남부 중심에 위치한 이 지역은 침체된 식민 전초기지였으나 1800년대 초 무렵에는 평화롭고 번영하는 지역으로 변천했다. 토양은 비옥했고, 담배가 주요 환금작물이었으며, 이 지역이 아포맷톡스강 인근에 위치한 덕분에 주민들은 교역으로 부유함을 누렸다. 성장 중이던 자작농 계층은 이 지역에 흩어져 있는 상점과 작은 공장에서 일했고, 이 지역 경제를 지탱하는 것은 번창하는 노예제도였다. 프린스 에드워드 카운티에는 성경 출애굽기에 언급된 것과 같은 약속의 땅이라는 의미에서 이스라엘 힐Israel Hill이라는 이름을 얻은 자유 아프리카계 미국인 공동체가 있었을 정도였다. 다른 남부 지역과 달리 프린스 에드워드에는 선도적인 의료기관이 있었고 지역 주민들은 1837년 메타우어가 설립한 병원의 개원을 환영했다.[57]

병원을 세우고 3년 후 메타우어는 지역 백인 여성을 상대로 미국 최초의 성공적인 방광질루 수술에 성공했다. 지적 호기심이 왕성하고 야심이 컸던 그는 지역 여성 두 명에게 실험적인 산과 누공 수술을 했다. 한 사람은 백인이었고 다른 한 사람은 노예 신분이었다. 그는 백인 여성의

그림 1.3. 존 피터 메타우어의 초상
조지 벤 존스턴 "버지니아 존 피터 메타우어 박사의 스케치 미국외과협회 회장 연설" 1905년 7월 5일 (필라델피아, 1905)
펜실베이니아역사학회 제공

누공을 성공적으로 치료했으나 노예 여성의 경우에는 그렇지 못했다. 다음 4년 동안 메타우어는 그 20세 노예 여성의 누공을 치료하기 위해 계속해서 실험적 수술을 실시했다. 그러고는 수술 실패로 인한 좌절감이 커지자 증상이 계속되는 책임을 노예 여성의 탓으로 돌렸다. 이 환자는 활발한 성생활로 계속 질이 찢어지고 치료가 되지 않는다고 기록한 것이다. 메타우어는 1847년 《미국의학저널American Journal of Medical Sciences》에서 이 노예 여성에 대해 이렇게 적었다. "재수술을 했지만 처음보다 나아진 것이 없었다. 그렇지만 나는 두 번째 시도 이후 1년에 두 번씩, 여덟 차례 수술을 반복했고 결국 치료를 포기했다. … 충분한 회복 시간이 있었다면, 보다 정확하게는 성교가 없었다면, 이 환자는 분명 회복할 수 있었을 것이다."[58] 노예 여성의 성생활을 너무나 노골적으로 묘사한 나머지 그의 말투는 대단히 강경하면서도 부정적으로 느껴졌다.

그의 평가가 정확할 수도 있지만, 메타우어는 흑인 노예 여성이 자신의 몸을 성적으로 통제할 권한이 극히 부족하다는 점을 분명히 알고 있었을 것이다. 실제로 메타우어의 노예 환자에게는 수년간 효과가 없는 부인과 임상실험 참여를 끝낼 수 없었던 것과 마찬가지로 그와 성관계를 맺고자 하는 남성을 거절할 힘이 거의 혹은 전혀 없었다. 《미국의학저널》에 실린 노예 환자에 대한 메타우어의 논의는 노예 여성이 성과 자신의 몸에 관해 직면하고 있던 암울한 현실을 파악하기 어렵게 만든다. 그는 자신도 모르는 사이에 백인들이 인종적 차이라는 개념을 구체화하는 데 사용할 또 다른 무대를 정당화했다. 그의 글은 미국 부인과학이 어떻게 실행되었으며, 의학 저널과 같은 장에서 어떻게 분석되었는지를 보여 준다. 작가이자 학자인 사이디야 하트먼은 19세기 흑인 여성이 "인종 구성체와 성적 종속 사이의 불가분한 관계"에 매어 있었다는 이론을 내놓았다.[59] 보다 구체적으로 말하자면, 메타우어의 서술은 흑인 노예 환자들의 활발한 성생활을 모든 여성을 치료하려는 의사들의 시도를 좌절시킬 수 있는 물리적 방해물로 쓰고 있다. 의사, 특히 외과의가 실제로 직면했고 앞으로도 직면할 수 있는 위험 요소로 취급했다.

메타우어의 노예 환자 사례는 방광질루를 둘러싼 난제를 해결하는 데 기여했다. 물론 그가 노예로서, 성적으로 활발한 여성으로서, 실험적 수술의 대상으로서 직면했던 문제들은 거기에 아무런 영향을 미치지 못했다. 존 피터 메타우어는 해당 사례를 통해 급진적인 의학 연구, 납 봉합과 같은 혁신 창출, 산과 누공 치료에 대한 외과적 연구를 통해 그의 자취를 따를 의학자들을 위한 직업적, 지적 영역을 설계했다.

제임스 매리언 심스는 그 이전의 맥도웰 박사와 메타우어 박사와 마찬가지로 노예 여성을 대상으로 하는 첨단 의학 실험을 통해 부인과를 발전시킨 남부인이었다.

1817년 사우스캐롤라이나 랭커스터 카운티에서 태어난 심스는 대학 과정을 마친 후 찰스턴의과대학에 진학하기로 결정했다. 그의 아버지는 그가 선택한 분야를 경멸했고 아들에게 "거기에는 과학이 존재하지 않는다. … 명예에는 도달할 수 없다"는 점을 반드시 알아야 한다고 말하기도 했다.[60] 가족들의 반대에도 불구하고 그는 필라델피아의 제퍼슨의과대학에서 의학 공부를 마치기 위해 사우스캐롤라이나를 떠났다.[61] 졸업 후 그는 사우스캐롤라이나로 돌아와 개업을 했다. 하지만 두 환자의 죽음으로 그의 직업적 평판은 땅에 떨어졌고 심스는 다시 앨라배마 마운트메이그스로 이주했다. 앨라배마에서 몇 년을 보낸 후 그는 높은 평가를 받는 의사가 되었다. 심스는 1840년대부터 자신의 의학 연구에 대한 논문을 발표하기 시작했다.

심스 박사는 1844년부터 1852년 사이 논문을 7개나 발표했다.[62] 그가 다룬 주제는 치과학에서 소아의학, 일반외과, 부인과까지 다양했다. 논문의 주된 내용은 흑인 노예 환자와 백인 환자에 대한 사례 기술과 삽화였다. 1860년대에 이르자 심스는 19세기의 가장 유명한 부인과 의사가 됐다. 노예 여성에 대한 그의 실험적 수술은 부인과 분야의 변혁을 가져왔다. 이런 실험에 기초한 부인과 연구를 바탕으로 계속해서 긍정적인 결과를 얻으면서 그의 명성은 점차 높아졌다. 그 당시에는 대단히 이루기 힘든 결과였다. 그의 동료들 대부분은 임상에서 그만큼 성공적인 수술 결

그림 1.4. R. 오브라이언 작, 제임스 매리언 심스의 초상
국립의학도서관(http://ihm.nlm.nih.gov/images/B23841)

과를 낼 수 없었기 때문이었다.

19세기 초부터 중반까지 부인과에 진입한 남성 대부분과 마찬가지로, 심스를 부인과에 발 들이게 한 것도 만연한 생식기 질환으로 고통받는 여성들의 긴급한 필요 때문이었다. 자서전에는 그가 처음 부인과에 대해 느꼈던 혐오감이 적혀 있다. "내가 정말 끔찍하게 생각한 일이 있다면 그것은 여성의 골반 속에 있는 장기를 조사하는 것이었다."[63] 여성 생식기에 대한 "혐오"에도 불구하고 심스는 말에서 떨어진 환자 메릴 부인의 질을 검진하기로 했다. 진찰해 보니 그 부인의 자궁이 뒤집혀 있었다. 그는 의과대학에 다닐 때 들었던 의학 강의를 떠올려 메릴의 질강을 충분히 벌려 압력을 주어서 자궁이 올바른 위치로 회전하도록 했다. 심스가 이전에 방광질루로 찾아왔던 세 명의 노예 환자를 떠올린 것이 바로 이 순간이었다. 심스는 최근에 메릴에게 사용했던 기법을 이 노예 환자들에게 적용하면 고칠 수 있을 것이란 확신을 가지게 되었다.

그는 지체 없이 가설을 시험해 보았다. 그가 맡은 첫 부인과 노예 환자는 열일곱 살 난 애너카였다. 처음 애너카를 만난 것은 지연분만을 도우면서였다. 애너카는 이틀 동안 심스에게 치료를 받았고, 그는 힘든 분만 과정의 결과로 애너카에게 방광질루가 생겼다는 것을 발견했다.[64] 메릴을 치료하기 전에, 심스는 이 노예의 주인인 위스콧에게 "애너카는 하인 일을 하는 데 적절치 않은 병이 생겼다"고 말했다.[65] 심스는 지연분만 때문에 이전에 자신을 찾았던 벳시와 루시도 찾아가 주인에게서 그들을 빌려 왔다. 심스가 이후 회고록에 적은 대로, 그는 카운티를 "샅샅이 뒤져 몇 년 동안 숨겨져 있었던 예닐곱 명의 방광질루 환자를 찾아냈다."[66]

1844년에서 1849년 사이, 심스는 이 고질적인 부인과 증상의 치료법을 찾고자 실험을 계속했다. 대상은 오로지 노예 여성으로 제한되었다. 그는 뉴욕의학학회New York Academy of Medicine 연설에서 자신이 어떻게 부인과 의사로 성공할 수 있었는지 설명하며 "특정 분야의 실험을 위한 작은 병원을 지음으로써 순조롭게 이런 환자들을 통제할 수 있게 되었습니다. 모두가 건강한 흑인 여성들이었습니다"라고 말했다.[67] 심스는 보통 "환자의 집sick house"으로 불린 일종의 "작은 병원"을 노예 농장의 중요한 구성 요소라고 설명했다.

남북전쟁 이전 시대의 의사 제임스 유얼은 이 "환자의 집"을 "조악한 싸구려 건물"이라고 묘사했다. 그는 적절한 요양 시설이라면 "천정까지 탁 트여 통풍이 잘 되는 문과 창문이 있고 두꺼운 널빤지가 깔린 큰 방이 있고, 그 공간을 자주 청소해 매우 깨끗하게 유지해야 한다"고 설명했다.[68] 남부를 방문한 사람들은 이런 노예 병원에 매료되어서 고향에 돌아온 뒤에 그 병원에 대한 글을 쓰곤 했다. 그런 관찰자 중 하나인 노드호프는 이렇게 기록하고 있다.

그림 1.5. 앨라배마 몽고메리 소재 제임스 매리언 심스의 첫 여성병원
에드워드 수송 촬영(1895), 버밍엄 앨라배마대학 레이놀즈역사도서관 제공

"사우스캐롤라이나의 농장 호프턴에 있는 병원은 세 개 구역으로 이루어져 있다. 하나는 남성, 다른 하나는 여성, 나머지 하나는 분만을 위한 구역이다. 여성들은 분만 후 한 달 동안 병원에서 쉴 수 있지만, 보통은 잡담을 할 수 있는 자기 집을 선호한다."[69]

일부 노예주는 환자의 집을 별로 좋게 보지 않았다. 그들은 환자의 집이 노예 공동체에 부정적인 영향을 준다며 동료 노예주들에게 그런 시설을 세우지 말라고 충고했다. 예를 들어 사우스캐롤라이나금주협회SouthCarolia Temperance Advocate, &c.의 회원이었던 존 더글러스 박사는 "환자의 집이나 병원은 불필요하고 유해하다"고 경고했다.[70] 그는 노예 노동자들이 병원에서 환자들의 모습을 보고 우울해지고, 과도하게 자극을 받게 될 것을 걱정했다. 더글러스는 흑인들 사이의 질병과 절망의 광경은 오두막 같은 고립된 곳에서 흑인 노예 간호사들에게나 보여지는 편이 보다 적절하고 자연스럽다고 생각했을 것이다. 백인 의사들, 특히 더글러스와 마찬가지로 환자의 집 도입에 반대했던 의사들은 노예 여성이 노예 병원의 존재만큼이나 그들 삶에 개입하는 백인 의료인 남성의 존재에 분개한다는 것은 전혀 신경 쓰거나 고려하지 않았다. 노예를 소유한 의사와 농장주 들의 경고에도 불구하고, 1850년대 중반부터 말까지 환자의 집과 산모들의 회복을 위해 만들어진 공간들은 더 흔해졌다.

심스가 설립한 여성노예병원은 그의 연구에 없어서는 안 될 존재였다. 그로써 "젊고 건강한 흑인 여성"에게 실험적 수술을 계속할 수 있었기 때문이다. 2년 후 이들 환자 중 누구도 치료하지 못한 그는 지역 백인 공동체의 지지를 잃었다. 그의 공개 수술을 참관한 주민들을 물론이고 실험적 수술의 시작부터 그를 보조했던 젊은 의과 도제들도 마찬가지였다. (이중 한 사람이 네이선 보즈먼이었다. 그는 부인과 의학계에서 명성을 얻은 후 심스가 산과 누공에 사용한 수술 방법을 비판했다.) 백인 도제가 떠난 후 심스는 노예 환자들을 교육시켜 수술 간호사로 일하게 했다. 심스가 소유하거나 대여한 노예였던 이 여성들은 숙련된 의료인이 되기 위한 교육을 받으면서도 노예제의 특성 때문에 집안이나 농장에서 노예로서도 노동해야 했다. 이중 부담을 안은 것이다. 이들의 상황은 인종, 계층, 성별, 지위의 문제에서 19세기 의학이 가진 왜곡된 성격을 드러내 준다.

현대 미국 부인과의 기원과 확장 당시의 분위기를 보다 정확하게 파악하기 위해서는 이 초기의 환자이자 노예였던 여성들의 실제 경험을 고려해야 한다. 심스의 환자들은 그의 표현대로 노예 여성이 해야만 하는 노동에 "적합하지 않은", 심신을 쇠약하게 하는 증상을 겪었다. 더구나 이들 여성 가운데 일부는 실험이 지속되는 동안 가족이나 친구들과 멀리 떨어져 살아야 했다. 그들은 아버지 없이 아이들을 길러야 했고 실험으로 생긴 흉터를 치료하는 동안에도 아기들을 돌봐야 했다. 심지어는 수술 후 방광과 질이 아무는 최소 2주 동안에도 마약성 진통제에 취해 탈수와 변비로 자리보전을 하면서도 그랬다. 이 여성들은 밭에서도, 심스가 지은 병원 안에서도 노동력을 제공했다. 그는 이 노예 환자들의 업무와 치료 교대조를 만들었다. 일부 여성이 수술 후 회복하는 기간 동안 다른 여성들은 심스의 노예 농장, 집, 병원에서 노동을 하는 식이었다.

심스는 5년간 이어진 실험 이후에 애너카에게 서른 번째 수술을 했고 누공 치료에 성공했다. 그가 존 피터 메타우어의 납 봉합을 은 봉합으로 발전시켜 누공을 영구적으로 막은 덕분이었다. 심스는 다른 방광질루 환자들에게 이 기법을 반복해서 적용했고 모든 증상을 치료했다.[71] 그들은 이제 치료받아 집으로 돌아가서 가족, 친구와 다시 만날 수 있었다. 노예주의 관점에서, 그들은 저명한 외과의 밑에서 훈련을 받은 간호사로서도 일을 할 수 있었기 때문에 주인의 부를 증대시킬 기술을 얻은 데다 씨암컷으로서의 가치까지 되찾은 셈이었다.

실험을 성공적으로 마무리한 심스는 주인들에게 대여한 노예들을 돌려주고 1852년 《미국의학저널》에 "방광질루의 치료에 관해"라는 논문을 발표했다. 3년 뒤 그는 뉴욕으로 이주해 뉴욕주여성병원Women's Hospital of the State of New York을 개원했다. 흑인 노예 여성에 대한 실험 덕분에 심스는 부인과 경력을 시작한지 10년도 되지 않아 미국의 걸출한 부인과 외과의 중 한 명으로 자리매김하게 되었다.

제임스 매리언 심스가 무명에서 시작해 명성 높은 외과의로 부상한 것은 수십 년 동안 다른 엘리트 의사들이 만들어 온 궤적을 따랐기 때문이었다. 그런 의사들은 혁신적인 실험 의학에 참여했다. 이 실험 거의 대부분은 노예 여성 인구에 의존했고 또 대부분 실험 결과가 의학 저널에 발표됐다. 19세기 중반은 진취적이고 야심이 큰 백인 남성들의 사회적 신분 상승 기회가 무르익은 시대였다. 심스는 스스로를 단순한 의사가 아닌 의료 기업가로 마케팅함으로써 1850년대의 정치적 분위기에 대응했다. 그는 방광질루 환자들이 수술 시 취하는 자세를 "심스체위Sims' position"로 명명하고 자궁경관을 진찰할 때 사용하는 오리주둥이 모양의 벌리개 이름도 "심스질경Sims' speculum"으로 바꾸었다. 이제 심스 박사를 비롯한 다른 의사들의 여성질환 치료 능력이 커지면서 부인과는 높은 평가를 받는 전문 의학 분과로 격상되었다. 더불어 그들은 의료 기업가로서 부까지 축적할 수 있었다.[72]

19세기 중반, 남성들은 스스로를 여성의 '보호자'로 여겼다. 부인과는 그들의 이런 역할을 강화해 주었다. 인종과 지역의 융합을 이해하는 일이 여기서 중요한 이유는 남부 엘리트 백인 남성들이 여성의 보호자는 물론 스스로 '아버지' 역할을 자임했기 때문이다. 많은 남성이 스스로를 흑인 노예의 '훌륭한 백인 아버지'로 보았다. 19세기 미국 부인과 분야의 급성장을 도왔던 남부 의사들은 흑인 여성들이 빈번히 그리고 비교적 안전하게 출산하는 능력을 유지하는 데에도 큰 노력을 기울였다. 그로써 아이를 낳는 건강한 노예 여성의 역량을 약화시키는 모든 병적 증상의 치료는 노예제를 한층 더 강화했다. 노예제는 노예 여성의 자궁, 활발한 성생활, 그리고 궁극적으로 그들이 낳는 아이의 수에 가치를 부여하는 시스템이면서도, 정작 흑인 여성은 존중을 받을 수도 부유해질 수도 없는 시스템이었다.

남성 노예주들은 자신들이 소유한 흑인 여성을 자주 성적으로 착취했기 때문에 일부 의사들이 자신이 치료하는 노예 여성과 성관계를 가지는 것도 얼마든지 있을 수 있는 일이었다. 따라서 노예를 소유한 많은 의사가, 그리고 어쩌면 제임스 매리언 심스도 생식의학 분야의 비유적인 아버지 역할만이 아니라 부인과 실험 동안 태어난 노예 아이들의 생물학적 아버지였을 가능성이 있다.

심스의 노예 공동체 인구통계는 백인이 흑인 여성의 몸에 얼마나 쉽게 접근할 수 있었는지를 보여 준다. 심스는 농장에 여성 노예 12명과 남성 노예 5명을 소유 혹은 임대하고 있었다. 모든 남성 노예는 소년이었다. 이 어린이들은 모두 두 살에서 열두 살 사이였다. 그 농장에 있는 노예 여성 중 일고여덟 명은 가임연령이었다. 심스가 소유 또는 임대한 다른 노예들과 달리 노예 목록에 물라토로 기록된 이는 한 명뿐이었다. 1850년 인구조사는 심스 박사의 노예 환자 중 한 명의 딸인 1세 여아가 흑인 어머니와 백인 아버지 사이에 태어났음을 밝히고 있다. 이 여아는 심스의 환자이자 간호보조원인 흑인 여성이 노예로서 수행한 재생산 노동의 결과였다. 흑인 노예 여성이 백인 남성의 아이를 낳는 것은 늘 일어나는 일이었지만 부인과 실험 환자 역할을 하는 동안 출산하는 것은 이례적이었다.[73]

인구조사 기록만으로는 백인 아버지에게서 태어난 노예 아이의 부계를 밝힐 수 없지만, 아이의 존재는 심스가 노예 환자를 취급한 방식에 중요한 의문들을 제기한다. 출산은 여성의 누공을 다시 악화시킨다. 그렇다면 심스가 방광 누공의 치료법을 보다 쉽게 찾기 위해서 노예 환자는 본인 의지에 반해 임신을 할 수밖에 없는 상황이지 않았을까? 병원에 입원해 심스의 노예 농장에서 사는 동안 다른 백인 남성이 이 여성의 몸에 접근할 수 있었을까? 심스는 자서전에서 지역의 백인 공동체 구성원들이 그가 행한 의학 실험에 대한 지지를 철회했던 일을 상세히 적고 있다. 그는 부인과 실험이 실패를 거듭하면서 사람들의 지지를 잃었다고 밀했다. 어쩌면 여기에는 심스가 직접 밝히고 싶지 않겠지만 그의 노예 농장에서 물라토 여자아이가 태어난 일을 둘러싼 윤리적 문제 같은 다른 이유가 있었던 것은 아닐까?

이런 의문들은 추측에 근거한 것이지만, 남북전쟁 이

전 시대 노예제와 생의학 윤리의 본질에 대한 질문으로 진지하게 고려해 보아야 할 것이다. 미국의 백인들은 혼혈생식을 규탄하고 불법화했지만, 백인 남성이 백인 여성과 성관계를 맺는 것만큼이나 일상적으로 흑인 여성들과 성관계를 맺는다는 점은 누구나 알고 있는 사실이었다. 물라토 아이의 존재는 타 인종과 맺는 성행위를 금지한 법률의 위선을 드러내 준다.

이런 문제들에 대한 답은 여전히 감춰져 있지만 의학계에서 심스의 급부상은 과거 버림을 받았던 공동체에서도 얼마든지 신뢰를 회복할 수 있다는 점을 보여 준다. 실험을 시작하고 4년 뒤인 1848년, 그는 앨라배마의학협회 Medical Association of Alabama의 기록 간사로 선발되었다. 수십 년 후 심스는 전국적인 규모의 단체인 미국의학협회와 미국부인과학회American Gynecologic Society의 회장으로 당선되어 활동했다.[74]

19세기 초중반의 부인과 의사들은 일부 학자의 주장처럼 흑인 여성의 신체를 난도질하기를 즐긴, 특별히 잔인하거나 가학적인 의사가 아니다.[75] 그들은 과학적 인종차별주의가 번성하던 시대에 살았던 엘리트 백인 남성이었을 뿐이다. 당시에는 흑인의 지능에 대한 기본적 전제처럼, 흑인의 열등함에 대한 생각들이 굳게 확립되어 있었고 널리 받아들여졌다. 흑인 여성, 노예 여성은 그들 몸에 쉽게 접근할 수 있었던 의사들에게 이용당할 수밖에 없는 취약한 집단이었다. 더구나 흑인 여성의 재생산 노동이 큰 가치를 가지고 있었기 때문에 그들의 노동에 의존하는 사람들은 "고장이 났다"고 보이는 흑인 여성 노예를 "고쳐야" 했다. 의학사 연구자인 찰스 로젠버그가 주장하듯이 심스와 같은 엘리트 의학자들은 "임상 진료과 임상 연구의 필요성"을 충족시키는 가운데 "인간성과 과학 사이"에 존재하는 생명을 경험하게 하는 도전에 직면했다.[76] 이런 난제에는 노예이며 인간이자 동산動産, 임상물로 여겨지는 사람들도 포함되었다.

흑인 여성을 치료했던 백인 의사들의 의료 기록과 논문은 아주 불편한 용어를 사용해서 이 집단에 대한 경멸감을 강조했다. 델라웨어에 사는 한 의사의 개인 기록에는 그가 억지로 치료했던 흑인 여성 환자를 어떻게 다루었는지 생생히 묘사되어 있다. 1853년 3월 윌리엄 다라크는 "가축우리와 같은 끔찍한 방"에서 살고 있는 흑인 여성 환자를 찾아갔다. 이전에 그를 맡아 치료했던 의사는 다라크에게 그 환자가 "유산"을 하게 될 것이라고 말했다. 다라크가 환자의 집 근처에 이르자 그 여성의 크고 끔찍한 신음 소리가 들렸다. 그는 그 여성이 산통을 가짜로 꾸며내고 있는 것으로 생각했다고 적었다. 다라크는 그런 "기만"을 꾸짖고 그 여성을 아이와 함께 집에 남겨 두었다. 그는 "다음 날 그 집에 돌아가 … 자기 실수를 깨달았다. … 그 여성이 유산 상태가 아니라 수종水腫이 생겼음을 발견한 것이다."[77]

흑인 여성 환자들은 다라크 같이 흑인이라는 것에 혐오감을 가지면서도 그들의 몸을 고쳐야 하는 의사들과의 관계를 적절히 처리해야 했다. 백인 남성이 부인과와 산과에 진입했음에도 불구하고, 흑인 여성들은 여전히 주인과 농장 의사의 시선 밖에서 스스로를 치료하는 방법들을 찾았다. 이 여성들의 성공과 실패를 특히 당시 이루어진 선구적인 의학 연구의 측면에서 조사하는 것은 노예제 내의 숨은 공간을 드러내 준다. 또한, 노예제와 의학에서 노예 여성의 경험을 이해하는 것은 이 집단과 그들의 굴레에 대한 보다 포괄적인 관점을 정립할 수 있게 한다.

2장

노예제와 의학에서 흑인 여성의 경험

엄마는 제가 태어나고 세 시간 뒤에 돌아가셨어요.
그 사람들은 엄마한테 일을 너무 많이 시켰어요.
—에드워드 드 바이유, 과거에 노예였던 남성

노예제에서 벗어나고 수십 년이 지난 후, 줄리아 브라운은 아프리카계미국인산업촉진국African American Works Progress Administration 소속 면담자 제네바 톤실에게 예전 주인이 노예들에게 어떻게 의술을 폈는지 설명했다.[1] 브라운은 말했다. "그는 한 치료법을 시도해 보고 그게 잘 듣지 않으면 다른 방법을 시도했습니다. 효과가 나올 때까지 말예요."[2] 브라운의 이야기는 19세기 미국 의학의 위험하고 실험적인 성격을 보여 준다. 더구나 그가 설명한 의료와의 접촉은 노예들을 의학적으로 보살필 권한까지 맡은 주인에게 그들이 맞설 능력이 얼마나 부족했는지를 드러낸다.

줄리아 브라운은 스스로를 원하는 대로 치료할 수 없게 된 많은 흑인 노예 여성의 대표적 사례이다. 브라운과 다른 노예 여성들의 의학적 경험은 공식적 관행과 비공식적 관행 모두를 통합하는 초기 미국 의학의 탄력성을 보여 준다. 의사들이 흑인 여성의 몸에 의술을 행한 것처럼 이들 의사와 밀접한 관계를 맺고 있던 노예주들도 노예들 몸에 손을 댔다. 숙련된 의사들과 마찬가지로, 브라운의 주인은 노예를 치료하려는 과정에서 그들을 죽이는 위험을 무릅썼다. 줄리아 브라운의 사례는 남부의 백인 남성들이 의학적, 약학적 방법을 어떻게 발전시키고 이용했는지를 보여 주며, 이는 흑인 여성의 생명이 가진 가치가 얼마나 저울추처럼 왔다 갔다 하는지를 보여 준다.

미국 노예제와 노예들의 의료에 관련된 문헌 다수에는 흑인 여성의 재생산 노동이 그 두 가지에 얼마나 귀중한 자원이었는지 대단히 자세히 설명되어 있다. 건강한 흑인 노예를 낳는 것은 산모, 농장 의사, 노예주를 비롯한 노예 공동체의 모든 구성원에게 보람 있는 일이었다. 이 행위자들 각각은 다양한 이유에서 노예 아이의 출생에 투자를 했다. 흑인 아이의 가치를 보호하기 위한 투자는 이들이 임신부가 채찍을 맞는 동안에도 자궁 속의 아이들을 어떻게 보호했는지 설명하는 노예들의 이야기에 상세히 담겨 있다. 수많은 사법 사건이 노예를 인정하는 주에서 노예주들이 흑인 여성의 생식건강과 태중 아이들의 건강에 얼마나 신경을 썼는지 보여 준다. 임신한 노예 여성이 피고였던 살인 공판에서는 아이가 태어날 때까지 형 집행이 중단되기도 했다.

아칸소 출신으로 테네시의 헤스농장에서 살았던 마리

허비는 농장에서 임신한 여성들이 신체적으로 어떤 처벌을 받았는지 상기했다. 그는 이렇게 말했다. "그들은 임신한 여자를 데리고 가서 땅을 판 뒤 배를 거기에 넣고 채찍질을 하곤 했습니다. 그들은 그런 식으로 우리 할머니를 때리려 했습니다."[3] 아내에게 폭력을 가하려는 사람들을 위협한 할아버지가 아니었다면, 백인 농장 관리자들은 임신부와 아기에게 큰 해를 입혔을 것이다.

앨라배마 법원의 에이시 대 올리브*Athey v. Olive* 사건에서, 리틀턴 올리브는 헨리 에이시에게서 임신 상태고 건강하게 보이는 노예 마틸다를 구입했다. 마틸다의 아기는 이 거래 직후 사산되었다. 올리브는 마틸다가 "건강한" 정신 상태가 아니었고 에이시가 계약을 위반했다며 500달러의 배상을 요구하는 소송을 제기했다.[4] 마틸다는 집을 떠나 새로운 노예 공동체로 이동한 일, 임신, 기타 알려지지 않은 여러 일들을 견디면서 엄청난 스트레스를 경험했다. 더구나 새로운 주인은 사산을 마틸다의 책임으로 돌렸다.

미주리주 대 노예 셀리아*state of Missouri v. Celia, a slave* 사건은 노예 여성의 재생산 노동에 초점을 맞춘 남북전쟁 이전 시대의 가장 악명 높은 형사사건이다. 이 재판의 결과는 당시의 사법제도가 여성의 임신과 태아를 10대 산모보다 중요하게 여겼음을 보여 준다. 셀리아는 열네 살 때부터 자신을 지속적으로 강간한 뉴섬을 살해했다. 그는 뉴섬의 아이를 두 명 출산했고 그가 사망하던 시점에도 임신 중이었다. 지방법원은 그에게 유죄를 선고하고 사형을 언도했다. 하지만 형 집행은 그가 아기를 낳을 때까지 연기됐다. 이 두 사례는 매우 달라 보이지만 한편으로는 "모성"과 "태아"가 충돌하는 경우 이어지는 가혹한 결과를 총체적으로 보여 준다.

법률 이론가인 도로시 로버츠는 이 측면을 이용해서 법률, 의료 관행, 사회 정책이 임신부의 이익과 태아의 이익을 구분하는 방식을 설명했다. 로버츠는 이런 갈등의 계보를 추적해 그 원인이 노예제에 있음을 밝혀냈다. 이 연구에서 중요한 사례는 주인이 노예 여성을 매질하면서도 배는 채찍으로부터 보호하는 사례들이다.[5] "임신의 항변pleading the belly"은 임신 말기인 여성이 사형 집행 전 아기를 낳을 수 있게 하는 영국 보통법 절차이다. 노예 출생이 우선시된 것은 미국 노예제보다 수백 년 앞선 유럽의 종교적, 가부장적 개념과 물적 재산권 개념이 합쳐진 결과였다. 임신한 노예 여성들은 엄마와 아이를 별개의 독립체로 취급하던 관행을 만들어 유지하던 사회에서 살았다. 그 결과, 어머니의 진짜 가치는 생식건강과 재생산 노동에 있었으며, 이는 생식의학이 이 시대에 왜 그토록 중요했는지 설명해 준다. 노예제와 깊은 이해관계가 있는 백인 남성들은 흑인 여성을 다루고 처벌하는 데 있어서 의학적 용어와 관행에 크게 의존했다. 따라서 노예주와 의사 들은 번식이 가능한 여성 노예의 노동력을, 특히 생식 측면에서 건강하

게 유지하는 데 최선이라고 생각되는 의학적 관행을 지지하고 장려했다.[6]

이 노예 여성 경험에서 공통되는 특징은 자신의 몸에 행해지는 의술에 저항할 수 없는 무력함이다. 노예 여성이 굴레와 압제에 저항할수록 상황은 주인에게 반항할 수 있는 힘을 제한했다. 남부 백인 아이들이 노예 여성의 젖을 빨아 생명을 유지했던 것과 마찬가지로, 노예제도와 남북전쟁 이전 의료 분야는 모든 방향에서 노예의 힘을 앗아갔다. 젖을 내주는 일은 흑인 어머니들이 자기 아이의 건강을 희생해 백인 아이의 영양과 성장을 위한 열량을 제공하는 재생산 노동 활동이었다. 노예제도와 미국 부인과 의학의 부상은 흑인 여성의 삶에 생명과 죽음을 동시에 퍼붓는 혈관이었다.

백인 의사와 흑인 공동체 구성원 다수가 '남성적' 여성인, 흑인 "의학적 초신체"는 허약함을 초월하리라 기대했다. 흑인 여성의 몸은 극도로 성적 욕구가 강하며, '남성적'임을 의학이 이미 입증했기 때문이다. 하지만 그런 기대는 대체로 충족되지 않았다. 그럼에도 이런 신화 때문에 노예 여성이 고통에 무감하다는 생각은 만연해졌다. 딜리어 갈릭은 여주인이 나무토막으로 그의 정수리를 친 후에 그가 의식을 잃고 쓰러지자 크게 충격을 받은 일을 떠올렸다. 딜리어는 이렇게 말했다. "여주인이 '두꺼운 두개골과 털가죽 때문에 잘 견딜 줄 알았는데'라고 딸에게 말하는 것을 들었습니다."[7] 노예였던 해리엇 제이콥스는 주인이 기르던 개가 먹고서 죽었던 음식을 노예에게 먹인 기억을 떠올렸다. 그 주인은 "그 노예 여성의 위장이 개의 위장보다 튼튼할 것"이라고 믿었기 때문에 그런 일을 했다.[8]

또한 노예 여성들의 걱정은 그들이 매일 하는 부담이 큰 육체노동의 현실과 그들이 받게 될 가혹한 치료에 대한 두려움에 뿌리내리고 있었다. 과거 노예였던 에드워드 드 바이유는 그의 어머니가 요절한 것이 이런 요인들 때문이었다고 말했다. 드 바이유는 "어머니는 제가 태어나고 세 시간 후에 돌아가셨어요. … 그 사람들은 엄마한테 일을 너무 많이 시켰어요"라고 말했다.[9] 사우스캐롤라이나 조지타운 카운티에서 일했던 감독관, 윌리엄 링크리유는 농장주 클레런드 킨록 유지에게 로우 카운티의 습답濕畓에서 일하던 중 도망치려했던 두 명의 임신한 농장 노동자에게 어떻게 계속 일을 시켰는지 설명하는 편지를 썼다. 1847년 7월 3일 링크리유는 임신한 여성들은 "가두어 두고 제초 작업만 시키고 있으며 몸이 좋지 않다고 해서 봐주지 않는다"고 적었다.[10] 이 두 여성처럼 노예 여성들은 압제에 저항하려고 무척 노력했지만 농장 일이 그들의 몸에 가하는 피해에서 스스로를 보호하기 위해 할 수 있는 일은 거의 없었다. 노예 여성이 임신 중에 심각한 상태를 경험할 위험이 매우 높았다는 것은 놀라운 일도 아니다. 그 정도 위험은 노예주 그리고 더 넓게는 여성 노동력을 관리하려는 목적에서 고용한 의사들이 흑인 여성들로 하여금 계속해서, 빈번하게 노예를 출산하도록 만들기 위해 기꺼이 치르는 대가였다.

모성은 19세기 모든 여성에게 중요했지만 특히 노예 여성이 모성과 여성성에 대해 가지고 있는 개념은 아프리카 대륙과 연관되어 있었다. 서부와 중앙 아프리카 인종 집단의 후손인 노예 여성은 자기들 여성 조상이 그들에게 가르쳤던 모성과 같은 문화적 관습들을 계속 이어 나갔다. 이런 가르침들은 아이에게 젖을 먹이는 방식에서 엄마가 농사일을 할 때 아기를 포대기로 감싸는 방식에 이르기까지 다양했다. 또한, 노예들은 법적으로 혼인을 해서 백인 미국인에게 흔한 핵가족 모델로 자녀를 키울 수 없었기 때문에 모성은 혼인이 하지 못하는 방식으로 흑인 여성들에게 큰 의미를 가져다주었다. 역사가 앤드류 앱터는 19세기 나이지리아 남서부 요루바랜드와 토코, 가나, 베냉의 일부 지역에서 "어머니의 피"가 가진 중요성에 대해 이야기한다. "아메리카에 영향을 준 서아프리카 여성성의 모델은 어머니의 피와 관계가 있다. … 이는 아이를 품고 낳는 능력을 준다."[11]

"피"는 서아프리카 어머니들과 아메리카에서 태어난 그 자손들에게 은유로 작용한다. 그 안에는 선과 악의 정수가 들어 있고 흑인 여성들 사이에 구축된 비밀스럽고 신성한 유대가 포함되어 있다. 생리혈과 유산 때 흘리는 피부터 정화 의식에서 상징적으로 쓰이는 피에 이르기까지 피에는 생명과 죽음이 담겨 있다.[12] 여성성과 가임여성으로서 가진 가치에 있어 임신과 모성이 너무 중요했기 때문에 산파를 대신해 남부 백인 남성이 자기 삶에 침범해 들어오는 것은 문화적인 차원에서 여성들 서로가 맺고 있던 내밀한 관계를 손상시키는 일이었다.

흑인 여성들은 스스로를 서아프리카인의 모성에 대한 신념을 잇는 문화적 전수자라고 생각했다. 흑인 여성들은 한편 백인 의사들이 흑인 여성의 몸, 특히 그들의 생식기에 대해 가진 부정적 견해와도 싸워야 했다. 의사들은 여성의 열등함과 흑인 여성의 이중적인 열등함을 믿었기 때문에 생리와 같은 자연스런 생물학적 증상도 병적인 것으로 여겼다. 같은 맥락에서 그들은 음핵이 발달이 덜 된 음경이라고도 진단했다.[13] 1810년 논문에서, 존 아처 박사는 흑인 소녀들이 백인 소녀들에 비해 음핵이 큰 이유가 노예 어머니들이 일을 하는 동안 밭에 함께 나가 있기 때문이라고 주장했다. 의사들은 이 아이들이 오랜 시간 동안 돌보는 이 없이 앉아 있기 때문에 어린 나이에 음핵이 발달했다는 이론을 제시했다.[14]

19세기 전반에는 "여성성"이 일탈로 정의되는 듯했다. 안타깝게도 여성성, 건강, 가치에 대한 미국적 정의는 서아프리카의 "어머니의 피"가 가진 중요성을 배제했다. 현대 미국의 부인과가 꽃과 함께 가시를 두른 의학 분과로 싹트게 된 씨앗이 바로 여기에 있다. 18세기 유럽의 의사들과 마찬가지로, 부인과를 만든 남북전쟁 이전 시대 미국 의사들은 "여성이란 일반적으로 … 각 인종의 성적 부분 집합"이라는 신념에서 출발했다.[15]

흑인 가운데도 특히 여성들이 열등하다는 일반적인 믿음에도 불구하고, 흑인 여성의 몸은 남부의 백인 의사들에게 혐오감뿐 아니라 흥미를 불러일으켰다. 미국 노예제는 의사들에게 병에 걸린 노예 여성들을 실험하고 때로는 치료할 충분한 기회를 제공했다. 이어지는 사례들이 보여 주듯 의사들은 특히 흑인 여성의 생식 능력을 회복시키는 데 초점을 맞춘 의학 실험에 기꺼이 참여했다.

1835년 의사인 존 벨링거, S. H. 딕슨, T. G. 프레이로, T. 오지에와 두 명의 의과대학생 테넌트와 프리어슨은 35세 흑인 노예 여성을 대상으로 실험적인 난소 수술을 했다. 수술의 목적은 난소종양 제거였다.[16] 그 여성은 7년 전 아이를 하나 낳았고 이후 여러 차례 유산을 경험했다. 그 전 해에 이 노예 여성은 복부 오른쪽에서 응어리를 감지했고 그 후 복부 통증으로 고통을 겪었다. 의사들은 이후 이 여성에게 종양이 있다는 진단을 내렸다. 크리스마스 직전에 의사들은 종양을 잘라 내기 위한 난소절제술을 시행했다. 하지만 수술 과정에서 집도의들은 "칼을 안전하게 사용할 수가 없다"는 것을 깨달았다. 한 의사는 이 노예 환자가 "자제력을 잃고 심하게 버둥거려서 환자의 움직임을 제어하고 내장을 지지하는 일이 쉽지 않았다"고 적고 있다.[17] 의사들은 환자가 몸을 움직이지 못하게 제지하고 수술을 계속했다. 회복은 더뎠고 이후 그는 다시 생리를 하지 않은 것으로 보고되었다. 결국 이 수술은 환자를 불임으로 만들어서 흑인 노예 여성으로서의 경제적 가치를 떨어뜨렸다. 하지만 사우스캐롤라이나 찰스턴의 의과대학 박물관에 전시된 그의 병든 난소는 그 주인보다 훨씬 큰 가치를 갖게 됐다. 이 노예 여성의 병든 난소는 의학적 호기심을 채우고 교육적 목적에 기여하는 도구로 쓰였기 때문이다.[18]

10년 후 비슷한 사례로, 조지아의 의사 레이먼드 해리스는 브라이언 카운티의 노예주 윌리엄 패터슨에게서 노예 중 하나를 진찰해 달라는 요청을 받았다. 이 환자는 흔치 않은 임신 증상을 경험하고 있었다. 해리스는 그 임신부를 진찰하고 그에게 "비정상적으로 큰 종양"이 있다는 것을 발견했다. 이 여성은 2년 동안 월경을 하지 않았고 수개월 동안 변비였다.[19] 해리스는 이 16세 노예 여성을 수술하고 난소임신이라는 판단을 내렸다. 그는 이 노예 여성에게 약을 주었고 증상은 거의 즉시 호전되었다.[20] 시간이 좀 지난 후, 해리스는 논문을 썼다. 거기에서 그는 이 노예 여성의 농장주와 간호사가 이 여성이 다시 생리를 시작했다는 소식을 전했다고 주장했다. 불행히도, 이 노예 여성은 해리스의 환자가 되기 몇 년 전에 나타났던 것과 동일한 증상들을 다시 경험하기 시작했다. 해리스는 이 여성의 증상을 치료하기 위해 "1회분에 아이오딘화칼륨 … 5그램씩"이 들어간 강한 약을 처방했다. 처방약을 먹고 그는 얼마 지나지 않아 사망했다.[21] 이 여성의 죽음에 대해 들은 해리스는 이렇게 말했다. "늦은 시간이었고 대단히 바빴지만 나는 시체를 열어 보도록 허락을 구했다."[22] 그는 이후 그 노예 여성의 생식기를 구해 보존하고 연구에 이용하지 못한 것을 한탄했다. 해리스와 같은 초기 부인과 의사들에게 노예 여성의 "진정한" 가치는 죽은 후에조차 생식기관에 의해 정해졌다.[23] 병들고 손상된 생식기를 보존하고, 실험적인 수술을 하고, 노예 공동체에서 환자를 찾는 일은 남부 의사들, 의과대학, 박물관, 교수진과 학생 들이 흑인 노예의 고장 난 몸에 대한 의학 지식을 크게 발전시키도록 해 주었다.

1857년 미국의학협회를 설립하기 전에는 단일한 의학 윤리강령이 존재하지 않았다. 노예에 대한 실험과 관련한 윤리 체계는 특이했다. 1826년 판《필라델피아 의학·자연과학 저널Philadelphia Journal of Medical and Physical Sciences》에서 P. 타이디먼은 노예를 치료하는 의사들에게 "병원에 가느냐 집에 있느냐는 언제나 환자의 선택에 맡겨 두어야 한다. 노예의 감정을 살피는 것은 주인의 권익이자 의무"라고 조언했다.[24] 남부식 예의라 할 만한 정중함처럼 보이지만, 이 관행은 실제로 지켜진다고 해도 그 치료가 자기들 몸에 어떤 작용을 할지 알지 못하는 노예 환자들에게는 공허한 말일 뿐이었다. 불행히도 반反흑인 인종차별주의 이념이 남부 의사들의 문화에 너무 깊이 배어들어 있던 탓에 그들은 타이디먼 박사의 충고에 큰 관심을 두지 않았다. 노예 여성이 수술을 받고 싶지 않다고 말했다 하더라도, 주인이 외과의에게 수술을 허락하면 수술은 시행되었다.

노예선에서 시작된 노예에 대한 의료는 분야가 진화함에 따라 "규칙"이 만들어지는, 대부분은 규제가 없는 거대 조직체로 발전했다. 새로운 위기들이 등장함에 따라 규칙과 윤리강령이 만들어졌고 일부 초기 의사들은 노예 의료 관행, 보다 정확하게는 인간 실험이 의학 연구자들에 의해 남용될 수 있다고 생각했다. 남북전쟁 이전 시대의 의사 윌리엄 보몬트는 "비치료적인 실험에 대한 윤리적 틀을 마련하기 위해" 1833년, 의학 연구 규칙을 만들었다.[25] 보몬트는 다음의 조건들을 명기했다.

> 1. 인체 실험이 필요한 영역에 대한 공인이 이루어져야 한다. 2. 인간에 대한 일부 실험적 연구는 그 외 방법으로 정보를 획득할 수 없을 때에만 정당화된다. 3. 연구원은 양심과 책임감을 갖춰야 한다. 4. 인간이 대상으로 사용될 경우에는 가능한 많은 정보를 얻을 수 있도록 사려 깊은 방법론적 접근법

이 필요하다. 임의적인 연구가 이루어져서는 안 된다. 5. 대상자의 자발적인 동의가 필요하다. 6. 대상자에게 고통을 유발할 경우 실험은 중단되어야 한다. 7. 대상자가 만족하지 못하게 된 때는 프로젝트를 포기해야 한다.[26]

노예 여성에 대한 실험은 광범위하게 이루어졌지만 거의 모든 경우 치료적 실험이었다. 그 목표가 재생산의 성공을 강화하는 데 있었기 때문이다. 노예를 대상으로 연구를 하는 의사 대부분의 목표는 노예주의 경제적 이익을 (높이지는 않더라도) 보호하고, 의사로서 기술을 다듬는 데 있었다. 부인과 의학의 성장은 생식건강 측면에서 흑인 여성의 몸을 건강하게 유지하도록 해 주었으며 노예제의 영속화에도 기여했다. 노예제, 의학, 자본주의는 이처럼 긴밀한 연관성을 가지고 있었다.[27]

노예 여성들은 그들이 노예 거래에서 가지는 금전적 가치에 대해 알고 있었다. 그들은 잠재적 노예주가 거래할 흑인 여성이 쉽게 번식할 수 있는지, 생식력에 영향을 미치는 생식 관련 질환은 없는지에 관심이 크다는 것도 알고 있었다. 따라서 일부 노예 여성들은 경매대에서 판매가 이루어질 때 자기 가치를 입증할 정교한 방법들을 개발했다. 일부는 생식 질환이 있거나 생식력에 영향을 주는 성병이 있을 때조차 건강한 행세를 했다. 이런 기법을 사용한 노예 여성이 얻는 가장 큰 혜택은 인색한 주인, 학대, 격심한 작업 일정을 피하는 것이었으리라 짐작된다.

노예가 연루된 보증 소송 공판 과정에서 이런 사실들이 종종 드러나곤 한다. 매매계약취소redhibition(하자 있는 상품의 판매자를 상대로 소송을 허용하는 '불량품법lemon law'에서 유래한 법적 틀)를 근거로 하는 노예 보증 사건들은 노예 여성들이 구매자와 새로운 주인을 속이기 위해 사용한 다양한 방법을 보여 준다.[28] 사우스캐롤라이나의 한 소송에서는 병을 숨긴 흑인 여성의 공모 사례를 제시한다. 1821년 11월, 배심원단은 휴즈 대 뱅크스*Hughes ads. Banks* 사건을 두고 고심하고 있었다. 한 노예 여성의 새 주인 뱅크스는 고의로 자신에게 아픈 노예를 팔았다며 노예의 이전 주인인 휴즈를 고소했다. 법정 진술에 따르면, "그를 진료하기 위해 해먼드 박사가 왔다. … 구입한 지 7주 정도 후에 이 여성은 심하게 앓았고 다음날 저녁 죽었다. … 휴즈는 이 여성이 수년 전(12~14세 사이) 성병에 걸린 적이 있지만 완전히 나았다고 알고 있었다. 그가 낳은 아이들은 피부 발진이 있었지만 … 쉽게 치료가 됐다."[29] 법원은 피고의 손을 들어 주었다. 휴즈는 사망한 노예 여성 관련 소송에 관해 600달러와 소송비용을 보전받았다. 소송에서 문제가 됐던 노예는 건강과 생식 가능성에 영향을 주는 성병에 걸려 있었기에 "하자 있는 물건"으로 간주됐기 때문이다.[30] 사망한 여성은 진술하지 않은 것처럼 다뤄졌지만, 그가 자기 병에 대해서 몰랐을 가능성은 낮다. 담당의 해먼드 박사 말처럼 이미 그 병을 몇 해 동안 앓았기 때문이다. 기록에는 어째서 그 여성이 병에 대해 침묵했는지 나와 있지 않지만, 그 자식들에게서 증상이 발현됐던 걸 보면 당시 증상이 없었기 때문은 아닌 듯하다.

한 해 뒤인 1822년, 또 다른 사우스캐롤라이나 배심원단은 비슷한 노예 보증 소송인 라이트너 대 마틴*Lightner ads. Martin* 사건을 심리했다. 이 역시 성병에 걸린 노예 여성과 관련된 사건이었다. 사건은 요지는 다음과 같았다. "흑인 한 명이 매매 시점에 성병에 걸려 있었고 … 이 여성이 다른 노예들에게 병을 옮겼다. 이 때문에 큰 손실과 비용이 발생했다는 주장이 제기되었다."[31] 노예 여성의 주인은 의사에게 치료를 맡겼고, 이 노예 여성은 "여러 가지 치료"를 받은 후에 건강을 되찾았다. 주인은 그 즉시 그 여성을 되팔았다.[32]

라이트너 대 마틴 사건은 노예 여성의 질환과 성적 행동을 묘사하는 데 사용된 표현 면에서 눈에 띈다. 사우스캐롤라이나의 이 노예는 "성병"에 걸렸을 뿐 아니라, 이 사건에서 사용된 표현에 따르면 "문란"했다. 그의 문란함은 치료 이후 새 주인의 다른 노예들 건강에까지 위협이 되었다. 이 흑인 노예 여성의 성적 능력은 대단히 강력한 것으로 인식되었고, 때문에 그는 새 생명을 만들어 낼 수 있을 뿐 아니라 흑인이 가진 생식적 가치를 파괴할 수도

[다른 이를 불임으로 만들 수도] 있는 존재로 여겨졌다.

의학, 법학 문헌들은 흑인 여성의 신체가 어떻게 비뚤어진 행동과 연결되었는지를 노골적으로 표현하고 있다. 의학 저널 외에 소송 사건들에서도 재생산 노동 영역에서 흑인을 정의하려는, 때로는 노예들의 분별력을 키우려는 19세기 미국인들의 지속적인 노력이 드러난다. 스틴슨 대 파이퍼*Stinson ads. Piper* 사건에서, 사우스캐롤라이나주는 "건강보증서는 신체는 물론 정신의 건전성을 보증한다"라고 선언했다. 이 결정이 내려진 것은 최근 구입한 노예 여성의 의심스러운 "건전성" 때문이었다.[33]

남부 의사와 노예주가 흑인들의 삶에 미치는 영향력은 대단히 넓고 깊어서 흑인들의 생식기 질환을 여성과 어머니로서의 부족함과 연결 짓는 병을 만들어 낼 정도였다. 1851년 조지아 핸콕의 E. M. 펜들턴 박사는 "흑인종과 백인종의 상대적 생식력"이라는 논문으로 연구 결과를 발표했다. 펜들턴은 흑인 여성에 대해 "흑인들은 씨암컷으로 백인들보다 훨씬 훌륭하다"라고 적었다. 하지만 이 논문에는 노예 여성들이 더 많은 아이를 낳는 것과 관련해 혼란을 유발하는 내용들 또한 포함됐다. "흑인 여성들은 건강에 해롭고 자식들에게 치명적인 엉터리 약에 찌들어 있다."[34] 이 의사는 흑인 여성들이 위험한 약물로 자신과 태아를 해치고 있다고 하지만, 핸콕 카운티에서는 여전히 흑인 여성들이 백인 여성들보다 아이를 많이 낳았다.

이 같은 유해한 믿음은 흑인에 대한 소위 "영혼 살인soul murder"에 해당한다.[35]

과거 노예 생활을 했던 딜리어 갈릭은 백인의 비인간적인 대우에 대한 통절한 이야기를 들려주었다. 갈릭은 이렇게 단언했다. "다른 사람 소유가 되어 그들에게 몸과 영혼까지 매이는 것은 정말 나쁜 일입니다."[36] 갈릭은 부인과의 발전이나 흑인 여성을 정상적인 인간과 다른 존재로 이해한 관련 연구를 직접적으로 언급하지 않았지만, 그의 발언은 여성의학에도 적용될 수 있을 것이다.

노예주가 흑인 여성의 신체에 대한 소유권을 가지고 있는 상황이었지만, 노예 여성들은 노예주가 그들의 "영혼"에 대한 소유권까지 주장하는 데 저항했다. 그들은 오랫동안 지속된 민간의 지혜를 이용해 노예 공동체의 구성원을 치료했다. O. W. 그린은 노예 간호사였던 자기 할머니가 가족들에게 의학과 약학 지식을 어떻게 전달했는지 회상했다. 그린의 할머니는 농장에서 "모든 어린아이"를 치료하는 농장 간호사로 37년 동안 일했다. 그린은 말했다. "과거의 주인은 할머니가 특별한 환자를 치료할 때면 채찍질을 해서 그 비밀을 아무에게도 누설하지 않게 했습니다."[37] 환자들을 치료하는 것은 그린의 할머니였지만 그 지식에 대한 소유권을 가지고 있는 것은 의사이기도 한 그의 백인 주인이었다. 주인은 이 소유를 자기가 가진 의학적 "비밀"로써 자랑스러워했고 그 소유물에게 육체적인 형벌을 가해 자신에게 "몸과 영혼"을 모두 바치도록 했다. 하지만 그린의 할머니는 주인의 뜻을 어기고 자신이 갖고 있는 의학과 약초에 대한 지식을 손자에게 알려 주었다. 그린은 조상에게서 이어받은 이런 반항의 마지막 조치로 산업진흥국 면담자에게 할머니의 "실무적 치료법"을 공개했다. 할머니가 자주 쓰던 약초는 "미국승마black snake root, 사르사sasparilla, 블랙베리 브라이어 뿌리blackberry briar roots"였다고 전했다.[38]

백인과 흑인 여성들이 흑인 여성의 치료법을 두고 충돌하는 때가 많았음에도, 의사와 노예주 들은 자기들이 조롱하는 그 지식으로 흑인 여성들이 임신부와 병약자를 치료해 줄 것을 기대하는 경우가 많았다. 농장의 산파였던 델리 루이스의 할머니가 그 한 예이다. 루이스는 할머니가 임신한 환자들을 치료할 때 사용하던 식물학 기반의 방법을 밝혔다. 할머니는 "정향과 위스키를 섞어 출산 때 통증을 완화시켰"다.[39]

역사가 샤를라 펫은 노예 여성들이 노예주와 의사 들이 신체에 가하는 강한 통제에 저항했다고 주장했다. 그들은 비침습적인 치료법을 사용하면서 보다 전인 치유holistic healing 모델을 우선하는 치유의 관계적 관점을 확고히 하려 노력했다.[40] 줄리아 브라운의 진술 역시 노예 여성들이 늙은 산파들의 치유술에 의지하고 이를 신뢰했음을 보여준다. 브라운은 이렇게 말했다. "우리는 지금처럼 병원에 가지 않았습니다. 우리가 아이를 낳을 때는 할머니가 아이를 받았습니다. 우리는 진통제를 먹지 않았습니다. … 할머니가 매트리스 밑에 도끼를 넣어 둔 적이 있습니다. 산후 배앓이를 없애기 위한 것이었습니다. 정말 효과가 있었습니다."[41]

노예 여성들과 마찬가지로, 대부분 미국 백인들은 침습적인 성격 때문에 전문 의료를 그리 신뢰하지 않았다. 의사에게 치료를 받다가 병세가 심해지거나 숨지는 경우를 자주 보았기 때문이다. 초기 미국 의학이 마구잡이식이었음을 고려하면 그런 형편없는 결과는 당연한 일이었다. 의사들이 따라야 할 포괄적인 규정과 윤리강령을 만드는 전국적인 조직의 통제도 없었다. 미국의학협회는 1847년에야 설립되었는데, 그 초기 목표 중 하나는 의사의 자격 요건을 표준화하는 것이었다. 협회 창설 전, 많은 사람이 공식적인 교육이나 실습 경험 없이 이 분야에 진입했다. 미국 의학계에는 평판이 좋은 의료 제공자만큼이나 돌팔이도 많았다. 행정가나 법률가 같은 직업을 놔두고 의사로 개업하는 젊은 백인은 여러 가지 면에서 미래와 평판을 내던지는 꼴이었다.

제임스 매리언 심스의 아버지가 의학을 공부하겠다는 아들을 꾸짖으며 그 분야에는 "과학이 전혀 존재하지 않는다"고 말했던 것을 상기해 보라. 심스와 같은 젊은이들은 이런 관념에 반박하기 위해서, 여성의학 개발을 위한 실험적 수술을 실행하고 그 결과를 발표하면서 인종 과학을 의학과 결합시키기 시작했다. 심스의 글은 남북전쟁 이전 미국 의사들이 노예 환자와 인종에 대해서 쓰면서 경험했던 인지부조화의 전형적인 예이다. 이 의사들의 출판물은 백인들만을 위한 것이었지만, 흑인들 역시 백인 의사들의 생식의학 참여를 관찰하고 거기에 반응했다. 가장 중요한 것은 의학 문헌이 흑인 여성을 1차원적인 대상으로 격하시키려 했음에도 흑인 여성의 존재는 수술대 위에 입을 다물고 누운 신체 이상의 것으로 나타났다는 점이다.

노예 여성들은 자신들의 삶이 공개되어 있다는 것을 알았기 때문에 그들이 가진 제한된 사생활, 특히 질병과 관련된 사생활을 보호해야 했다. 따라서 흑인 여성들은 본인 의지로 백인 의사에게 치료를 받으려는 경우가 드물었다. 그럼에도 백인 의사에게 치료를 받았던 흑인 여성들의 경우, 수술에 대한 여성의 동의가 문제시된다. 메리는 폴 이브 박사가 자궁을 절제한 흑인 환자다. 메리는 의사에게 수술을 받고 싶냐는 질문을 받았다. 그리고 그 답을 이브 박사는 이렇게 기록했다. "어떤 종류의 영향력 행사나 설득 없이 즉시에 망설이지 않고 수술에 동의했다."[42] 그러나 남북전쟁 이전 시대의 조지아에서 메리가 정말로 이브 박사의 제안을 거절할 선택권이 있었는지 의문스러운 이도 있을 것이다. 이 기록을 보면 19세기 중반에 이르러서는 백인 남성 의사가 흑인 여성(노예이든 자유인이든)에게 최소한 외과 수술에 대한 선택권을 주는 예의를 차리는 듯하다.

이처럼 기울어진 권력 관계 안에도 그에 대응하는 흑인 여성들의 의료 관행들이 있었다. 노예 여성들에게도 그 정도 술책은 있었다. 하지만 대부분 이런 전략은 도움이 되지 못했다. 과거 노예였던 사람들이 구전하는 역사가 베일에 가려진 과거의 의료를 보여 주는 경우가 있다. 그들의 이야기는 흑인 여성들이 자기 아이나 서로를 치료할 때 사용하던 무수한 관행들을 보여 준다. 패니 무어는 노예였던 할머니가 전체 농장 공동체를 위해 어떤 "치료"를 했는지 이야기했다.[43] 무어는 할머니가 "다양한 나무뿌리와 껍질 차"를 이용해 일상적인 질환을 치료했다고 했다. 무어의 할머니는 배앓이를 하는 아기에게 "랫베인(ratbane, 독성이 있는 식물의 한 종류.—옮긴이)을 시럽으로 만들고 설탕을 조금 넣어 끓인 뒤 식혀 먹였"다.[44]

한쪽에서는 정규 교육을 받은 의사들이 교과서와 논문을 참고해 흑인 여성과 아이들이 걸린 질병에 대응했고, 다른 한쪽에서는 노예 여성들이 전통적인 지식과 관행으로 자기들 병을 치료했다. 노예와 노예주들에게 두 세계는 간극이 너무 컸고, 서로 충돌하곤 했지만 이따금 상조적인 순간들도 있었다.

역사가 윌리엄 D. 포스텔은 농장 노예의 건강을 다룬 초기 자료에서 "자궁 질환은 노예 여성들 사이에 흔하게 발생했다"고 적고 있다.[45] 1859년 5월 루이지애나 노예 여성의 보증과 관련된 소송은 포스텔의 요지를 분명히 보여준다. 가이엔 대 프레레*Gaienne v. Freret* 사건에서 원고 가이엔은 1859년 2월 3일 프레레에게서 "건강한" 노예를 사들였다. 거래가 있고 2주 후 이 노예 여성은 새 주인에게 사실 자기가 건강하지 않고 자궁 질환을 앓고 있다고 알렸다. 그에게는 "자궁궤양이 있었고 전 주인에게 그 사실을 잘 숨겨 왔던 것"으로 밝혀졌다.[46] 원고 요청으로 네 명의 의사가 이 노예 여성을 진찰했고, 그들은 가이엔에게 그 노예를 전 주인에게 바로 되돌려 주도록 권고했다. 그러고서 여성 노예가 프레레의 농장으로 되돌아갔고, 그 뒤에 이 노예는 인근 병원에서 또 다시 몇 차례 "치료"를 받아야 했다.[47] 프레레는 치료를 위해 "숙련된 의사"를 고용했다고 생각했지만 병원에 다니고 얼마 지나지 않아 여성 노예는 사망했다.[48]

이 노예 여성이 구체적으로 어떤 이유 때문에 주인에게 자궁 질환을 숨겼는지 알 수 없다. 하지만 프레레의 농장에서 노예 여성들을 돌보던 흑인 여성들 중 하나에게는 이 여성이 자기 상태를 털어놓았으리라 생각된다. 노예 여성들이 주인에게 건강 문제를 밝히는 것을 두려워한 이유는 성별과 관련된 문제 때문만이 아니라 병원이 종종 의심스러운 죽음을 맞는 곳으로 여겨졌기 때문이기도 하다. 역사가 일레인 브레슬로는 간호사나 산파를 돕기 위해 부른 의사들이 "죽음의 기운"을 불러왔다고 주장한다. 노예 여성들이 그 의사들을 보는 시각도 그리 다르지 않았다. 의사들에게 큰 두려움을 가지고 있었던 것이다.[49]

법률과 의료 체계를 통해 의사, 법률가, 노예주, 남부 사회가 흑인 여성을 정의하고 대하는 절차를 계획해 내는 동안, 미국 의사들 개인은 환자를 한 명 한 명 진료해 나가면서 이 논의에 관점을 더해 가고 있었다. 존 아처 박사는 노예 여성의료를 담당하는 의사들, 더 넓게는 노예주들에게 이 여성들의 치료에 주의를 기울이라고 경고했다. 아처는 백인 의사와 노예주가 노예 여성들의 건강을 돌보는 일을 우선하지 않으면 결국 흑인 여성들은 백인 남성의 방치 때문에 고통을 받게 될 것이라고 주장했다. 그는 "아버지"라는 용어를 들먹이지 않으면서도 남부 백인의 가부장주의를 옹호했다. 마찬가지로 의학 저널에 실린 논문들 역시 노예 여성에게 책임감 있는 부양자 역할을 하도록 백인 남성들을 격려했다. 아처는 노예주들이 이타주의 원리가 아닌 현실성을 고수해야 한다고 믿었다. 건강한 흑인 여성 노동력의 보호는 노예제의 존속, 더 나아가 번성을 의미했다.

국내의 노예 거래가 번창하면서 노예 여성들은 재생산에 대한 지속적인 개입과 싸워야 했다. 의학, 특히 부인과 의학은 흑인 여성이 직면한 가장 큰 침해였다. 의사와 병원이 그들을 상대로 가하는 사회적 통제의 수위 때문에 특히 더 그랬다. 여러 의학 저널에 실린 논문들이 다양한 방식으로 흑인의 결핍과 열등함을 묘사했다. 의사들은 흑인 여성 신체의 더러운 모습, 가족을 먹일 음식도 제대로 만들지 못하는 무능력을 논하고, 진흙이나 흙을 먹는 것과 같은 소위 '흑인들의 관행'을 조사한 뒤 '흙을 먹고 싶어 하는 병적인 충동'에 아프리카라는 말을 집어넣어 "카켁시아 아프리카나cachexia Africana"라는 용어를 만들었다.[50] 이런 의사들의 보고와 논문은 흑인들이 깨끗하지 않고 무질서하며 흑인의 몸이 질병의 매개체라는 믿음을 끊임없이 강화했다. 흑인과 그들의 "인종"은 미국 사회를 대표하는 백인과 정반대인 체계였다. 따라서 백인 가부장주의의 이념은 비유적으로도, 말 그대로도, '재생산을 위한 몸'인 흑인 여성에 대한 소유권을 주장함으로써 부인과의 성장을 도왔다.

켄터키의 의사 존 해리슨은 백인 남성 의사들의 존재가 흑인 여성들이 '치료자'로서 부적절하다는 생각을 강화하는데 어떤 기여를 했는지 보여 준다. 해리슨이 1835년 발표한 논문 "산파술의 사례"는 이런 문장으로 시작한다. "처음 이 환자의 상태는 형편없었다. 늙고 무지한 흑인 산파가 '조력자'의 역할을 하고 있었기 때문이다."[51] 그는 극히 어려운 산과 사례에 참여했던 "무지한" 흑인 산파를 무시하는 투로 묘사하고 있다. 5년 전, 해리슨은 생사를 오가는 상황에 있는 흑인 환자를 치료했다. 그는 논문에 이 끔찍한 장면을 생생하게 묘사했다. 1830년 12월 23일, 해리슨은 "한 흑인 여성이 침상에" 누워 있는 것을 발견했다. "아기의 팔뚝과 손이 외음부 밖으로 늘어져 있었다." 그는 그 여성의 남편과 나이 든 노예 산파에게 다리를 벌리고 들어 올려 자신이 아기를 받을 수 있도록 하라고 지시했다.[52] 해리슨은 분만 도중에 그 산파의 도움에 의지해야 했으면서도 흑인 산파가 환자의 분만 준비를 적절히 하지 않았다고 설명했다. 노예를 두고 사는 남부 출신 해리슨은 노예 산파가 노예 아이들을 받는 것이 일상적인 관행이라는 것을 알고 있었다. 백인 지상주의가 만든 규칙은 흑인 여성만이 노예 여성이 분만할 때 '첫 조력자' 역할을 할 수 있다고 못 박고 있었다. 그는 산파가 이미 시작한 작업을 마무리했을 뿐이었다. 해리슨의 논문은 환자로서도 간호사로서도 노예 여성이 가진 취약성을 보여 준다.[53]

흑인 산파들은 노예주, 이후에는 의사들이 자신들과 자신들의 책무에 전권을 행사하는 것을 묵인하면서 그들이 이익을 도모하는 데 기여했다. 백인들이 산파 일에 개입하게 되면서 흑인 산파들은 출산을 하는 노예 여성들에게 적용되는 외과적 치료를 직접 목격하기 시작했다. 산파들은 늘 최소한의 도구들로 아이의 탄생을 도왔다. 백인들이 산과와 부인과를 통합하면서, 난산인 노예 여성들은 높은 비율로 의사들이 칼과 겸자를 사용해 태아를 빼내는 외과적 시술에 노출되었다. 19세기 전반에는 수술이 대단히 드물었기 때문에 의학 저널에 실린 논문들에 담겨 있는 수많은 노예 여성 수술의 사례는 놀라움을 자아낸다. 기록만으로는 19세기 동안 이루어진 부인과 수술 횟수를 정확히 알 수 없지만, 실제로는 보고되고 기록된 수보다 훨씬 더 자주 이루어졌을 것으로 추정된다.

당시 이름이 높았던 의학과 외과 저널, 《미국의학저널》과 《보스턴 의학·외과학 저널Boston Medical and Surgical Journal》을 기반으로 1830년부터 1850년까지 20년 동안 조사한 한 통계는 노예 여성들이 의사들에게 많은 침습적 부인과 수술을 받았음을 보여 준다.[54] 단, 이 수치로는 남부에서 흑인 여성이 백인 여성보다 더 자주 수술을 받았는지를 판단할 수는 없다. 그러나 그들이 자유의 몸이었다면 이런 수술을 경험한 흑인 여성의 비율은 분명 더 낮았을 것이다.

저널에 발표된 노예 여성 대상 수술들은 생식기 수술이 주를 이루었다. 해당 기간 동안 《미국의학저널》에 실린 실험적인 수술 및 부검 사례 기술은 두 건뿐이었고 모두 1850년에 있던 사례였다. 첫 사례는 사망 후 얼마 지나지 않은 노예 여성 시신에 행한 수술이었고, 두 번째 사례는 사망한 노예의 자궁을 완전 분리한 후 얻은 의학적 발견을 기록한 것이었다. 1830년, 1835년, 1840년, 1845년에 이 저널에 보고된 초기 부인과 수술에는 노예 여성에게 시행된 실험적 생식기 수술이 언급되지 않았다. 반면 방광질루에 대한 제임스 매리언 심스의 선구적인 1852년 논문이《미국 의학저널》에 등장한 후, 여성 생식기 수술에 대한 의학 논문 발표량은 100퍼센트 이상 증가했다.

1830년부터 1850년 사이,《보스턴 의학·외과학 저널》에 실린 논문 중 흑인 여성의 생식건강 문제가 명확하게 드러난 것은 네 편뿐이었다.[55] 그중 두 편은 각각 1835년 2월호와 7월호에 발표됐다. 첫 번째 논문은 부검 중 흑인 여성의 생식기를 해부한 내용을 상세히 기술했고, 두 번째 논문은 묘기라고 말해도 좋을 만큼 믿기 힘든 의학적 업적에 대한 설명이었다. 14세인 자메이카 출신 노예 소녀가 직접 제왕절개 분만을 했다는 내용이었다. 5년 후, 1840년 4월 15일자《보스턴 의학·외과학 저널》에는 존 피터 메타우어가 19세기에 흔했던 "여성질환", 방광질루에 대한 그의 "선구적"이고 성공적인 수술에 대해 편집부에 써 보낸 글이 실렸다. 메타우어는 그의 노예 환자가 이 실험적 수술을 받은 후 2년 동안 회복해서 건강을 유지하고 있음을 알렸다. 또한 메타우어는 이 저널의 편집자에게 자신이 그 수술을 성공적으로 해 낸 미국 최초의 외과의가 맞는지 기록을 확인해 줄 것을 요청했다. 이 시기에 저널에 수록된 흑인 여성 관련 사례 중 마지막 건은 1845년 10월, 한 노예 여성 시신에서 손상된 생식기관을 보기 위한 부검이었다.

존 벨링거 박사가《남부 의학·약학 저널Southern Journal of Medicine and Pharmacy》에 발표한 한 의학 사례는 신원 미상인 노예 여성에게 행한 수술이 자세히 묘사되어 있다. 18세기 말, 한 나이 든 아프리카 태생 여성이 극심한 질 통증으로 벨링거 박사에게 보내졌다.[56] 처음 질을 진단한 벨링거는 그 증상이 질의 "아주 작은 출구" 때문이라고 판단했다. 당시 90세였던 이 여성은 평생 통증을 느끼며 살아왔다고 말했다. 벨링거는 진찰 중에 이 여성의 질이 거의 완전히 협착되었고, 그 결과 배뇨에 문제가 생겼다는 것을 발견했다. 의사는 모르는 체하면서 어떻게 이런 상태가 되었는지 물었지만 환자는 "별다른 사건이 전혀 없었다"고 답했다.[57] 이 여성은 '입막음hush mouth' 중이던 듯하다. '입막음'은 노예 여성들이 노예 공동체에서 생존과 보호를 위해 사용하는 은폐 문화의 하나였다. 의사는 환자의 상태를 바로잡고 통증을 줄이기 위해 거의 10년 동안 정기적인 시술을 이어 갔다. 이 여성은 거의 100세까지 질 부위에서 "응결된 소변 덩이 혹은 결석"을 제거하는 수술을 수차례 견뎠다.[58]

분명 이 노예 여성은 주인에게 아무런 경제적 가치가 없었을 것이다. 그는 생식력이 있는 나이를 지났고 당연히 생식이 불가능했다. 그렇지만 벨링거 박사는 거의 10년에 걸쳐 이 여성의 몸에 대한 완벽한 접근권을 갖고 있었다. 10년간 지속적인 질 진찰과 수술로 이 환자는 고통이 줄었다고 하지만, 이는 벨링거가 유수의 의학 저널인 《남부 의학·약학 저널》에 논문을 발표하기 위한 치료였다.[59] 의사들은 교육, 자기 홍보, 급성장하는 분야의 발전을 위한 연구 기반 구축 등 여러 이유에서 논문을 발표했고 벨링거의 동기도 다르지 않았다.

벨링거의 연구 대상이었던 이 노예 여성은 남북전쟁 이전 사회에서 독특한 위치를 점했다. 흑인 여성이 왕성한 성욕과 생식력으로 인정받던 사회에서 나이 든 흑인 여성은 무가치하게 여겨졌다. 1838년 사우스캐롤라이나의 의사이며 노예주였던 제임스 스팬은 노예 여성들, 특히 나이 든 노예 여성들이 금전적으로 어떻게 평가되는지 설명했다. 예를 들어 "로즈라 불리는 흑인 여성 하나"가 1달러 가치가 있다면 이 노예가 나이가 들고 생식력이 없다는 의미였다.[60] 제임스 스팬의 기준에 따르자면 로즈는 "물통 2개와 우유통 1개" 값어치에도 못 미쳤다. 남북전쟁 이전 시대 남부 백인 사회의 규칙에 따르면, 나이가 들거나 임신이 불가능하거나, 병든 여성 노예는 경제적 손실에 해당했다.[61] 하지만 벨링거 박사의 환자의 경우, 손상된 질이 부인과 의학에서 지식 체계를 성장시키는 데 기여했기 때문에 여전히 가치가 있는 존재였다.

1824년 존 해리슨 박사가 치료한 임신한 10대 강간 피해자의 사례 역시 산과와 부인과 지식의 생산과 발표가 미국 의사들에게 얼마나 중요했는지 파악하는 데 도움을 준다. A. P.는 켄터키 루이지애나의 노예주가 소유하고 있던 15세 노예 소녀였다. 이 소녀는 지역의 백인 남성에게 강간당한 후 임신을 했는데 임신 중에도 몹시 고생했고, 고통스러운 진통이 시작되었을 때 분만도 순탄치 않아 보였다.[62] 해리슨은 이 소녀가 경련을 일으키고 기절할 때까지 피를 뽑았다. 쌍둥이 임신이었기에 분만은 더 어려웠다. 의사는 "분만만이 환자를 살릴 수 있다"고 판단하고 즉시 분만 준비를 했다.[63] 해리슨은 그 소녀가 출산 중 죽을 것이라는 산파의 판단에도 불구하고 산과 치료를 했으면서도 논문에서는 자신을 산파술 전문가인 듯 내세웠다. 사혈 치료에 대한 자신의 신뢰 때문에 환자의 목숨이 위태로워졌다는 점은 알지 못한 채였다.

A. P.의 사례는 강간의 결과로 고문과 같은 출산 과정을 거치면서 물라토를 낳은 고통스러운 사건이었다. 흑인 남성과 강요에 의한 성관계를 맺은 경우에도 흑인 여성들은 가해자와 자신을 동일시했다. 이는 노예제와 재생산이 어떻게 교차하는지를 일깨우는 강력한 사례다. 무수히 많은 노예 여성이 폭력적인 관계의 결과로 임신을 하게 되었으며 A. P.의 산파와 루이자 에버렛과 같은 여성들이 폭로한 성적 학대는 흑인 여성의 소위 음탕함에 완전히 반대되는 서사였다.

버지니아 노퍽의 짐 맥클레인 소유였던 에버렛은 산업진흥국 면담자에게 성적 학대 희생자로서의 경험을 증언했다. 에버렛과 같은 솔직한 고백은 흔치 않은 일이었다. 많은 흑인 여성이 남부 노예제 아래서 이뤄진 성생활과 성적 경험을 숨겼기 때문이다. 에버렛은 전 주인이 어떻게 노예들에게 그와 친구들 앞에서의 성교를 강요했는지 자세히 털어놓으며 이렇게 회고했다.

> 주인인 짐은 나와 샘을 불렀고 샘에게 셔츠를 벗으라고 명령했어요. 맥클라인농장 흑인들이 입고 있던 것은 셔츠가 전부였어요. 그리고 내게 이렇게 말했어요. "너 이 덩치 큰 검둥이를 견딜 수 있을 것 같니?" 그러고는 가지고 있던 채찍을 샘 어깨에 휘둘렀어요. 주인은 정말 심하게 그를 때렸어요! … "예, 그럴 수 있을 것 같습니다." … 그는 우리에게 그가 보는 앞에서 관계를 하라고 명령했어요. 우리는 그렇게 할 수밖에 없었죠. 이후로 우리는 부부로 여겨졌어요. 저와 샘은 건강한 부부였고 튼튼한 아이들을 낳았어요. 때문에 다른 남자와 억지로 관계를 한 적은 없었어요. 다행이죠. 샘은 제게 친절했고 저는 그를 사랑하게 되었어요.[64]

"노예 아이를 생신하고" 수인과 그 친구들을 성적으로 흥분시키기 위한 이 강간은 노예 여성, 그리고 이 경우에는 노예 남성이 견뎌야 했던 성적 학대를 들여다보도록 해 준다. 에버렛의 진술은 미국 노예제 내에서 성적 학대와 착취가 낳은 우울증, 임신, 성관계로 비롯된 전염성 질환 등 노예 여성들이 씨름해야 했던 충격적인 결과를 드러낸다. 에버렛은 끔찍한 경험에도 불구하고 남편 샘, 아이들과 애정 어린 관계를 만들 수 있었다. 그가 가족에 대해 아주 즐겁게 언급하는 모습은 노예제의 인간성 말살에 대한 반작용으로 노예 여성들이 발달시킬 수밖에 없었던 회복력을 보여 준다. 흑인 여성들은 신체적인 즐거움과 고통을 구분하는 능력이 없다는 노예주들의 믿음은 에버렛의 이야기에서도 반복된다. 노예 여성들의 이야기는 그들의 삶이 피해자이냐 저항자이냐의 이분적 범주로 깔끔하게 압축되는 것이 아니라는 점을 암시한다. 흑인 여성의 의학적, 성적 생활의 다차원성을 이해하려 할 때 "고통은 … 항상 신경이나 신경전달물질의 문제 그 이상이다"라는 데이비드 모리스의 말을 유념해야 한다.[65]

노예 여성에 대한 백인 남성의 성적 학대가 만연하다는 것은 남부 사회 전체가 알고 있는 사실이었다. 멸시받는 관행이었지만, 그렇다고 억제를 위한 조치가 취해진 것도 아니었다. 노예 여성과 노예 남성이 삶과 관계에서 사랑과 인간성을 되찾기 위한 방법 중 하나는 상호적이고 만족스러운 성적 동반자 관계를 맺고 임신을 계획하는 것이었다. 법학자 도로시 로버츠는 노예 여성들이 "추수를 마치고 날씨가 추워지면서 작업량이 줄어드는 11월, 12월, 1월에 임신을 하는" 경향이 있었음을 발견했다.[66] 노예 100명에 대한 인터뷰에서 임의 추출한 결과, 출생 연도와 월이 등기된 것은 인터뷰 대상자 중 26.73퍼센트였다.[67] 또한 추출 결과로 등기된 출생 대부분이 농번기 시작 즈음에 있었다. 응답자의 14.81퍼센트는 생월을 3월, 5월, 9월, 11월이라고 답했다.[68] 이 표본은 노예 여성들에게 임신에 대한 상당한 통제권이 있었음을 암시한다. 특히 농한기 노동량의 감소는 노예 여성들이 임신 시기를 관리할 수 있게 해 주었다.[69]

노예 여성들은 노예 상태가 의사의 위험한 의료 시술이나 임신 중 위험한 약물 투여를 피할 자유를 주지 않는다는 점을 이해하고 있었다. 하지만 계획적인 임신을 통해 출산 전후의 치료를 흑인 산파에게 받을 수 있기 때문에 그 안에서 해방된 느낌을 얻을 수 있었다. 1846년 의학 저널에 실린 P. C. 게일러드의 논문에는 주인에게 자신이 막 낳은 아기가 심하게 아프다고 보고한 흑인 여성을 찾은 일이 자세히 적혀 있다. 이 노예 어머니는 게일러드에게 "아기를 출산한 직후부터 주의 깊게 지켜봤다고" 이야기했다. 아기가 이 노예 여성의 마지막 "계획 임신"이었기 때문이다.[70] 이 여성은 이미 아이를 11명 낳았고, 40세가 되었기 때문에 이 임신이 마지막이라고 판단했다. 그가 의사에게 마지막 임신을 계획했다고 진술한 것은 일부 노예 여성들이 재생산에 대해 통제권을 직접 행사하고 있었음을 시사한다. 또한 이 여성은 태어난 직후 아기를 죽였다는 의사의 혐의 제기에 대해 스스로를 변호했다. 의사들은 흑인 여성의 생식력에 큰 가치를 두는 만큼 아이가 병이 나거나 이 경우와 같이 사망했을 때 그들에게 책임을 물었다.

노예 여성이 한 진술에서 얻은 정보로 이들이 계획 임신을 한 것인지 조사하기는 어렵지만, 임신과 모성이 노예주와 의사 들이 흑인 여성을 대하는 방식을 변화시킨 것만은 분명하다. 조셉과 에드워드 형제가 소유한 사우스캐롤라이나 콜레턴 카운티의 글로버가족농장에서처럼 아이를 낳은 여성을 골라 조산이나 간호를 맡기는 경우도 있었다. 글로버 가족 기록에서 선별된 통계들은 흑인 여성들이 맡은 일과 경제적 가치에 따라 어떻게 분류되었는지를 보여 준다. 글로버 형제는 마운트플레전트, 리치필드, 스웜프, 이렇게 세 개의 농장을 소유하고 있었고, 두 사람이 소유한 노예는 150명이었다. 1847년부터 1850년까지 이 세 개 농장의 노예 인구 증가는 비교적 느렸지만 꾸준했다. 글로버농장에서는 아이들 대부분이 8월과 9월 사이에 태어났다. 글로버농장의 흑인 여성들은 농장 일이 크게 줄어드는 겨울 동안 임신을 했다.

조셉 글로버의 리치필드농장은 노예 수가 72명 이상으로 늘어난 적이 없으며, 4년간 노예 인구 증가율은 5.18퍼센트에 그쳤다. 에드워드 글로버가 소유한 노예는 64명이었고, 그 농장의 노예 인구 증가율은 평균 5.43퍼센트였다. 연간 출생률은 4명에서 최저 2명인 경우도 있었다. 기록상 아이가 사망한 경우는 1849년 한 번뿐이었다. 두 형제는 노예들에 대한 인구조사를 정확히 했고 노예가 태어날 때마다 기록을 빠뜨리지 않았다. 하지만, 여기에는 4년간 태어난 실비, 앨런, 저스티스, 리셋, 밀란, 밍게스, 윌, 스테판, 메리, 리처드, 토비, 낸시, 패티, 헥터, 헤티, 페기, 메리, 크레스키(사망), 엘시, 마일리, 프리머스, 아담, 리시, 안셀, 새라, 헥터, 테나의 부모들이 누구인지를 밝히지 않았다. 일부 아이들이 농장의 성인 노예들과 같은 이름을 썼다는 점은 주목할 만하다.[71]

글로버 형제가 남긴 기록에서 놀라운 점은 그들이 농장에서 노예 여성을 정규 간호사와 보조 간호사로 사용했다는 것이다. "늙은 리젯, 늙은 페그, 마리아, 프리시, 헤이거, 피비"라고 나열된 여성들은 스스로 겪는 부인과 증상에 대응하면서 대농장 구성원들의 필요에도 부응했다. 리젯과 페그는 노년에 농장 공동체의 아픈 구성원을 치료하는 일을 하면서 간호사 역할을 했다. 이 조사가 이루어진 기간 동안, 이 노예 여성 집단은 주인에게서 "자궁하수falling of the wombs"로 "병약"하다는 진단을 받았음에도 불구하고 1844년부터 1859년까지 15년간 간호사로 일을 했다.[72] (표 2.1.은 글로버의 노예들을 나열하고 있다.)

피비는 환자였다가 간호사가 되었는데 주인들이 그를 설명하고 기록한 방식이 흥미롭다. 피비는 처음에 "질병"이라는 일반적인 용어로 수식되었다. 몇 년 후 피비는 자

사례집 입력 일자	이름	업무	상태	판매 상황
1844년 1월 18일	리젯(J)	내용 없음	"병약"	동일
1846년 11월 15일	피비(J)	1/2 일손	"질병"	동일
1846년 11월 15일	페그(J)	1/2 일손	"자궁하수"	동일
1846년 11월 15일	멜리아(J)	1/2 일손	"자궁하수"	동일
1846년 11월 15일	실리아(E)	1/2 일손	"자궁하수"	동일
1847년 11월 20일	리젯(J)	1/2 일손	"병약"	동일
1847년 11월 20일	피비(J)	1/2 일손	내용 없음	내용 없음
1847년 11월 20일	페그(J)	1/2 일손	"질병"	동일
1847년 11월 20일	멜리아(J)	1/2 일손	"질병"	동일
1847년 11월 20일	실리아(E)	1/2 일손	"질병"	동일
1847년 11월 20일	마리아(E)	간호사	해당 없음	동일
1848년 11월	리젯(J)	1/2 일손	"병약"	동일
1848년 11월	피비(J)	1/2 일손	"질병"	동일
1848년 11월	페그(J)	1/2 일손	"질병"	동일
1848년 11월	멜리아(J)	1/2 일손	"질병"	동일
1848년 11월	실리아(E)	1/2 일손	"질병"	동일
1848년 11월	오 캐티(E)	1/2 일손	"병약"	동일
1848년 11월	마리아(E)	간호사	해당 없음	동일
1851년 1월 25일	오 캐티(E)	내용 없음	"병약"	동일
1851년 1월 25일	마리아(E)	간호사	해당 없음	동일
1851년 1월 25일	피비(J)	1/2 일손	"자궁 결함"	동일
1851년 1월 28일	멜리아(E)	1/2 일손	"자궁하수"	263달러에 판매
1851년 11월 22일	늙은 페그(E)	간호사	내용 없음	E. 글로버 구매
1852년 1월 5일	피비(J)	1/2 일손	"자궁하수"	동일
1853년 1월 25일	피비(J)	1/2 일손	"자궁하수"	동일
1853년 1월 28일	페그(J)	1/2 일손	"자궁하수"	동일
1853년 1월 28일	프리시(J)	보조 간호사	내용 없음	J. 글로버 매입
1853년 1월 28일	오페그(J)	간호사	내용 없음	동일
1853년 1월 28일	마리아(E)	간호사	해당 없음	동일

표 2.1. 리치랜드와 마운트플레젠트 농장 노예들의 건강과 판매 상황

사례집 입력 일자	이름	업무	상태	판매 상황
1854년 1월 12일	마리아(E)	간호사	해당 없음	동일
1854년 1월 13일	오 리젯(J)	간호사	내용 없음	"늙은이"로 불림, 기타 내용 없음
1854년 1월 13일	피비(J)	간호사	내용 없음	치료
1854년 1월 13일	프리시(J)	보조 간호사	내용 없음	동일
1855년 1월 10일	오 리젯(J)	간호사	내용 없음	동일
1855년 1월 10일	피비(J)	간호사	내용 없음	동일
1855년 1월 10일	프리시(J)	보조 간호사	내용 없음	동일
1856년 1월 1일	오 리젯(J)	간호사	"매우 늙음"	동일
1856년 1월 1일	피비(J)	간호사	내용 없음	동일
1856년 1월 1일	프리시(J)	보조 간호사	내용 없음	동일
1856년 1월 11일	마리아(E)	간호사	해당 없음	동일
1856년 1월 11일	헤이거(E)	스윔프(타 농장) 보조 간호사	해당 없음	동일
1857년 1월 6일	오 리젯(J)	간호사	"매우 늙음"	동일
1857년 1월 6일	피비(J)	간호사	내용 없음	동일
1857년 1월 6일	프리시(J)	보조 간호사	내용 없음	동일
1858년 1월 1일	오 리젯(J)	보고된 업무 없음	"매우 늙음"	동일
1858년 1월 1일	피비(J)	간호사	내용 없음	동일
1858년 1월 1일	프리시(J)	보조 간호사	내용 없음	동일
1859년 1월 1일	오 리젯(J)	업무 없음	내용 없음	동일
1859년 1월 1일	피비(J)	간호사	내용 없음	동일
1859년 1월 1일	프리시(J)	간호사	내용 없음	동일
1859년 1월 1일	오린터(E)	1/4 일손	"매우 늙고 병약"	동일
1859년 1월 1일	마리아(E)	간호사	해당 없음	동일

궁탈출증을 앓았다. 1859년이 되자 그에게는 농장에서 수행하는 업무인 "간호사"란 설명이 붙었다. 글로버농장에서 피비는 농장 간호사 일을 맡게 된 많은 여성과 비슷한 패턴을 공유했다. 처음에 노예 여성들은 농장 노동자로 힘들게 일을 했고, 병(보통 부인과 질환)을 앓은 후에 농장 간호사가 되었다. 대부분 노예는 농장 노동자였고, 따라서 글로버 형제가 간호사인 여성을 그렇게 많이 보유하고 있었다는 사실은 세 개 농장의 노예들이 얼마나 자주 병에 걸렸는지를 보여 준다.

그림 2.1.~그림 2.3.은 글로버가족농장 장부에서 나온 기록으로 병든 노예 여성이 간호 업무로 어떻게 옮겨 갔는지 보여 준다. 원장 13번에 기록된 늙은 리젯은 1851년 1월 병에 걸렸고 이로써 가치가 크게 떨어져 "일손" 란이 비어 있다(그림 2.1. 참조). 늙은 리젯의 나이도 질병과 함께 다른 농장 일손과 같이 일을 하는 능력에 영향을 주었을 것이다. 원장 22번에 기록된 피비는 자궁탈출증을 앓고 있었다. 피비의 부인과 문제는 그의 가치를 1/2 일손 상태로 떨어뜨렸고 이는 몸 상태로 인해 그의 노동 산출량이 절반으로 줄어들었음을 나타낸다. 다음 해 늙은 리젯과 피비는 간호 일로 복귀했다. 글로버농장의 또 다른 노예인 멜리아는 1851년 18명의 다른 노예와 함께 263달러에 팔렸다. 그는 "자궁하수"로 판매 사유가 목록에 기재된 유일한 노예 여성이었다(그림 2.3. 참조).

A list of the Negroes received by Jos Glov
the 25th of January 1851 —

No	Names	Hands	Remarks	
1	Lucy	1		
2	Hannah	1		
3	Chloe	c	Born Feb 9th 1844	Sold Jan
4	Mingo	c	Born in 1846	
5	Patty	c	Born in 1849	
6	Hector	1		
7	Hannah	1		
8	Freeman		Put to carpenter trade 13th of Ja	
9	Jenah	c		
10	Liddy	c	Born in 1845	
11	Silvey	c	Born July 1847	
12	Hector	c	Born 28th of Nov 1849	
13	Old Lizzett		Injiner	
14	Silvey	1		
15	Jinney	c		
16	Lavinia	c		
17	Hannah	c		
18	Hetty	c	Born in 1849	
19	Primus	c	Born 2d of June 1850	
20	Edward	1		
21	Dandy	1		
22	Phebe	½	Falling of the womb	
23	Eliza	½		
24	Joe	c		
25	Flora	c	Born in 1845	
26	Minger	c	Born in 1848	
27	Old Rachel		Poultry minder —	

그림 2.1. 조셉 글로버가 소유했던 노예 목록(1851년)
글로버 가족 문서, 사우스캐롤라이나대학, 사우스캐롤라이나도서관

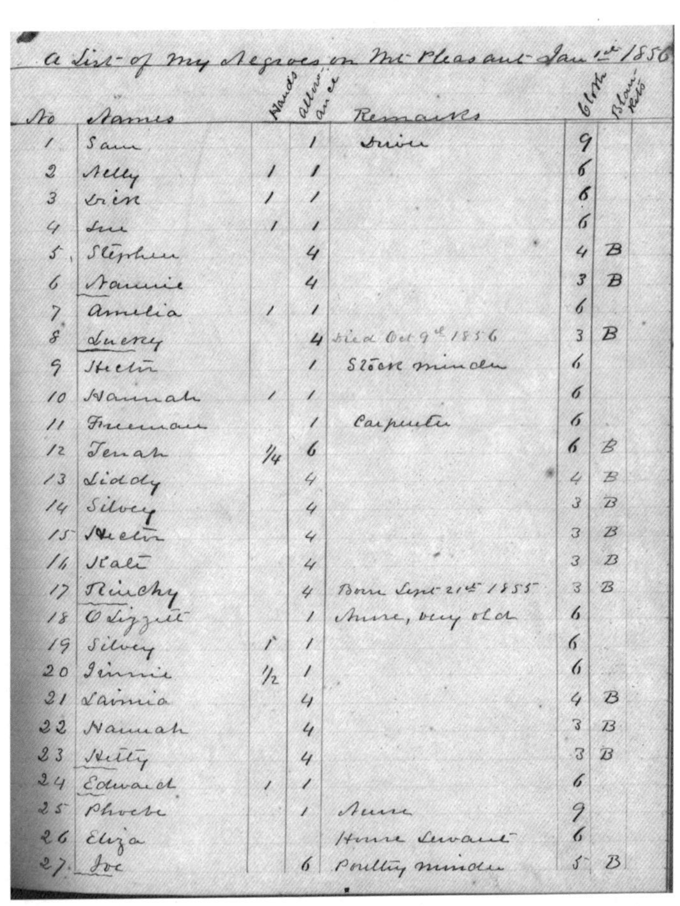

A List of my Negroes on Mt Pleasant Jan 1st 1856

No	Names	Hands	allowance	Remarks	Cloth	Blankets
1	Sam		1	Driver	9	
2	Nelly	1	1		6	
3	Erin	1	1		6	
4	Sue	1	1		6	
5	Stephen		4		4	B
6	Nannie		4		3	B
7	Amelia	1	1		6	
8	Lucky		4	Died Oct 9th 1856	3	B
9	Hector		1	Stock minder	6	
10	Hannah	1	1		6	
11	Freeman		1	Carpenter	6	
12	Tenah	1/4	6		6	B
13	Liddy		4		4	B
14	Silvey		4		3	B
15	Hector		4		3	B
16	Kate		4		3	B
17	Rinchy		4	Born Sept 21st 1855	3	B
18	O Lizzett		1	Nurse, very old	6	
19	Silvey	1	1		6	
20	Jimmie	1/2	1		6	
21	Lavinia		4		4	B
22	Hannah		4		3	B
23	Hetty		4		3	B
24	Edward	1	1		6	
25	Phoebe		1	Nurse	9	
26	Eliza			House Servant	6	
27	Joe		6	Poultry minder	5	B

그림 2.2. 조셉 글로버가 소유했던 노예 목록과 업무(1851년)
글로버 가족 문서, 사우스캐롤라이나대학 사우스캐롤라이나도서관 제공

A list of the Negroes Sold from my Estate of Jos Glo[illegible]

The following are Negroes Sold, with the consent of Jos Glover, before he arrived at age —

1	Patience		House servant.
2	Ben	c	
3	Cuffy	c	
4	January	3/4	No count.
5	Pender	1/2	had fits.
6	Tamar	1/2	had fits.
7	Doctor	1	No count.
8	Elizabeth	1	" "
9	C. Bob		carpenter.

The following are Negroes, sold by Jos Glover 28th of January 1851 $263. apiece

No	Names	H	Remarks
1	Sue	1	
2	Justice	c	
3	Lizzy	c	
4	Fanny	1/2	
5	Melia	1/2	Falling of womb
6	Maria	c	
7	Joan	1	
8	Fanny	c	
9	Leah	1	
10	Sampson	c	
11	Maria	1	
12	David	c	
13	Will	c	

그림 2.3. 조셉 글로버가 소유했던 노예 목록(1851년). 멜리아가 자궁탈출증 때문에 팔림. 글로버 가족 문서, 사우스캐롤라이나대학 사우스캐롤라이나도서관 제공

남아 있는 기록만으로는 이들 여성이 의학 교육과 전문 지식을 어떻게 습득했는지 알 수 없다. 그러나 많은 노예 여성이 서로를 치료하고 공동체 구성원들을 치료했으므로 나이 든 산파들이 친하거나, 의료 경험을 공유하거나, 친인척 관계인 젊은 여성들을 교육 대상으로 선택했을 가능성이 높다. 중요한 것은 사우스캐롤라이나 콜레턴 카운티의 노예 여성들이 1859년 산파와 간호사로 일을 했던 시점에 백인 남성들이 개척한 정식 부인과 역시 발전하고 있었다는 점이다.

늙은 리젯, 늙은 페그, 늙은 피비와 같은 노예 간호사들은 프리시와 같은 젊은 노예 여성들에게 치료술을 가르쳤다. 표 2.1.은 글로버농장에서 아픈 노예 여성에게 어떤 일이 일어났는지 보여 준다. 노예 여성들은 병상을 차지했던 환자에서 "환자들의 집"에서 일하는 농장 간호사로 변모해 나갔다. 멜리아와 같이 절반의 일손밖에 되지 못해 "질이 낮은" 것으로 간주된 노예들은 팔려 나갔다(표 2.1. 1851년 1월 28일 내용 참조).[73] 에드워드 글로버의 소유였던 멜리아는 263달러라는 낮은 가격에 팔렸다. 사실, 글로버 형제는 "무가치"한 노예들의 목록을 작성하고 있었고 이들에 대한 기록에 "질 낮은 흑인 목록List of Inferior Negroes"라는 제목을 붙였다.[74] 많은 여성이 멜리아처럼 생식 질환을 가지고 있다고 표시되어 있었다. 농장주들은 바람직하지 못한 "질 낮은" 노예는 없애고, 가치를 제공하는 사람들은 더 이상 이용할 수 없을 때까지 사용했다. 늙은 페그나 피비와 같은 노예 간호사들은 병이 든 농장 공동체의 구성원이나 때로는 인근 마을 사람을 돌보기 위해 밤낮으로 대기했다. 사우스캐롤라이나 출신의 해리 맥밀런은 자기 농장에서 "임신한" 여성들이 들에서 남자 노예들과 동일한 육체적 강도로 일을 했다고 회고했다. 임신한 노예 여성이 "들에서 일을 하다가 진통을 느끼면 자매들이 도와 집으로 데려갔"고, "나이 든 산파가 … 그들을 돌봤다"고 말했다.[75]

20년 후, 미시시피의 한 농장주는 다른 노예주들에게 자기 소유인 아픈 "흑인"을 "크고 안락한" 노예 병원에 보내 "노련하고 주의 깊은 흑인 여성"에게 보살핌을 받게 했다고 이야기했다.[76] (사고로 사망한 한 명을 제외하고) "1845년 여름부터 한 명의 일손도 잃지 않았다"고 자랑한 이 노예주가 능력 있고 노련한 노예 간호사의 전문 지식을 소중하게 여겼다는 데에는 의심의 여지가 없다. 이 주인은 지불한 "치료비가 연간 50달러"였다고 덧붙였다.[77] 노예의 신체를 건강하게 유지하고 노예의 수명을 늘리는 일은 노예주의 자산 가치를 눈에 띄게 증대시켰다.

남부 노예주들은 "자본 이익을 창출하는 능력을 지닌 여성의 부가가치"에 대해 잘 알고 있었다.[78] 노예를 낳는 것은 노예 여성들의 출산율과 노예 여성 생식건강의 유지, 이 두 가지 요인에 좌우됐다. 표 2.2.는 1859년에서 1860년까지 1년 동안 남부 6개 주에서 거래된 남성과 여성 노예의 가격을 비교한 자료다. 비교 대상인 이 노예들은 버지니아, 사우스캐롤라이나, 조지아, 앨라배마, 미시시피, 텍사스에 살고 있었다. 나이가 기록된 여성들 중에 한 명을 제외한 전부가 가임연령인 것으로 짐작된다. 이 표는 조지아, 사우스캐롤라이나, 텍사스에서 노예 여성의 가치가 노동 가치가 높은 남자 노예의 가치만큼 높았다는 것을 보여준다. 사우스캐롤라이나의 사례 중에는 어린 여성 노예의 가격이 1705달러에 달한 경우도 있다.

산업진흥국이 보유한 노예 구술과 노예 관리 기록에는 경제성장, 임신 비율, 의학과 관련된 내용이 대단히 많다. 하지만 노예 여성의 생식과 부인과 건강관리에 대한 백인 남성들의 관심을 박애로 포장하는 것은 옳지 않다. 노예주들이 흑인 여성의 생식건강에 관심을 보이는 것은 여성의 생식력이 돈벌이가 되기 때문이었지 관대함 때문이 아니었다. 버지니아 댄빌의 노예주인 제임스 콘웨이가 취한 행동은 이 점을 확실히 드러내 준다. 임신한 35세 기혼 노예가 급히 치료를 부탁하자 콘웨이는 그를 직접 치료했다. 그가 이전에 아이를 낳은 적이 있기 때문에 콘웨이는 그의 생식력을 중요하게 여겼을 것이 분명하다. 그는 이 아픈 노예 여성을 사혈하고, 설사약을 준 뒤, "유산을 막기 위해" 아편팅크laudamun를 투여했다.[79]

아기를 낳는 중요한 임무를 수행해 귀중한 노예를 생산

주와 연도	연령	명세	남성 노예 가격	여성 노예 가격
앨라배마, 1859년	19세		1635달러	
조지아, 1859년		목화 일꾼, 가정부		1250달러
사우스캐롤라이나, 1859년		농장 일꾼	1555달러	
텍사스, 1859년	17세, 14세		1527달러	1403달러
앨라배마, 1860년	18세, 18세, 18세			1193달러
조지아, 1860년	21세	최고의 농장 일꾼	1900달러	
조지아, 1860년	17세	9개월 아기		2150달러
조지아, 1860년		젊은 최상급	1300달러	
미시시피, 1860년		1등급 농장 일꾼	1625달러*	1450달러*
사우스캐롤라이나, 1860년		최상급	1325달러	
사우스캐롤라이나, 1860년		젊은 여자		1283달러
사우스캐롤라이나, 1860년		소녀		1705달러
텍사스, 1860년	21세, 15세		2015달러	1635달러
버지니아, 1860년	17세~20세	최고	1350달러 ~1425달러*	1275달러 ~1325달러*

* 평균 가격 목록 기준

표 2.2. 1859년~1860년, 남성과 여성 노예의 가격
해럴드 D. 우드먼, 『노예제와 남부 경제』, 89쪽

한 이 여성은 숙련된 노동자이기도 했다. 이들이 앓는 병 대부분은 재생산과 육체노동 양쪽을 해야 하는 데에서 비롯되었다. 1828년 사우스캐롤라이나의 한 익명 감독관은 노예 관리 지침에 의사의 무능함에 대해 쓰고 노예 여성들을 교육시켜 가능할 때마다 치료를 제공하게 하라고 권고했다. 그는 이렇게 의견을 밝혔다. "똑똑한 여자라면 짧은 시간에 약물 사용법을 익힐 것이다."[80]

앞서 언급했듯이, 글로버농장 노예 여성들이 수행한 다양한 업무를 보여 주는 목록은 흥미로운 자료다. 글로버농장에서 간호사로 일했던 노예 여성의 사례는 간호사나 산파가 되는 전형적인 과정을 보여 준다. 이전에 생식 관련 질환을 경험한 후 의료 업무를 맡게 된 것이다. 또한 글로버농장에는 농장 간호사의 수습생으로 일하는 젊은 노예 여성이 2~3명 이상 있었다. 이런 기록들을 통해 노예주들이 의료 관련 노동을 제공하는 여성들의 가치를 높게 생각했고 수년에 걸친 교육을 받도록 허용했음이 드러난다. 따라서 역사가들은 어떤 노예가 숙련된 노동 인력으로 여겨졌는지를 재평가할 때 농장 간호사와 산파들을 반드시 고려해야 한다.

사우스캐롤라이나 포트로열 인근 포프농장에서 살았던 늙은 노예 필리스 이모는 농장 내 흑인 여성의 의료에 대한 생각을 이야기했다. 필리스는 임신한 노예 여성에 대한 노예주의 요구들이 태아의 발달에 부정적인 영향을 주었으며 여성들이 아이들에게 먹일 젖을 생산하지 못하게 했다고 확신했다. 필리스는 이렇게 말했다. "그들은 우리에게 계속 일을 시켰습니다. 그래서 불쌍한 엄마들은 아이들에게 줄 게 아무것도 없었어요. 사실 아이들은 태어나기 전부터 굶주렸어요. 그러니 바짝 마를 수밖에요."[81]

사우스캐롤라이나 윈스버러에서 노예 생활을 한 애덜라인 존슨은 의사 헨리 깁슨이 노예 여성들을 출산 직전까지 들에서 일을 하게 했다고 진술했다. 존슨은 이렇게 말했다. "아기를 밴 여자들은 애를 낳기 전까지 일을 했어요. 깁슨 박사님은 자기 일을 잘 알았죠. 이 여자들은 출산할 직전까지 면화를 손질하고 자아야 했어요."[82]

사우스캐롤라이나 리치랜드 구역의 호프데일농장에서는 여성들이 목화를 따고 줄기를 다지는 등 남성 일꾼들과 똑같은 노동을 했다. 3개월 동안, 호프데일농장의 평균 노예 여성 인구는 전체 농장 노동자 중 37.06퍼센트에 불과했지만 세 차례에 걸친 개별 목화 수확량에서는 남성 집단을 앞질렀다. 표 2.3.은 호프데일농장에서 보통 수행되는 노동 총량을 통계적으로 분석한 것이다. 이 통계에서는 목화 농장에서 일하는 여성이 임신 중이었는지 드러나지 않지만 아마 일부는 임신 중이었을 것으로 추정된다.

이 농장에서 일하던 노예 여성, 제니와 메리는 늘 남성 노예를 능가하는 결과를 냈고 때로는 781파운드(약 354. 26킬로그램)가 넘는 면화를 따기도 했다. 임신을 한

채취 일자	여성 일꾼 비율	남성 일꾼 비율	여성 채취 목화 무게(와 총 채취량 대비 비중)	남성 채취 목화 무게(와 총 채취량 대비 비중)	여성 인당 채취량	남성 인당 채취량
1852년 8월 25일	37퍼센트	63퍼센트	4,359(40.78퍼센트)	6,331(59.22퍼센트)	333.30	287.70
1852년 9월 2일	37퍼센트	63퍼센트	4,435(39.41퍼센트)	6,818(60.59퍼센트)	341.15	309.90
1852년 10월	41.3퍼센트	58.8퍼센트	4,251(20.7퍼센트)	6,191(59.3퍼센트)	303.64	309.55
1852년 10월	34.4퍼센트	65.6퍼센트	4,175(36.51퍼센트)	7,262(63.49퍼센트)	379.55	345.81
1852년 10월	36.4퍼센트	63.6퍼센트	4,630(35.1퍼센트)	8,809(64.9퍼센트)	396.92	419.48
1852년 10월	36.4퍼센트	63.6퍼센트	5,980(40.87퍼센트)	8,651(59.13퍼센트)	498.33	411.95

표 2.3. 노예의 성별에 따른 주당 면화 채취량 비교

기록과 회계 장부(1852~1858년), 제임스 데이비스 트레즈반트 문서. 호프데일 농장에서 남성과 여성 노예 모두 매주 월요일부터 토요일까지 면화를 채취했다. 일요일은 면화 채취가 없는 유일한 날이었다.

경우였다면 목화밭에서 괭이질을 하고, 면화를 따고, 줄기를 다지는 육체노동의 양이 여성들의 생식건강과 임신에 부정적인 영향을 주었을 것이 분명하다. 밭에 있는 동안에도 많은 노예 여성이 벌레에 물리는 일이나, 햇빛을 차단하고 다 익은 뾰족한 목화 줄기로부터 몸을 보호할 수 있는 적절한 옷조차 입지 못했다. 딜리어 갈릭은 이렇게 말했다. "첫 아이가 태어나기 직전까지 내의를 입어 본 적이 없었어요. 얇은 슬립 하나 말고는 가진 것이 없었어요."[83]

노예 남성들 역시 흑인 여성들이 백인의 개입과 착취로 고통받는 모습과 여성들이 "임신한" 사람들을 돕는 모습을 지켜보았다. 샘 폴라이트는 이렇게 회고했다. "9일 동안은 산파가 돌봐 주었고, 때로는 아기를 낳고 한 달 동안 일을 하지 않을 수 있었습니다."[84] 임신한 노예 여성의 치료와 회복에 대한 그의 언급은 여성 집단 안에서 사생활을 보호하는 흑인 노예 여성들의 관행을 보여 준다. 그러나 노예 여성들이 바라는 대로 분만 중 사생활을 보호하려면 백인 주인의 허락이 필요했다. 예를 들어 1862년 7월 13일 앨라배마의 한 의사는 노예 여성의 진통을 '오진'한 흑인 산파에 대한 불만을 기록으로 남겼다. "지난달 이런 경우가 두세 번 있었다. 산파는 분만을 원만하게 해 내지 못할까 봐 걱정하고 있었다. 그들이 나를 불러 가 보면 아무 문제 없이 진통이 사라져 있었다."[85] 그 임신부는 분명히 극심한 진통으로 고생하고 있었고 산파는 의사에게 도움을 청했다(산파가 의사에게 도움을 청하는 것은 비교적 드문 일이었다). 그러나 의사는 임신한 노예 여성의 통증을 변비 때문이라고 일축했다. 그는 출산을 앞둔 여성이 조기에 가진통을 느낄 수 있다는 것을 상상하지 못했다. 흔히 일어나는 일인데도 말이다.

남북전쟁 이전 시대 노예제 지지자들은 재생산을 세심하게 관리했고 이는 높은 금전적 수익으로 이어졌다. 노예 여성들은 이 사업에서 자기들 역할을 정확히 꿰고 있었고 서로, 그리고 사랑하는 사람들, 농장 간호사, 여주인, 주인과의 사이에서 스스로의 몸에 대한 중재자 역할을 했다. 아델 프로스트가 회고하듯이, 때로 그들은 여주인 곁에서 일을 했다. 아델이 지냈던 사우스캐롤라이나 파커 지역의 페리농장에는 의사가 없었다. 대신 "여주인과 노예 중 한 명이 아픈 사람을 돌보았다."[86]

생식의학은 노예 공동체 구성원을 모두 포괄할 만큼 충분한 수용력을 갖추고 있는 것으로 입증되었다(물론 거기에서 흑인 남성은 배제되었다. 최소한 흑인 노예 여성에 대해 다루는 의학 저널 논문들에서는 그러했다. 거기에서 흑인 남성은 참고의 대상도 고려의 대상도 아니었다). 노예 여성에게 있어 임신의 중요성은 흑인 남성과의 친밀하고 애정 어린 관계가 전제된 여성성과 모성에 대한 서아프리카적 의미에서 비롯된 것이었다. 머라이어 하인스는 주인이 운 좋게도 "세상에서 가장 좋은 유색인 남성"과 자기를 혼인시켰다는 사실을 기쁘게 생각했다.[87] 그는 면담자에게 "남편과 낳은 아이가 5명이나 된다"고 자랑했다.[88]

일부 노예 여성은 아이를 가지면서 기쁨을 경험했지만 노예제가 삶에 던지는 잔혹하고 고통스런 영향에 슬퍼하는 이들도 있었다. 메리 레이놀즈는 아주 솔직하게 증언했다. "노예제는 세상에서 가장 나쁜 일이었습니다. 말로 다 할 수 없는 일들이 많았어요. … 제게 일어난 것보다 더 심한 일을 많이 보았고요."[89] "말로 다 할 수 없는 일"이라는 레이놀즈의 말은 흑인 여성들이 자신들에게 엄청난 영향을 미치는, 무시할 수 없는 존재를 받아들이기 위해 감정을 숨기는 방식으로 정서적 대응을 했음을 보여 준다.

노예 여성이 생식의 자주성과 친권에 대해 가졌던 강경한 의지는 인간성, 힘, 회복력, 지성을 강조하는 노예해방 신조로 성장했다. 지위와 소유권상 한계에도 불구하고, 많은 노예 여성이 가정을 스스로 계획하려 노력하면서 모성이라는 압도적인 기쁨의 감정을 놓치지 않았다. 여성 노예들은 숙고와 계획, 노련함을 조합해 노예라는 개념, 즉 재생산에 관해 아무런 힘이 없는 동산動産에 불과한 존재라는 개념에 이의를 제기했다. 노예 여성들은 직접 계획한 조건에 맞추어 아기를 낳기 위해 가족의 해체, 심지어는 폭력의 위협까지 무릅썼다. 또한 그동안에도 계속해서 새로운 의학 분야 안에서 자신의 위치를 다져 나갔다.

노예 간호사였던 레나 클라크와 같은 일부 노예 여성

은 다른 노예 여성들을 치료하는 일에 자부심을 갖고 의지를 관철했다. 미시시피 라피엣 카운티의 노예 산파이자 간호사였던 그는 농사 일꾼보다 주인에게 훨씬 중요한 존재였다. 그가 제공하는 전문적 노동력이 높은 수익과 직결되었기 때문이다. 클라크는 열두 살 때 여주인인 레베카 페구스에게서 글을 배웠고 열다섯 살에 산파가 되었다. 놀라운 일이었다. 얼마 후 노예주 닉 페구스는 클라크가 지역 백인 공동체에 봉사하는 것을 허락했다. 여성들을 치료하는 일에 자부심을 가지고 있던 클라크는 자신이 거의 모든 여성의 질환을 고칠 수 있는 약초의藥草醫라고 생각했다. 그는 "남자를 치료하는 짓"은 하지 않는다고 선언하면서 "나는 남성들의 질환에 대해서 전혀 알지 못해요. 그들은 어떻게든 스스로를 돌볼 수 있어요. 나는 여자들만 치료합니다"라고 말했다.[90]

"부인과의 어머니"로서 여성의학 분야에서 자기가 하는 전문적인 일에 대해 드러내 놓고 자부심을 표현했던 클라크는 이후 소설가 앨리스 워커 등 흑인 여성 사상가와 작가 들을 위한 길을 닦는 데 기여했다. 앨리스 워커는 그 바탕에서 인종과 젠더를 기반으로 흑인 페미니스트의 관심사를 표현한 용어 "우머니스트"를 만들기도 했다.[91] 레나 클라크의 일은 노예 여성이 노예 상태에서 직면하는 음울한 현실에 뿌리를 두고 있었다. 그는 "산파"라는 말 대신에 "약초의"라는 용어로 자신을 표현함으로써 서아프리카 치유 관행을 연상하게 했다. 그로써 흑인 여성 치료사들이 스스로를 바라보는 시각 안에서 세속성과 신성함이 상호작용하는 방식을 드러냈다.[92]

흑인 노예 여성들은 의사와 노예주 들의 육체적 처벌과 앙갚음의 위협에도 불구하고 할 수 있는 한 최대로 임신을 계획하고 피하며, 자신이 사랑하기로 선택한 남성과 성관계를 맺고, 사랑하는 이들에게 의학적 지식을 물려주었다. 앞서 언급한 사례들에서, 노예 산파들은 흑인 여성이 당한 강간을 보고하고 주인들이 존중하는 백인 의사에게 치료를 청해 그들의 평판과 흑인 어머니, 아이들의 생명을 보호하려 노력했다. 한편 노예 여성들은 농한기 동안에 사랑하는 흑인 남성의 아이들을 임신했다. 또 아플 때면 쇠약한 몸과 상처 입은 정신을 의사에게 보여 주었다. 그들은 흑인들의 신체가 더 강하다는 해로운 관념과 서사에 대한 대응으로 자신들의 연약함을 드러냈다.[93]

의과대학과 병원과 같은 정규 치료 기관은 백인들의 영역이었다. 그리고 점점 더 많은 의사가 노예를 "임상 검체"로 보게 되었다. 하지만 노예 여성들은 백인 의사들이 자리를 비운 "환사의 집"에서 치료에 최선을 다했다. 흑인 여성들은 환자의 집이 농사일과 끊임없는 집안일에서 그들을 구제해 준다는 것도 알고 있었다. 그 안에서는 힘든 노동에서 잠시 벗어나 회복할 수 있었기 때문이다. 그들은 동시에 거기서 벌어질 불확실한 위험, 착취, 때로는 잔인하기까지 한 의사들의 치료에 대해서도 정확히 이해하고 있었다.

부인과학이 발달함에 따라 노예 여성들이 주인이나 의사와 가지는 관계가 의학 분야의 청사진 역할을 하게 되었다. 노예 여성이 의학에서 그들의 신체가 다루어지는 방식에 대해 가진 가장 큰 불만은 이들과 백인 남성들 사이의 성적 관계에서 비롯한 것이었다. 흑인 여성에 대한 성적 학대의 기록은 매우 방대하며 출처가 다양한 자료들에 보고되었다. 이런 자료들에는 노예 여성들이 백인 남성(때로는 노예 남성)과의 이런 잔혹한 성적 접촉으로 얼마나 신체적인 고통을 겪었는지가 드러나 있다. 따라서 남부 백인 남성이 의학 분야로 들어와 흑인 여성의 신체에 손을 대기 시작하면서 노예 여성들이 망설임, 저항, 절망, 두려움과 같은 여러 가지 감정적 반응을 동반하는 어려움에 직면했음을 쉽게 짐작할 수 있다. 성과 흑인 여성을 둘러싼 상충적 관계, 부인과의 탄생, 노예제의 성장은 남북전쟁 이전 시대에 여성 전문 의학의 등장과 떼어 놓을 수 없는 관계였다.

3장

상충적 관계—노예제, 성, 의학

나를 때리기 전에 주인은 같이 붙잡힌 여자에 대해
물었습니다. … 나는 그 여자가 임신 중이었지만
지금은 아니라는 것만 알고 있었습니다. 하지만
그 사실을 이야기하지는 않았습니다.
—존 리틀, 한 노예 여성의 임신중절에 대해 침묵을
지킨 일을 이야기하며

1831년 8월, 사우스캐롤라이나 크라이스트처치의 르게라는 노예주가 소유한 한 노예 소녀는 상상하기 힘들 정도로 충격적인 일을 겪었다. 한 노예 남성이 그를 난폭하게 강간하고 항문 성교를 했던 것이다. 이 노예 소녀는 신체적으로 큰 상처를 입어 강간 후 일주일 동안 소변을 볼 수 없었고, 항문 부위 피부가 벗겨졌으며, 이질과 비슷하게 대변에 피와 점액이 섞인 설사를 하는 증상을 경험했다. 많은 강간 피해자가 그렇게 했듯, 소녀는 자기 몸이 직접 비밀을 드러낼 때까지 그 끔찍한 일을 숨겼다.[1] 그 소녀는 빠르게 쇠약해졌고 그의 주인은 R. S. 베일리 박사에게 치료를 부탁했다. 베일리 박사가 검사를 마친 후에 소녀는 강간 사건의 상세한 내용을 밝히고 강간범을 지목했고, 범행한 남성은 "그 후 도주했다"고 말했다.[2]

성폭행과 그에 따른 신체적 영향을 치료하는 의사들의

의학적 탐구나 발표는 노예 여성들에 대한 성 착취와 궤를 같이 했다. 이 장은 이런 주장을 입증하기 위해 이전에 노예였던 이들 몇몇이 구술한 역사와 의학 사례 기술, 노예주의 개인 문서, 소송 사건을 들여다본다.

베일리가 치료했던 환자의 삶은 많은 여성 노예가 견뎌야 했던 참혹한 경험을 대변한다. 흑인이나 백인 남성의 침해에서 결코 안전할 수 없는 19세기 미국에 살았던 이 흑인 노예는 성, 노예제, 의학이 서로 얼마나 깊이 얽혀 있었는지를 보여 준다. 극히 사적인 사고인 흑인 여성의 강간은 노예 공동체의 구성원 간에 혹은 주인, 의사에게 병에 대해 이야기하면서 알려지게 됐다. 의사들은 의학 저널, 병원, 대학 등 이런 성폭행의 신체적 증상을 치료하는 전문적인 공간을 만들었다. 그리고 의학 문헌에 발표된 노예 여성 강간 사건을 통해 임신, 불임, 성병, 생식기 손상 등 성폭행의 신체적 증상에 어떤 대응을 해야 하는지 학습하게 됐다.

베일리 박사와 같은 의사들은 환자에게 화학 기반 약물을 처방할 경우 의과대학에서 받은 약학 교육을 활용했다. 박사는 이 소녀 환자의 증상을 치료하기 위해 으깬 기나나무 껍질([과거 말라리아 치료제로 쓰인 약물인] 키니네를 만드는 데 사용되는 성분) 3.58그램, 초석(질산칼륨) 1.79그램, 분말 아편 2그램이 섞인 혼합물을 주었다.[3] 기나나무 껍질은 구역질을 치료했고, 아편은 설사를 멈추었고,

초석은 소변을 볼 때의 통증을 완화시켰다. 베일리가 초석을 처방에 포함한 것은 미국 의사들이 19세기 초부터 임질이나 매독과 같은 성병에 걸린 환자에게 그 약을 처방해 왔기 때문인 듯하다. 임질과 매독의 공통적인 증상이 배뇨를 어렵게 만드는 요도염이었다.[4] 가장 중요한 것은 베일리가 강간을 병리화하고 흑인 여성과 소녀를 강간 피해자에 포함시켰다는 사실이다. 또한 그 내용이 법적으로 흑인 여성 성폭행을 인정하지 않는 주에서 발행되는 주요 의학 저널에 실렸다는 점이다.

한편 피해자와 함께 생활하는 노예 공동체의 구성원들, 특히 흑인 여성들은 그 소녀가 강간을 당했다는 것을 인식하고 충격적인 사건을 겪은 소녀를 안정시키기 위해 애썼을 것이다. 베일리의 논문에는 여성들이 이 피해자를 돌보기 위해 어떤 조치를 취했는지는 언급되어 있지 않다. 하지만 노예제에 대한 역사 문헌들에는 흑인 강간 피해자들이 주인, 여주인, 의사들에게서 받은 학대 사례들이 넘쳐난다. 다음 사례는 자기 남편이 여성 노예를 성적으로 학대했음을 발견한 백인 여성이 흑인 소녀들에게 가한 위협을 보여 준다. 열세 살 난 마리아의 여주인은 남편의 침대에서 마리아를 발견했다. 남편은 도망쳤고 여주인은 마리아를 때린 뒤 훈제실에 2주 동안 가두었다. 나이 많은 노예 여성들이 이 소녀를 변호했지만 마리아가 피해자라는 점을 여주인에게 설득할 수 없었다.[5] 마리아와 달리, 베일리의 어린 노예 환자는 난폭한 강간의 피해자로 여겨졌을 뿐 아니라 의학적 치료까지 받았다. 의사의 치료와 공동체가 쏟은 노력에도 불구하고 이 소녀는 강간과 의학적 개입이 있은 후 "얼마 지나지 않아 사망"했다.[6] 이 처치 사례와 죽음은 남북전쟁 이전 남부의 흑인 여성들을 둘러싼 성, 노예제, 의학의 복잡성을 일깨운다.

노예 출신으로 회고록을 집필한 노예해방론자, 해리엇 제이콥스는 이렇게 적고 있다. "노예제의 비밀은 종교재판의 비밀만큼이나 철저히 가려져 있다."[7] 제이콥스는 냉혹한 비유로 자신이 노예 여성으로서 경험했던 공포를 묘사했다. 그는 회고록에 주인의 소유물로 지내면서 "음란의 새장"에 갇혀 21년을 보냈다고 적었다.[8] 제이콥스는 노예 여성들과의 관계에서 종종 "음란"해지는 주인의 변덕을 감당하면서 흑인 여성들이 직면해야 했던 극심한 공포를 포착했다.

흑인 여성에 대한 성적 학대는 인종 내부적으로도 문제였다. 노예 남성의 흑인 여성 강간에 대한 학문적 논의가 전혀 없는 것은 아니지만, 학자들이 노예 공동체 안에서 일어나는 인종 내 성적 학대에 대해서도 보다 철저히 연구해야 할 필요가 있다. 노예 여성의 성생활을 보여 주는 매체로는 19세기 의학 저널과 법원 기록이 있다. 이 두 출처의 문헌들은 의사와 재판관 들이 노예 공동체 내의 성폭행을 어떻게 다루었는지 보여 준다. 노예 여성들은 접촉하는 백인이나 흑인 남성의 공격에 모두 취약했다. 흑인 여성들은 그들을 먹잇감으로 여기는 남성들뿐 아니라 흑인 여성은 음란하고 성욕이 강하다는, 인종과 무관하게 많은 미국 남성이 제멋대로 만든 고정관념과도 싸워야 했다.

노예로 태어나 이후 미국 재건 시대 사우스캐롤라이나의 흑인 상원의원이 된 로버트 스몰스는 남북전쟁 이후 미국자유인조사위원회The American Freedmen's Inquiry Commission 구성원에게 흑인 여성의 난혼亂婚에 대한 견해를 밝힌 적이 있다. 면담자가 흑인 여성의 성욕이 강한지를 묻자 스몰스는 긍정적으로 답했다. 또한 그는 "흑인 여성은 성관계를 나쁘게 생각지 않습니다. 이들은 흑인보다 백인과 주로 성관계를 맺습니다. 젊은 여성 대부분이 열두 살 되는 어린 나이부터 돈을 바라고…"로 답변을 이었다.[9] 이 주제에 대한 연구는 많지 않지만, 흑인 여성이 왕성한 성욕을 가지고 있으며 신체적, 정서적 건강과 순결, 평판을 개의치 않고 돈을 위해 타인종과의 성관계를 선호한다는 로버트 스몰스의 견해는 노예 여성들이 처한 성적 지형이 가파른 내리막이었음을 보여 준다. 관점은 오랜 시간에 걸쳐 형성되는 것이므로 로버트 스몰스의 믿음은 전후 1865년의 인종적 환경에서만 비롯된 것이 아니라 흑인 여성의 음탕함에 대한 견해에 전혀 이의가 제기되지 않았던 노예제 시대부터 형성되었을 것이다.

노예 여성들은 의학 문헌에서 목소리를 전혀 드러낼 수

없었으나 자신들의 고통을 어떻게든 밝히고 표현해 냈다. 일부 여성은 용기를 내 의사들에게 노골적인 언어로 자신들이 당한 성적 학대를 알렸다. 1824년, 한 익명의 노예 산파는 존 P. 해리슨 박사에게 임신한 노예 환자 "A. P."가 젊은 백인 남자에게 강간을 당해 임신을 했다고 알렸다.[10] 하지만 해리슨은 산파의 말을 믿지 않았다. 그는《미국의학저널》에 발표한 논문에서 "머리는 크고 목은 굵으며 키가 작고 통통한 여자"로 묘사되는 흑인 노예 여성에게 유혹을 당할 백인 남자는 없다고 적었다.[11] 이 시대에는 흑인 여성에 대한 강간이라는 범죄 자체가 존재하지 않았다. 하지만 해리슨은 그가 부정한 산파의 주장, 즉 그 산파의 환자이자 동료인 노예 A. P.가 성폭행을 당했다는 진술은 논문에 포함시켰다. 그 산파는 강간과 흑인 여성에 관련된 법규는 알지 못했겠지만 폭력적인 강간을 당한 후 악화된 A. P.의 건강 상태를 모두 공개했다.

노예 여성들은 강간을 비롯한 여러 유형의 성폭행을 자주 경험했다. 백인들 사고방식에 흑인 여성이 음란하다는 믿음이 너무 견고하게 자리 잡고 있어서 사우스캐롤라이나와 미시시피 같은 남부 일부 주에서는 남부 전역에 백인 아버지를 둔 노예 아이들이 있다는 사실에도 불구하고 흑인 여성은 강간을 당할 수 없다고 선언했을 정도였다. 1859년 미시시피 법원이 내놓은 유명한 판결이 있다. "우리 주에는 아프리카계 노예들 사이의 강간죄가 존재하지 않는다. … 그들은 성관계에 있어 문란하며, 여성 노예에 대한 성폭행은 단순한 폭행과 구타로 간주된다."[12] 미주리주의 19세 노예 여성 셀리아는 주인에게 5년 동안 강간을 당해 왔고, 성관계를 위해 오두막으로 들어온 주인을 살해했다. 셀리아의 변호사는 그 사건에 미주리주의 도덕률을 적용해 셀리아가 자기 명예를 지키기 위해 주인에게 대항하다 치명상을 입힌 것이라고 주장했다. 하지만 그는 패소했고 사형당했다. 명예란 흑인과 노예 여성에게 허락된 특전이 아니었기 때문이다.[13]

A. P.의 사례로 다시 돌아가면 흑인 여성의 의료 경험과 그들이 행한 극심한 육체노동이, 특히 임신 중 신체와 정서에 미치는 영향을 쉽게 비교할 수 있다. A. P.는 분명 남부 백인 남성으로 인해 분노와 절망부터 우울감과 수치심에 이르는 다양한 정서를 경험했을 것이다. 더구나 노예 여성들은 강간, 반감을 가진 의사들, 임신기의 어려움으로 야기된 정서적 고통과도 싸워야 했다. 마지막으로 A. P.와 같이 임신한 노예 여성들은 임신과 출산이 만들어 내는 끊임없는 위협, 즉 아이나 산모가 죽을 수 있다는 가능성에도 시달렸다.[14]

확실히 의학과 법학은 "인종차별주의가 만들어진" 장이었다. 하지만 앞에 언급한 사례들은 법이 흑인 여성의 강간을 인정하지 않았던 때에도 미국의 의학적 담론에는 그것을 인정할 여지가 있었다는 점을 보여 준다. 이런 격

차가 생긴 이유 중 하나는 노예, 특히 여성들을 치료하는 의사들이 강간의 신체적, 때로는 심리적 영향을 훨씬 투명하게 묘사했다는 데 있다. 반면 법원은 흑인 여성들이 강간으로 입는 영향을 고려하지 않았다. 사람들 사이에 흑인 여성의 부도덕함에 대한 관념이 너무나 만연해 있고, 이들이 오로지 노예주의 재산 상실 가능성에만 관심을 두었기 때문이다. 더 나아가 남북전쟁 이전 노예제와 의학의 사회·정치적 세계는 흑인 노예 여성이 계속 "초신체"로 여겨지게끔 만들었다.

노예 여성의 강간은 미국 사회에서 흑인 여성의 지위를 계속해서 떨어뜨리는 데 일조한 요소였다. 당연하게도, 남부 주에서는 흑인 여성에 대한 법적 보호가 이루어지지 않았다. 역사가 샤론 블록은 초기 미국에서의 강간에 대한 연구에서 "계속되는 성적 학대는 어쩔 수 없는 현실"이었다고 주장했다. 더구나 노예 여성을 강간으로부터 보호하는 법적 기제가 거의 없었고 이렇게 "의지할 곳이 없다는 점은 성적 공격을 당하는 경우 이들이 보이는 반응에 큰 영향을 주었다."[15] 1859년 미시시피에서 일어난 유명한 소송은 초기 미국의 백인들이 강간을 흑인 여성과 모순되는 말로 여겼다는 것을 뚜렷하게 보여 준다. 미시시피 법원은 조지라는 노예 남성이 열 살 노예 소녀를 강간한 혐의로 제기된 소송을 기각했다. 더 나아가 판사는 "아프리카계 노예들 사이의 강간죄는 우리 주에 존재하지 않는다"고 선언했다.[16] 이후 미시시피주는 이런 판결을 뒤집고 12세 이하 "흑인"이나 "물라토" 노예 아이들에게 강간 피해자로서의 법적 보호를 허용하는 법을 만들었다.[17]

남부의 법체계가 노예 여성의 강간을 인정하든 그렇지 않든, 이 취약한 집단과 그들의 주인, 의사 들은 강간이 흑인 여성의 삶에 미치는 신체적, 의학적, 정신적 영향에 맞서야 했다는 사실에는 변함이 없었다. 노예는 자유로운 이동이 금지되어 있었다. 주인의 허락 없는 이동은 불법이었기 때문에 강간 피해자들 대부분은 사는 곳을 옮길 수 없었다. 따라서 이 노예 여성들은 강간범의 시야 안에서 성폭행이 야기한 신체적 상처와 질병을 겪어야 했으며, 여러 의학 저널 논문들이 이런 역사적 사실을 반영하고 있다.

노예 공동체의 여성들은 샤를라 펫이 설명했듯이 치료에 대한 신성한 동시에 세속적인 시각, 즉 "건강에 대한 상대적 시각"에 따른 치료를 제공했다. 그러나 의사들은 이들과 함께 치료를 하면서도 거의 전적으로 화학적 약물에 의존해서 흑인 여성들을 치료했다.[18] 반면 흑인 여성 치료자들은 치유가 오로지 인간의 몫이 아니고 신과 조상에게서 온다는 믿음에 뿌리를 둔 상대적 시각을 실천에 옮겼다. 많은 노예 공동체에서 꿈과 징후는 의사가 처방한 약물만큼, 혹은 그보다 큰 의미가 있었다.

남북전쟁 이전 시대는 흑인 노예 여성과 백인 의사 모두에게 중요한 순간이었다. 전문적인 여성의료 분야가 나타났기 때문이었다. 남성 산파라는 공언된 부인과 전문가들이 새로운 계층으로 등장했고 여성만을 치료하는 의사도 등장하기 시작했다. 수는 적었지만 분명 늘어나고 있었다. 다음의 사례는 당시의 변화상을 드러내 준다. 존 래그 박사가 돌보던 중년 노예 파니는 분만 도중에 사망했고 아기도 목숨을 잃었다. 의사가 이후 《남부 의학·약학 저널》에 발표한 논문에 따르면 그가 조지아 사바나의 농장에 도착하기 전 "흑인" 산파가 파니를 돌보았다. 래그는 이 노예 산파가 진단한 파니의 상태에 대해서는 "어느 정도 주의를 기울여" 받아들여야 할 필요가 있다고 적었다. 그러나 이 산파가 똑똑하기 때문에 그 이야기를 "대단히 정확하고 신뢰할 만한 것"으로 받아들여야 한다고도 덧붙였다.[19] 이후 래그는 노예 흑인 여성의 치료를 의사가 평가할 때 기초가 될 만한 의문을 제기했다. "아무리 똑똑한" 흑인 여성이라 하더라도 말이다. 그는 독자들에게 물었다. "의사를 더 빨리 불렀다면 이 여성의 목숨을 구할 수 있었을까?"[20] 그가 던진 질문은 여성이 임신한 여성들을 돌본다는 생각과 관행에서 모든 분만에는 의사가 필요하다는 생각과 관행으로의 전환을 암시한다.

19세기 의학의 본질은 주로 탐구적이었다. 하지만 의학적 상태의 근본적 원인을 찾는 것, 특히 외과적 기반을 가진 부인과 의학 연구에서 원인을 찾는 것은 그런 수술의 대상인 노예 환자들에게 극히 위험한 일이기도 했다.

1800년대에 의학 교육이 도제 문화에서 보다 과학에 바탕을 둔 문화로 바뀌면서 의학 연구는 의사들에게 더 중요해졌다. 의학 교육에 대한 에이브러햄 플렉스너의 보고서에 따르면, 17세기와 18세기 동안 의과대학들은 "도제 시스템의 보충적인 존재"였다.[21]

부인과가 성장하면서, 의사들은 거의 모든 방식을 동원해 여성의 질병과 상태에 대한 글을 의학 저널에 발표했고 이로써 의학 교육의 범위가 학교 밖으로 확장되었다. 이들이 여성 생식 질환 치료법을 찾는 데 참여하면서 특히 노예 여성을 대상으로 한 방광질루와 같은 질환의 외과적 부인과 실험이 증가했다. 남부의 백인 의사들에게는 쉽게 접근해서 수술을 해 보고 치료법을 시험할 수 있는 흑인들이 있었다. 흑인 여성들이 압도적으로 더 높은 비율로 부인과 질환을 앓는다는 전반적인 믿음이 그런 실험을 장려했다.[22] 남부 의사들이 "자궁 질환은 노예 여성들 사이에서 흔하게 발생한다"고 믿었다는 역사가 윌리엄 D. 포스텔의 관찰은 그런 관념이 만연해 있었음을 드러내 준다.[23]

의사들이 흑인 여성의 성과 백인 여성의 성을 구분했다는 또 다른 징후는 그들이 진찰을 하는 동안 환자의 인종에 따라 다른 절차를 따랐다는 점이다. 의사들은 부인과 증상의 원인을 판단하기 위해서 흑인 여성의 벗은 몸을 진찰해야 했다. 하지만 이는 백인 여성을 대하는 의료계에서는 매우 드문 관행이었다. 의사들은 위급한 때를 제외하고는 옷을 벗은 백인 여성 환자에게 시선을 주지 않았다. 반면 백인 의사들은 흑인 여성의 경우 벗은 몸을 보이는 데 거리낌이 없다는 가정을 공유했으며, 흑인 여성의 가슴, 배, 생식기를 스스럼없이 진찰했다. 미국에서 백인이 흑인 여성을 노예로 다룬 역사는 16세기 초 동안 노예제의 제도화와 함께 시작되었고 19세기까지 지속되었다. 이후 의사들은 남부 노예시장에서 노예 평가 과정에 참여해 이들을 진찰하기 시작했다.[24] 부인과가 발전하고 미국 의학이 공식화됨과 동시에 노예 여성의 진찰은 의사들의 의료 행위의 일부가 되었다. 의사들은 흑인 여성의 경제적 가치를 평가하는 핵심적인 역할을 했다.

1825년 사우스캐롤라이나 찰스턴의 파인리 박사는 "유방에서 피가 나는" 40대 노예 여성을 진찰한 일을 상술한 논문을 발표했다.[25] 파인리는 이 노예 여성의 증상이 특이한 것인지 아닌지까지 언급하지는 않았지만, 동료들과 사례를 공유할 정도로 흥미롭다고 판단했다. 이 환자는 언제부터 피가 나기 시작했는지 정확한 날짜를 대지 못했으며, 유두에서 나오는 피가 무언지 알지 못했다고 적었다. 이 여성은 파인리에게 옆구리에 통증을 느끼며 항문에 출혈이 있고 피로감이 있다고 알렸고, 무엇보다 고통을 덜고 싶다고 말했다. 이 노예 여성은 파인리에게 모든 증상을 이야기했지만 그는 증상의 원인을 진단할 수 없었다. 그는 환자가 암이나 종양, 낭종이 있는지도 고려하지 않은 듯하다. 대신 파인리는 그 흑인 환자가 정상적인 생리주기뿐 아니라 "월경하는 유방menstruating breast"이라 불리는 비정상적인 생리주기까지 경험한다고 판단했다.[26] 이 익명의 노예 환자는 흑인 여성의 비정상성을 보여 주는 또 다른 본보기이자 "의학적 초신체"의 전형이 되었다. 파인리가 보기에 이 여성은 자궁과 난소뿐 아니라 유방에서도 생리를 경험했다. 그가 직접적으로 기이하다 표현하지는 않았지만 이 여성이 겪는 증상을 "정상적인" 여성질환의 범주를 벗어난다고 여긴 것은 분명하다.

이 증상을 관찰한 파인리는 《캐롤라이나 의학·과학·농업 저널Carolina Journal of Medicine, Science, and Agriculture》을 통해 "이 도시의 전문가들"에게 해당 질환에 대한 정보 제공을 청했다.[27] 그는 그 대가로 이 여성에 대해 교육적인 목적의 실험을 하도록 해 주겠다고 약속했다. 그의 요청이 보여 주듯이, 의사들에게는 노예 여성의 회복보다 그와 동료들이 "월경하는 유방"을 관찰하면서 얻을 의학적 교훈이 더 중요했다.[28]

의사이자 노예주였던 제임스 매리언 심스는 흑인 노예 여성의 생존이 그의 의학적 전문 지식에 달려 있다고 생각했다. 하지만 그의 경력은 그 반대가 참이라는 것을 입증한다. 심스는 흑인 노예 여성의 신체에 의존해 방광질루 치료법과 오리 주둥이 모양 질경 등 완벽한 수술 기구를 찾아냈으며, 이런 성과들은 선구적인 부인과 의사라는 세계적인 명성의 토대가 되었다. 헤겔이 『정신현상학』에서 관찰했듯이, "주인은 자립적 실존을 통해 즉각적으로 자신을 노예와 결부시켜야 한다. 바로 그것이 노예를 노예로 만드는 것이기 때문이다. 그것이 주인의 사슬이다."[29] 그러나 심스가 치료한 노예 여성들은 부인과의 발전 여부에 좌우되지 않는 신체와 삶을 가지고 있었다. 흑인 여성들은 백인 남성의 개입 없이도 자신과 자신의 가치를 파악할 수 있었다.

흑인 여성들은 노예 생활을 벗어난 후에도 산파 일을 계속하곤 했다. 이는 그들이 완벽하게 숙련되었다고 생각하는 의료 활동을 하는 데 백인의 허락, 개입, 지시를 원치 않았다는 것을 보여 준다. 밀드레드 그레이브스는 버지니아 해너버에서 틴슬리 소유의 노예로 있는 동안 간호사와 산파로 수십 년간 일했다. 그레이브스는 모범적인 산과 전문가이자 치료자라는 평판으로 흑인 여성은 물론 백인 여성까지 치료했다. 이런 위치에도 불구하고 그레이브스는 백인 의사들의 조소와 모멸을 겪어야 했다. 그레이브스는 분만이 길어지고 있는 백인 임신부 리크 부인에게 주인이 자신을 보냈을 때 겪은 특히 충격적인 사건을 기억했다. 리크 부인에게 갔을 때 그곳에서는 리치먼드 출신인 두 의사가 분만을 돕고 있었는데, 이들은 막 도착한 그레이브스에게 자기들은 리크 부인을 도울 수 없다고 말했다. 그레이브스는 "제가 할 수 있어요"라고 답했다. 이 노예 여성이 회고하길, 의사들이 "비웃으며 말했어요. '물러서, 깜둥아. 장난치는 거 아냐. 우린 주술사나 재수 없는 것들은 필요 없어.'"[30] 그러나 리크 부인은 그레이브스가 아기를 받아 주길 고집했고 이 산파는 성공적으로 아기를 받았다. 그레이브스는 그를 무시하던 의사들이 "부인을 칭찬했"다고 말했다.[31]

그레이브스는 그의 인종, 성별, 노예라는 지위에 대해 의사들이 보이는 전반적인 적대감, 아프리카 기반의 의학 지식에 대한 조롱, 그의 다양한 기술에 대한 묵살에 용기 있게 대처했다. 이 산과 사례에서 그는 인종적으로 계층화된 사회 안에 존재했던 인종과 성별의 한계를 잠시나마 뛰어넘을 수 있었다. 이 사례에서는 백인 여성 환자가 이 같은 결과를 낳은 자극제가 됐지만, 이 사례에서 더욱 분명한 것은 노예 신분인 여성 치료사가 백인의 시선과 비난을 벗어나기 힘들다는 점이었다.[32]

노예 여성과 백인 남성(의사나 노예주)은 노예 가족계획의 영역에서도 상충하는 관계에 섰다. 노예 여성이 견뎌야 했던 성적 학대는 그들의 몸과 정신에 타격을 입혔지만 어머니가 된다는 기대는 그들의 고통을 치료하는 강력한 해독제가 되었다. 여성들은 노예를 "번식"시킨 보상으로 선물을 받기도 했다. 메리 레이놀즈는 노예 생활을 하는 동안 쌍둥이를 낳아 한 해에 아이 두 명을 갖게 되는 노예 여성에게 주인이 "쌍둥이가 입을 옷과 따뜻한 모포 두

장"을 준다고 약속했던 것을 기억했다.[33] 이 주인이 한 번의 임신으로 여러 명의 아이를 낳는 것이 마치 여성의 의지에 따른 일인 것처럼 쌍둥이를 낳는 여성들에게 포상을 약속한 것은 일부 남성들이 재생산에 대해 얼마나 무지했는지를 강조한다. 또한 특별히 따뜻한 모포를 주겠다는 약속은 임신한 노예 여성들에게 이런 생필품이 부족했다는 점도 드러낸다.

마사 브래들리 같은 일부 노예 여성들은 성관계를 제안해 그들을 불쾌하게 하는 백인 남성에게 맞서기도 했다. 브래들리는 면담자에게 이런 이야기를 들려주었다. "어느 날 밭에서 일을 하고 있는데 감독관이 다가와서 해서는 안 될 말을 했습니다. 나는 괭이를 들고 그를 넘어뜨렸습니다. … 주인인 루카스에게 감독관이 내게 어떤 말을 했는지 전하자 주인은 나를 더 이상 때리지 않았습니다."[34] 이 사례는 대단히 흔치 않은 경우이다. 피해를 입은 사람이 반박한 점도 그렇거니와 감독관의 침해에 대해 알고 나서 채찍질을 멈춘 주인의 반응도 그렇다.

페미니스트 학자 사이디야 하트먼은 이렇게 말한다. "노예에게는 동의를 하거나 저항을 할 수 있는 법적 권리가 없었습니다. 노예에겐 반대 의견이 없는 것이 당연한 일이었습니다."[35] 하지만 브래들리가 루카스에게 보인 반응을 통해 학자들은 노예 여성들이, 자기와 자고 싶어 할 거라는 가정으로 도덕적 감수성을 모욕하는 남성들로부터 자신을 지키기 위해 폭력을 쓸 준비까지도 되어 있다는 것을 알게 되었다. 역사가 스테파니 캠프는 보다 광범위하게 "노예 여성들에게 몸이나 가정과 같은 친밀한 것들은 지배의 도구인 동시에 저항의 도구였다"고 주장했다.[36]

마사 브래들리의 이야기는 일부 노예 여성들이 그들을 과잉 성욕자로 보곤 하는 남성들의 성적 지배와 착취에 저항해 스스로를 보호하는 데 흔치 않은 방법을 사용하기도 했다는 점을 보여 준다. 이 사건에 대한 브래들리의 기억을 기반으로 두 가지를 생각해 볼 수 있다. 첫째, 이 사례는 브래들리의 주인과 같은 일부 백인이 흑인 여성에게도 명예가 존재한다고 믿었을 가능성을 보여 준다. 둘째, 브래들리가 백인들이 실제 품었던 생각과 달리 스스로 의미를 부여하고 그렇게 진술한 것으로 추측할 수도 있다.

두 번째 생각은 노예였던 이들이 자신들이 수행한 행위자로서의 역할을 역사적 기록으로 남기려 했음을 보여 주며, 이는 우리에게 역사적 기억의 중요성을 상기시킨다. 백인 사회가 흑인 여성에게 과잉 성욕이라는 꼬리표를 단 것은 수세기를 거슬러 올라가는 일이다. 윈스럽 조던은 역사적 현실을 예로 들면서 이렇게 말한다. "영국 남성들은 흑인과 유인원 사이의 성적 관련성을 만들어 냄으로써 흑인들이 외설적이고 음란하고 방탕한 사람들이라는 자기들 의견을 맘껏 발산할 수 있었다."[37]

브래들리 사례와 같은 저항을 통해 우리는 노예 여성이

자신의 삶에 대한 권한을 적극적으로 추구했던 방식을 볼 수 있다. 독립적으로 흑인 남성들과의 애정 관계를 선택하고 유지하는 것은 흑인 여성들이 그들 삶에 가해지는 가장 내밀하고 사적인 '백인의 통제'에 저항하는 방법 중 하나였다. 노스캐롤라이나의 노예 여성, 루시 앤 던은 남편 짐 던과 8명의 자녀들에 대한 애정을 숨김없이 표현했다. 던은 이렇게 진술했다. "우리는 55년 동안 함께 살았고 … 저는 평생 그이를 사랑했어요. … 그이는 12년 전에 세상을 떠났지만요. … 인동덩굴 냄새를 맡을 때나 노란 달을 볼 때면 저도 짐에게 가고 싶다는 생각을 해요."[38] 던 부인의 기억은 흑인 남성과 여성의 애정 관계가 가지는 중요성을 일깨운다. 또한 흑인 여성과 남성에게 자녀를 가지는 일이 꼭 필요했다는 것도 보여 준다. 자녀가 흔들리는 토대에서 가족과 자아 개념을 견고하게 하기 때문이다.

노예 여성이 재생산과 양육에 관해 했던 행동이나 증언들을 보면, 이들 중 몇몇은 재생산과 양육이란 개념을 '자기' 아이를 낳고 기르는 일로 받아들였음을 알 수 있다. 예를 들어 제임스 수어드는 여동생이 주인의 지시를 정면으로 거스르면서 자신과 자기 아이에 대한 권리를 주장했다고 전했다. 아이가 걷기 시작하자 주인은 아이를 팔았다. 수어드는 여동생이 거래가 끝난 뒤 "가서 아이를 데려왔다"고 설명했다.[39] 이런 저항은 이 여성에게 '엄마'라는 지위가 주인의 명령이나 결정보다 우선하리라는 것을 주인에게 일깨웠다. 더욱이 이 여성은 자기 재량으로 아이의 삶에 개입할 것이라는 점도 입증해 보였다.

백인 남성들의 재생산 통제에 저항했던 노예 여성들에게, 계획 임신은 "자궁 해방"의 한 형태였다. 흑인 산파가 산전 관리를 돕고 비침습적인 치료를 적용할 경우에는 특히 더 그랬다. 할머니가 농장 산파로 일했던 델리 루이스는 할머니가 산과 노예 환자들에게 "정향과 위스키를 주어 통증을 완화"시켰다고 설명했다.[40] 하지만 부인과가 발달하면서 흑인 여성의 재생산에 대한 백인 남성의 개입이 더 두드러지게 되었다. 노예제 아래서 노예 여성들은 의사들이 그들을 대상으로 위험한 실험적 수술을 하거나 분만 중에 종종 일어나는 의학적 합병증에 대해 위험한 약을 처방하는 일을 피할 자유가 허락되지 않았다.

다음 사례는 이 지점을 확실히 보여 준다. 1819년 8월, 사우스캐롤라이나 컬럼비아의 노예 여성 내니는 6시간 동안 진통을 겪으며 누워 있었다. 자연분만이 불가능했기 때문이다. 노예 산파가 있었지만 분만을 유도할 수가 없었다. 내니와 아이가 죽을 것을 염려한 산파는 찰스 앳킨스를 불러 분만에 참여해 줄 것을 요청했다. 내니는 진찰을 받고 방광과 파열된 자궁경관, 질에 대한 응급수술을 받았다. 내니는 이틀에 걸친 수술을 견뎠다. 그는 고위험 산부인과 환자였다. 임신하고 있던 쌍둥이가 태내에서 숨졌기 때문이었다. 의사는 "손 기술" 등을 동원해서 사산된 아이

하나를 꺼냈고, 이틀째에는 수술용 칼을 이용해서 다른 아이를 꺼냈다. 남북전쟁 이전 시대임을 감안하면 대단히 위험한 수술이었지만 내니는 놀랍게도 살아남았다.[41] 내니는 분만 중에 아이를 잃은 많은 전쟁 이전 시대 노예 여성 중 하나에 불과했지만, 그가 겪은 의학적 경험이 이 경우처럼 얼마 지나지 않아 발표된 것은 흔한 일이 아니었다.

19세기는 미국 부인과 의학의 분수령이었다. 수천 년 동안 여성들이 지배하던 분야에 백인 남성들이 진입했고, 그들은 산과 누공을 치료하고 병든 난소를 제거하고 성공적인 제왕절개 수술을 하는 등 외과적 발전을 선도했다. 앞서 논의했듯이, 남부의 경우 이 초기 수술의 대상은 노예 여성인 경우가 압도적으로 많았다. 의사들은 집, 병원, 교실에서 그들을 연구했다. 의사들이 흑인 여성의 질병과 신체에 대한 글을 써 의학 저널에 게재하면 동료들도 그를 통해 (어쩌면 무심코) 흑인 여성에 대해 생각하는 방식이나 그들을 대하는 방식에 대해 배웠다. 의사들은 "흑인" 여성을 중심으로 인종, 능력, 성별에 대한 메타서사를 만들었다. 이런 메타서사에는 의료 시술 전문용어가 끼어들기도 했지만 그들의 글은 의심할 여지없이 의학을 통해 인종을 다루는 초기 "기술"을 제공했다.

인종을 다루는 기술은 의학 저널은 물론 병원에서 교습하는 의학 수련 체계에도 채택되었다. 에벌린 브룩스 히긴보텀의 주장대로, 그것이 곧 "한 집단이 다른 집단에 대해 가지는 생존과 패권 유지를 위한 (분류적, 평가적) 담론의 이행"이었기 때문이다.[42] 이 메타서사가 복잡 미묘한 이유는 남북전쟁 이전 미국에서 늘 논쟁이 되던 의학적 지식과 인종의 정치학에 그 토대가 있기 때문이 아니라 대부분의 메타서사에 노예들의 목소리가 녹아 있었기 때문이다. 의사들이 의학 문헌에 이들의 목소리를 담기로 하면서 포함된 증언들은 남부 백인의 가부장주의 이데올로기와, 소위 이런 '자비심'을 수용하는 흑인들 사이에 존재하는 깊은 균열을 드러냈다.

여러 의학 사례 기술에서 의사들은 흑인 여성들이 질병이 있음에도 불구하고 강인했으며, 쉽게 통증을 이겨 냈다고 쓰곤 했다. 하지만 그와 동시에 같은 기록에서 흑인 환자들의 허약함과 고통이 드러나는 모순이 나타났다. 내니의 경우, 아이를 너무 자주 낳아서 체력과 생명력이 소진되는 것을 지켜본 동료 노예 남성과 여성 들이 그를 대신해 목소리를 내곤 했다.

내니의 사례 기술에는 같은 공동체에서 생활하던 노예들의 염려가 드러난다. 그들은 앳킨스 박사에게 일곱 차례에 걸친 임신으로 인해 몸이 약해진 내니에 대한 자신들의 감정을 표현했다.[43] 그들은 내니가 몸이 "너무나 약하기" 때문에 다시는 "아이를 낳지" 말아야 한다고 말했다. 앳킨스 박사는 내니의 허약한 신체(최소한 농장의 흑인 공동체에서는 그렇게 주장했다)에도 불구하고 그의 최종 예후는 긍정적이었다고 말한다. 내니는 끔찍한 신체적 고통을 견디고 회복되었으나 불임이 되었다. 그로 인해 아마도 그의 경제적 가치는 떨어졌을 것이다. 역사가 마리 젠킨스 슈바르츠는 남북전쟁 이전 시대 노예 여성과 그 주인에게 생식건강이 가졌던 중요성에 주목했다. 슈바르츠는 "남부 농장에서 여성 건강 관리에 대한 이중적인 접근법이 발달했다"고 주장한다.[44] 흑인 여성 노예와 백인 남성 주인 모두가 흑인 여성의 부인과 건강 유지를 위해 노력했으나 그 이유와 방법은 서로 달랐다. 내니의 사례는 젠킨스 슈바르츠의 주장을 뒷받침한다. 의사들이 노예주와 마찬가지로 흑인 여성의 "차이", 따라서 백인 여성에 비해 "열등함"을 강조하는 데 집중했음을 보여 주기 때문이다. 총 일곱 가지나 되는 광범위한 수술에도 불구하고 내니가 빠르게 회복해서 건강을 되찾은 것은 흑인 여성들이 강인하며 특히 분만에 "적합"하다는 것을 입증하는 듯 보였다.

미국 의학은 유럽의 과학적 인종차별주의가 영향력을 확대하는 가운데 발달했다. 그 결과 초기 부인과 의사들은 침습적인 외과 시술을 거의 고통 없이 견딘다고 알려진 노예 여성 부인과 환자를 치료하고 그들에 대한 글을 쓰면서 자신의 의학적 지식을 입증했다.[45] 남북전쟁 이전 시대 의사들은 글을 통해 "흑인" 여성에 대해 만연한 인종적 고정관념을 강화하는 미국의 전통을 이어 갔다. 이들은 의학 저널의 중요성, 특히 이 분야가 보다 합법화되는 과정에서 의학 저널이 가지는 중요성을 인식하고 있었다.

부인과 분야가 부상하면서 노예 여성들은 자신의 성생활에 대해 늘어 가는 의학적 개입에 대처하는 방법을 배워야 했다. 이런 개입이 종종 그들을 병들게 했기 때문이다. 노예 여성들은 종종 주인이 선택하는 남성과 "결혼"을 해야 했다. 머라이어 하인스는 자유가 되고 몇 년 후 가진 인터뷰에서 주인이 고르는 남성과의 "결혼"을 명령받아 "그를 통해 다섯 명의 아이"를 가졌다고 말했다.[46] 강간에 의해 아이를 낳게 되거나 자신이 낳지 않은 아이를 억지로 기르게 되는 여성은 여러 복잡한 문제에 직면했다.

노예 여성들은 노예제라는 잔혹한 환경에서 자신의 길을 어떻게 찾아 나가고 정신을 다잡을 수 있었을까? 재생산에 있어서 자율성을 발휘하겠다는 노예 여성들의 고집은 인간성, 힘, 회복력, 지성을 강조하는 소위 해방신조liberation doctrine의 형성을 도왔다. 저항과 생존을 위한 그들의 행동에는 그들의 메타언어, 즉 "다수의 다른 범주를 대체하는 언어"가 담겨 있었다.[47]

머라이어 하인스는 주인 명령에 따라 성교했고 그와의 사이에 다섯 명의 자식을 낳았다는 이야기를 하면서, 그렇게 남편이 된 그 남성을 사랑하고 그를 칭찬하는 법을 배웠다는 것도 인정했다. 하인스는 남편을 "세상의 유색인종 중 가장 좋은 사람"이라고 표현했다.[48] 어떻게 노예주가 노예에게서 애정의 대상을 선택할 권리를 빼앗았는지 검토하면서 발견한 잔혹성은 아무리 강조해도 지나침이 없다. 하지만 인간성을 말살하는 이런 배경에서도 하인스는 남편의 남성성을 칭찬하고 그에 대한 사랑을 키우기로 선택했다. 강요당한 상대를 사랑할 수 있었던 흑인 여성들의 능력은 강간으로 인해 낳은 아이나 부모가 팔리면서 억지로 기르게 된 아이들을 사랑으로 보살피겠다는 그들의 선택과 매우 흡사하다.

노예 여성의 저항은 노예제와 전문 의학의 제한 안에서 사는 중에도 그들 삶이 가졌던 총체성을 이해하는 데 없어서는 안 될 중심 주제이다. 부인과 의사들이 때때로 의학적 기술에 노예 여성의 말을 포함시키시는 했으나, 안타깝게도 인종과 의학에 대한 의사들의 메타서사는 흑인 여성의 인종에 대한 메타언어를 충분히 고려하지 못했다. 따라서 노예제와 의학을 다루는 역사가들은 노예 여성들이 의학적 치료와 의사나 노예주의 행동에 어떻게 대응했는지 검토하고 분석하는 동안 이런 사료들이 오로지 백인들에 의해 집필된 것임을 잊지 말아야 한다.[49]

흑인 여성의 신체, 건강, 백인의 의학적 개입에 직면했을 때 그들의 반응에 대한 메타서사는 여성에 의해서도 만들어졌다. 백인 여성 농장주들은 때로 흑인들이 병이나 치료에 어떻게 대응했는지를 개인적 기록으로 남겼다. 저명한 일기 작가이며 조지아 농장의 여주인이기도 했던 영국 출신 여배우 프랜시스 켐블은 남편인 피어스 버틀러가 농장에서 일상적으로 아픈 노예 여성을 치료하던 것을 상세히 기술했다. 켐블은 그들이 소유하고 있던 테레사와 관련된 사고를 기록했다. "거의 야만에 가까운 격렬한 몸짓으로 … 테레사는 입고 있던 허술한 옷가지를 찢고 몸을 드러냈다. … 상상하기 힘들 정도로 충격적이고 역겨웠다. … 여성의 몸에 대한 부적절한 취급의 당연한 결과, 필연적이고 돌이킬 수 없는 결과였다."[50] 켐블은 테레사의 고통을 동정했으나 그 모습과 행동에 대한 놀라움과 혐오감도 표현했다. 켐블은 테레사로 인해 방해를 받거나 테레사에 신경을 쓰지 않고 일상적으로 임무를 수행하는 남편의 모습에도 참담함을 느꼈다. 노예제는 백인들이 다른 인간에게 자행되는 잔혹하고 악랄한 행위들을 목격하면서도 능숙하게 사랑을 하고, 교회에 가고, 아이들에게 잘 자라는 인사를 하는 환경을 조성했다.

켄터키에서 노예로 생활하면서 노예제의 섬뜩한 잔혹성을 경험했던 파르테나 롤린스는 노예제가 폐지되고 거의 70년이 흐른 뒤에도 기관에 자기 경험을 이야기하기를 주저했다. 그는 백인 면담자에게 흑인 노예들이 "머리가락이 쭈뼛해질 만한" 일들을 겪었다는 말로 자신과 다른 노예들이 노예제 아래서 겪은 학대를 공유했다.[51] 롤린스는 엄마가 보는 앞에서 노예 아기가 살해당한 일을 떠올렸다. 노예 상인은 튼튼하고 억세 보이는 젊은 엄마를 사려했다. 그렇지만 구매자들은 아기를 함께 사는 것은 완강히

거부했다. 그러자 판매를 원한 노예주는 재빨리 아이를 때려 죽였다.[52] 판매가 성사된 뒤, 이 노예 여성은 발작을 시작했다. 롤린스에 따르면 그 여성의 "발작"은 아이의 잔혹한 살해로 인한 것이었다. 잔인하게도 새로운 주인은 아이를 잃은 이 엄마에게 필요한 치료 비용을 대지 않고 전 주인에게 돌려준 뒤 환불을 요구했다. 롤린스는 끝으로 "그 여자는 자기 가족들이 겪었던 끔찍한 일들 때문에 젊은 시절에 대해서는 거의 이야기 하지 않는"다고 전했다.[53]

노예 어머니들은 아이와 떨어져 팔려 나갈 수 있다는 것을 알고 있었지만 아기의 살해나 이런 고통스러운 사건에 따르는 트라우마를 감당할 준비까지는 차마 되어 있지 않았다. 롤린스가 든 사례는 드문 것이기는 하지만, 성, 재생산, 경제적 가치, 죽음, 의학과 관련된 흑인 여성들의 경험을 선명하게 보여 주는 사례로 의미가 크다.

노예 어머니들은 아이들을 노예주나 감독관의 심한 폭력에서 보호하기 위해 최선을 다했다. 그렇게 함으로써 이 노예 여성들은 재생산 노동자로서의 경험을 경유해 특유한 형태의 명예를 만들고 지켰다. 패니 무어는 어머니가 아이들을 보호한 감동적인 이야기를 전했다. 무어는 농장 감독관의 잔인한 폭력으로부터 아이들을 지키기 위해 자기 어머니가 종종 겪어야 했던 처벌에 대해 설명했다. 무어는 어머니에 대한 자랑스러운 마음을 담아 이렇게 말했다. "어머니는 아이들을 확실히 보호했어요. 감독관들은 전부 어머니를 미워했어요. 어머니가 아이들을 때린 감독관에게 대들기 때문이었죠. 그래서 어머니는 다른 사람보다 많이 맞아야 했어요. 어머니는 아이가 열둘이나 있었거든요."[54] 무어 어머니의 반응이 보여 주듯이, 일부 노예 여성은 자기 몸에 가해지는 폭력도 개의치 않고 아이들을 학대하는 백인을 공격했다.

캐나다 망명자 존 리틀의 이야기는 노예 여성들이 침묵, 고통, 최종적으로는 기지를 이용해 어떻게 저항했는지 자세히 보여 준다. 리틀은 탈출 계획을 짠 버지니아 노예 집단의 일원이었던 자기 이야기를 공유했다. 처음에는 구성원 한 사람이 배신하면서 탈출 계획이 수포가 됐다. 이때 리틀을 포함해 연루된 두 여성이 붙잡힌 후에 받은 처벌은 성과 재생산에 연관된 것이었다. 리틀은 이렇게 말했다. "주인은 감독관에게 내 몸매에 대해 이야기했습니다. 그리고 나를 때리기 전에 주인은 같이 붙잡힌 여자에 대해 물었습니다. … 나는 그 여자가 임신 중이었지만 지금은 아니라는 것만 알고 있었습니다. 하지만 그 사실을 이야기하지는 않았습니다. 나는 그들이 나를 앞에 두고 내 몸에 대해 평가하는 그 상황이 치욕스럽게 느껴졌습니다."[55] 리틀이 언급한 다른 여성은 탈출 계획을 알게 된 노예 여성에게서 임신중절 시술을 받았다. 리틀의 동료에게 임신중절 시술을 해 준 것은 아마도 노예 산파였겠지만, 모든 여성이 임신중절을 탈출 전에 받아야 할 의학적 조치라고 응당 생각했고, 결정했다.

저명한 자연 과학자 루이 아가시의 연구는 흑인 여성이 생각할 수 있는 어떤 방법으로도 자신의 신체와 이미지에 대한 통제력을 가질 수 없었음을 보여 주는 증거다. 드라나는 사우스캐롤라이나에 거주하는 노예로 그의 아버지는 콩고 태생이었다. 아가시는 관찰과 교육을 목적으로사우스캐롤라이나의 사진사 J. T. 질리에게 드라나의 사진 촬영을 의뢰했다. 아가시는 성경의 주장대로 인종 집단들이 공통의 조상을 공유하지 않는다는 이론, 즉 다원론多元論을 굳게 믿고 있었고 이 사진들로 그의 믿음이 타당함을 증명할 생각이었다.[56] 드라나는 가슴을 드러낸 채 정면과 측면 사진을 찍었다. 이 은판사진을 찍은 목적은 흑인을 백인과 전적으로 구분되는 과학 표본으로 기록하기 위함이었다. 그림 3.1.은 1850년 찍힌 은판사진이다. 당시는 의사인 새뮤얼 카트라이트와 조시아 노트, 초기 인종학자 새뮤얼 모튼 등에 의해 발전된 미국 인종학 학파의 부상과 함께 미국인들의 과학적 인종차별주의에 대한 관심이 커진 때였다.[57] 미국 학파는 단연 반흑인주의였다.

노예제와 남북전쟁 이전 의학 교육에서 흑인 여성의 신체에 대한 표현과 글은 흑인에게 수치심을 주는 데 쓰였다. 더구나 이런 글에서는 백인 여성을 비정상인 성별이기는 하나 순결하고 고결한 존재로 표현하고 흑인 여성을 그와 정반대인 존재로 그렸다. 노예주와 의사 들이 흑인 노

그림 3.1. 드라나의 은판사진
루이 아가시 의뢰, J. T. 질리 촬영
하버드대학 자료집, 피바디고고학·인종학박물관 제공

예 여성의 신체에 대해 글을 쓴 것은 흑인들의 회복탄력성에 대한 젠더화된 개념을 반영할 뿐 아니라 노예제의 상품화를 돕기 위한 것이었다. 노예 여성의 해부학적 구조는 주인이 그를 팔아서 재산을 늘릴 수 있는지, 혹은 그를 통해 의사의 좋은 평판을 그대로 유지시킬 수 있을지를 좌우했고, 노예 여성의 생식력은 생식기관의 모양을 통해 가정되었다.

한편 북부에는 의학에서나 인종차별에서 흑인 여성 노예와 비슷한 경험을 공유한 또 다른 집단이 있었다. 가난한 아일랜드 여성 이민자였다. 흑인 노예 여성과 아일랜드인 이민자 여성의 의학적 경험을 연결하는 지점은 '흑인성'에 있었다. 미국에서 차이와 열등함을 상징하는 궁극적 표지인 '흑인성'은 비천하다고 간주되는 존재와 얼마든지 연결될 수 있었다. 현대 부인과, 산과 발전에 있어 역사적으로 중요한 시기인 1800년에서 1865년 사이, 의학과 과학에서의 인종학적 신체 연구는 정점을 맞게 된다.

4장

아일랜드 여성 이민자와 부인과 의학

오 용감하고, 용감한 아일랜드 여성이여,
우리는 그대를 용감하다고 불러야 할 것이다.
폭풍이 몰아치는 대양의 파도는
아마도 그대가 맞이한 가장 사소한 위험일지니
—제임스 코널리, 『아일랜드의 노동』

이 환자들은 보통 규율이 없고 간호에 신경을 쓰지 않으며 지시를 건성으로 듣는 것으로 보인다.
대다수가 극도로 무지하다.
—윌리엄 뷰얼, 가난한 아일랜드 이민자 환자의 행동에 대한 기록

아일랜드 여성 이민자가 미국의 부인과를 경험하게 된 것은 감자 기근으로 굶주림과 절망에 빠진 아일랜드에서 빠져나와 대서양을 건너온 뒤부터였다. 이들에 대한 성적 착취는 배가 목적지에 도착하기 전부터 시작되었다. 3세기 전 미국행 노예선에 실린 아프리카 여성들과 마찬가지로 19세기 아일랜드 여성 이민자들은 배 위에서 성적 학대에 시달렸다. 미국까지 항해하는 도중에 죽은 사람의 숫자가 많아 "관선Coffin Ship"이라 불리는 배 위에서 벌어진 일이었다. 미국으로 향하던 수천 명의 아일랜드 여성은 어렸고, 이 배로 여행하는 동안 보호해 줄 사람 없이 혼자였다. 성적 학대를 당한 여성에게 배는 자신에게 가해지는 성폭행으로부터 도망칠 수 없는, 물 위에 뜬 감옥이었다.

아일랜드 이민자들이 배에서 겪은 일을 기록한 선장, 신문 기자 등이 남긴 메모와 출판물 들에는 이들이 견뎌야 했던 여러 가지 고통이 설명되어 있다. 그런 글들에서 성폭행을 강조하지는 않았지만 아일랜드인들이 경험했던 잔혹 행위를 서아프리카에서 잡힌 사람들이 노예선에 겪은 일들에 비교했다. 1847년 3월 10일《코르크 이그재미너 Cork Examiner》에 게재된 기사는 아일랜드 승객을 뉴욕으로 운반하는 배, 메뎀세Medemseh의 상황을 상세히 설명했다. 필자는 이렇게 적고 있다."이처럼 사람을 소진시키는 긴 여정에 맞서 의지할 거라곤 노예선 주인들보다 조금도 나을 것 없는 방식으로 선객들을 대할 이들의 호의뿐인 상황에서 사람들이 바다로 향한다면, 이는 정부 규제에 대한 모욕이다."[1]

바닷길을 통한 여행은 의학과 밀접한 관련이 있었다. 배를 타고 미국에 도착했을 때 선객이 거치는 신체검사 때문이다. 배가 목적지에 도착하면 의사들은 거기서 살아남은 선객들에게 기형이나 질병, 그 밖에 식별 가능한 이상이 있는지 검진한다. 1880년대 이전에는 "부적합 이민자" 기준에 부합하는 사람을 가려내는 데 자원을 쏟는 정부, 사회 기관이 거의 없었다. 또한 부인과적 이상은 때로 질병이 외부로 드러나지 않기 때문에 검진에서 감출 수도 있었을 것이다. 의사들이 아일랜드 이민자 여성에 대해 써서 저널에 게재한 글들(자신의 의료 행위와 견해를 상술하고 있다)을 보면 이들이 아일랜드인을 백인으로 취급하지 않고 인종적 열등함을 지닌 생물학적 모델로서 흑인과 동일시하는 인종차별법의 토대를 마련하는데 일조했음을 알 수 있다.[2] 노예제도가 규율, 감시, 궁극적으로는 통제에 얽혀 있었던 것과 마찬가지로, 이민제도 역시 이렇게 19세기 사회 통제 시스템에 휘말려 들게 되었다. 이런 이유로 이후 현대 미국 부인과 의학의 발전은 노예제의 뿌리와 분리될 수 없는 것만큼이나 아일랜드에서의 이민과도 긴밀하게 얽히게 되었다.

《코르크 이그재미너》가 메뎀세에서 이루어진 잔혹 행위를 보도하고 1년 후, 저명한 대주교 존 휴즈는 아일랜드계 미국인 지도자 로버트 에밋에게 미국행 배에 승선한 아일랜드 여성을 대상으로 자행되는 성폭행의 수를 이야기하는 격한 내용의 편지를 보냈다. 휴즈 대주교는 절제된 빅토리아식 어조로 미국 내 아일랜드 여성에게 다른 종류의 보호가 필요하다고 언급했다. 휴즈가 보낸 편지의 내용은 다음과 같다. 아일랜드에서는 "방호막"이 필요치 않다. 아일랜드 여성이 고향 땅에서는 그런 종류의 성폭행을 경험하지 않았기 때문이다.[3] 그러나 "악의 없고 순수한" 아일랜드 여성은 "가난과 경험 미숙으로 이국땅에서 자신들이 노출된 세상의 덫과 위험"에 대해 알지 못하며 따라서 이들 여성에게는 강력한 방패막이 필요하다.[4]

미국 항구도시에 발을 들인 아일랜드 여성들 앞에는 더 많은 "덫"이 기다리고 있었다. 이들은 유럽 최대의 이민자 집단 구성원으로 미국에 들어와 대도시에서 살면서 암울한 경제적 전망과 직면했다.[5] 직업 선택의 폭이 좁았기 때문에 아일랜드 여성들은 육체적으로 힘들고 임금이 낮은 공장 노동, 쓰레기 수거, 가정부 일을 했다. 이런 일들은 위험하고 건강에 좋지 않은 경우가 많았다. 아일랜드 이민자 여성은 자유 노동자였지만, 하시아 다이너, 앨런 크라우트, 케빈 켈리와 같은 역사가들은 수천의 아일랜드 여성 이민자들이 좀처럼 변하지 않는 남북전쟁 이전 노동 시스템에 얽혀 들어 '임금 노예'로 전락했다고 주장한다. 재정적인 안정 없이는 과밀하고 비위생적인 주택, 폭력, 성매수 등 도시 여성이 직면하는 다양한 위험으로부터 자신을 지킬 수 없었다. 더구나 가난한 아일랜드 여성들은 18세기 후반까지 본토 백인 여성들에게 허용됐던 보호막 바깥에 있었다. 예를 들어 백인 여성의 성과 재생산에 대한 보호는 흑인을 백인과 구분하는 최초의 법이 발달한 17세기 이래 초기 영국 식민주의, 미국 민족주의, 백인지상주의의 기본 특성이었다. 1800년대에 런던의 인기 잡지 《펀치Punch》의 한 유명한 기사 "잃어버린 고리The Missing Link"는 독자들에게 "고릴라와 흑인 사이의 존재"인 아일랜드인들에게서 스스로를 보호하라고 경고했다.[6]

결국 1860년 정치 지도자들이 "여성 승객들에 대한 보호 강화를 위해 증기선을 비롯한 선박의 승객 수송을 규제"하는 의회 법률 초안을 작성했다.[7] 이런 법률은 휴즈 대주교가 아일랜드인 성폭력 피해자들에게 원했던 광범위한 방호막에 해당한다. 이런 법이 선상에서의 강간이나 지상에서의 성폭행을 중단시키지는 못했지만 미국에서 차별을 경험했던 아일랜드 여성들이 '백인'이라는 점을 성문화했다는 데에 의의가 있었다.

그럼에도 가난한 아일랜드 여성 이민자의 의료와 재생산에 대한 사적인 이야기가 공개적인 담론에서 벗어나지 못했던 가장 큰 이유는 이들 여성 대부분이 살고 있던 북동부 도시에서 사회복지와 개혁 문제의 초점이 이민자들에게 있었기 때문이다. 부인과 분야의 발전에 연료가 되었던 남부 노예 여성들의 몸과 마찬가지로, 아일랜드 태생 여성들의 신체는 초기 도시 사회복지 체계를 만들었고, 그보다 정도는 약하지만, 미국 부인과를 의학의 역동적 분과로 유지시키는 데 한몫을 했다.

그중에도 섹슈얼리티, 범죄성, 행동, 인종을 더 잘 이해하고 통계 자료를 수집하는 데 관심을 둔 남성들에게 특별한 관심의 대상이 된 한 집단이 있었다. 바로 아일랜드계 성 노동자 여성들이었다. 기술이나 가족의 지원, 기회가 없고 배에서 성적 학대를 당한 많은 아일랜드 여성 이민자가 생계를 위해 성 노동자로 나섰다. 공중위생을 담당하는 공무원, 아일랜드 민족주의자, 가톨릭 지도자, 정부 관료 들은 아일랜드 여성이 해상과 지상에서 직면하는 지속적인 성적 학대를 알고 있었다. 따라서 아일랜드계 미국인 공동체 구축에서 아일랜드 여성을 전담할 병원과 기관의 설립은 필수적인 요소였다. 이렇게 만들어진 기관들은 아일랜드 태생 여성들을 중산층으로 이동시켰다. 북부 백인들은, 노예해방론자라 할지라도, 성 노동을 하는 흑인 여성에게는 그들을 어엿한 '숙녀'로 대접할 이런 번듯한 기관을 제공하지 않았다. 흑인 여성과 마찬가지로 아일랜드 여성 이민자들은 경제적 최하층에 속했지만 그래도 그들의 안위에 관심을 갖고 있는 부유한 아일랜드계 가톨릭 공동체의 수혜를 입을 수 있었다. 부인과 분야가 발전하고 여러 가지 성매개감염으로 고통받는 성 노동자 여성들의 의료 지원에 대한 수요가 커지면서 제도적 지원이 눈에 띄게 늘어났다. 다만, 모든 아일랜드 여성 이민자가 성 노동자라거나 성폭행 피해자는 아니며, 일부는 교회와 다른 자선 기관의 지배적 영향에도 불구하고 사적인 삶에서 성적으로 자유로웠을 것이란 점을 밝혀 둔다.

자신의 몸을 자신이 소유한다는 개념이 가난한 아일랜드 여성 이민자에게 크게 다가간 데에는 여러 이유가 있었다. 많은 여성이 그들에 대한 소유권을 주장하는 '포주' 같은 자들에게 억지로 몸을 팔았다. 가정부로 공장 노동자로, 가두 행상으로 노예와 크게 다를 것이 없이 사는 많은 다른 여성들 역시 신체에 대한 권리, 이동의 자유, 자주성이 남성 상사나 고용인의 처분에 달려 있었다. 그런 이유로 성 판매라는 아일랜드 여성의 노동(자의에 의한 것이든 타의에 의한 것이든)은 19세기 개혁주의자들에게 큰 사회적 문제로 인식되었다. 성 노동은 위험하고 여성을 성매개감염 위험에 노출시키며 부도덕하다고 낙인찍혔다. 존 프랜시스 맥과이어는 아일랜드인들의 미국 진출에 대한 글에서 "**보호받지 못한 무고한 여성들이 '매춘굴'로 보내졌다**"고 적었다.[8]

아일랜드 출신 여성 성 노동자가 어떻게 성매개감염이 되는지 판단할 포괄적인 연구는 존재하지 않지만(매균설媒菌說이 발견되기 전이고 성적 접촉에 의한 감염은 진단이 어렵기 때문에), 이들 감염 중 대부분이 성폭행으로 인한 것일 가능성이 높다.

가톨릭교회가 도덕적 개혁의 책임을 선도하면서 많은 사립 병원과 구호소의 개설을 허가했다. 가난한 아일랜드 여성 이민자들은 뉴욕의 세인트빈센트병원과 같은 기관을 이용해 영적, 육체적 요구를 충족시켰다. 이런 기관들은 이 이민자 집단에게 의료적으로 필수적인 자원이었다. 더불어 이 기관들은 아일랜드 이민자들이 비정상이 아니며, 이들이 미국 내에서 지위를 개선하려 한다는 욕망의 물적 증거이기도 했다. 이런 기관을 이용한 여성들에게 치료를 받을 곳을 선택하는 행위는 자기 신체와 의료 경험에 대한 소유권을 주장하는 한 가지 방법이었다.

1850년대 뉴욕 아일랜드가톨릭성모동정회Irish Catholic Sisters of Mercy는 "새로 입국한 사람들을 보살펴서 몇 주 안에 힘든 노동을 견딜 만큼 건강해지도록" 했다.[9] 성모동정회, 선한목자수녀회Sisters of the Good Shepherd Convent, 애덕수녀회Sisters of Charity와 같은 가톨릭 단체들은 수천 명 아일랜드 여성 이민자들에게 없어서는 안 될 조직이었다. 역사가 진 리처드슨은 "남북전쟁 이전 북부 병원들은 질병을 치료하기 보다는, 집이 없거나 회복에 적절치 못한 비위생적인 공동주택에 살며 가난에 시달리는 병자들을 수용하는 시설"이었다고 지적했다.[10] 그런 반면 아일랜드 여성 이민자 치료를 전문으로 하는 가톨릭 단체들은 그들을 치료하는 데 최선의 노력을 기울였다. 선한목자수녀회에서 생겨난 자선 단체, 선한목자의집House of the Good Shepherd은 남북전쟁 이전의 자선단체로 아일랜드인 여성 성 노동자들을 돕는 데 집중한 탓에 논란이 많았다.[11] 이들은 집이나 치료, "특히 성병에 대한" 치료가 필요할 때 선한목자의집을 이용했다.[12]

1857년 저명한 의사 윌리엄 생어는 도시 내 성매매의 역사와 성매개질환의 관련성을 조사했다. 그는 의료 서비스를 제공하는 뉴욕 의료기관의 다양한 전문가들이 보고한 엄청난 양의 성병 사례를 보여 주는 통계 중심의 저작을 발표했다. 그는 많은 의사가 성병을 치료하고도 관행상 공식 보고서에는 "다른 병명"을 적었다고 말했다.[13] 여러 공공 진료소와 병원이 성병 환자의 출입을 금했기 때문에 병명을 바꾼 것이다. 생어는 해마다 공적자금을 지원받는 뉴욕 자매도시의 한 병원 이사들이 다음과 같은 내용의 규칙과 규정을 인쇄해 두고 있었음을 기록했다. "'임질'이나 '매독'에 걸린 사람은 자선 병원 환자로 받아들일 수 없다."[14]

매독과 임질 환자에 대한 입원 거부 정책은 감염의 성적 특징을 기반으로 사람을 평가하는 도덕적 신념에 입각한 조치로 보인다. 교도소 병원과 같은 다른 시설들은 차별적 입원 정책을 도입할 수 없었다. "성병"을 가진 것으로 기록된 수감자의 수는 대부분 병원에서 조사된 수를 훨씬 웃돌았다. 블랙웰스아일랜드(현 루즈벨트아일랜드. 뉴욕 동부에 있는 섬.—옮긴이) 교정 시설 상주 의사였던 생어는 투옥된 여성의 성병 감염률이 수감되지 않은 여성의 감염률보다 훨씬 높다는 것을 발견했다. 보통 이런 시설에는 아일랜드 여성 이민자의 비율이 압도적으로 높았다. 생어는 연구에 1857년 뉴욕 지역 병원과 진료소에서 치료를 받은 대부분 성병 환자의 색인을 포함시켰다. 표 4.1.은 보고된 여성 환자 수치들이다.

안타깝게도 아일랜드 여성 이민자의 의료 생활에 대한 통계 자료는 노예 여성에 대한 자료에 비해 무척 적고, 여러 가지 이유에서 수치의 신빙성에도 문제가 있다. 인종과 질병에 대한 생어의 통계가 가진 모호성에도 불구하고, 이 수치들을 통해 파악할 수 있는 맥락이 있다. 가난한 이민자 공동체는 과도한 감시를 받았고 그 구성원은 그 밖의 시민들보다 자주 투옥되었다. 보고된 수치는 이 환자들 중

기관	보고 건수
블랙웰스아일랜드 교도소병원	2090
블랙웰스아일랜드 빈민구호소	52
블랙웰스아일랜드 구빈원	56
블랙웰스아일랜드 교도소	430
뉴욕 벨뷰병원	768
랜들스아일랜드 보육병원	734
워드아일랜드 뉴욕주이민자병원	559
브로드웨이 뉴욕병원	405
센터스트리트 뉴욕진료소	1580
웨이벌리플레이스 노던진료소	327
루들로스트리트 이스턴디스펜서리	630
2번가 디밀트진료소	803
8번가 노스웨스턴진료소	344
의과대학	207
롱아일랜드 플랫부시, 킹스카운티병원	311
롱아일랜드 브루클린, 브루클린병원	186
스테이튼아일랜드 시맨스리트리트	365
총계	9847

표 4.1. 광역 뉴욕 내 생식기 질환과 성병 숫자
윌리엄 생어, 『성매매의 역사』, 593쪽

아일랜드 태생이 몇 명인지 정확한 정보를 제공하지 않는다. 그러나 성 판매로 인해 투옥된 아일랜드계 여성의 숫자가 많았다는 것을 고려하면 이 수감자들 중에서 아일랜드계 사람들이 차지하는 비율이 높을 것으로 짐작된다. 또한 이 놀라운 통계는 성병에 걸린 여성을 치료하는 전문 의료인의 역할과 중요성이 증가하고 있었다는 점을 지적하며 가난한 백인 여성들의 성 노동이 범죄뿐 아니라 질병과도 연관된다는 것을 보여 준다.

아일랜드 이민자들은 그들을 아프리카인이나 유인원에 비교하는 비인간적 표현에 익숙했다. 본질적으로 그들은 반反아일랜드 앵글로 인종차별주의에 익숙했고, 공공 담론이나 의료계, 과학계에서 나오는 글들이 그들이 가진 백인성의 한계와 흑인성과의 상대적으로 긴밀한 연관을 보여 주는 데에도 익숙했다. 반아일랜드, 반흑인 인종차별주의가 토대를 넓혀 가면서, 부인과와 산과는 남북전쟁 이전 백인 의사들이 과학적 권위를 앞세워 성, 차이, 인종에 대한 주장을 펼칠 수 있는 또 다른 영역이 되었다.

같은 시대에 미국 부인과가 여성들의 아픈 몸에 의지해 신생 의학 전문 분야로 부상한 상황 때문에 아일랜드 태생 여성들은 여성 위주의 연구를 시작한 북부 기반 의사들에게 매력적인 환자군이 되었다. 이전에 노예 공동체 내에서 연구를 했던 제임스 매리언 심스와 같은 일부 부인과 의사는 외과적 연구 대상에 북부 병원의 자선 병동에 있는 아일랜드 여성들을 포함시켰다. 심스와 같이 남부에서 이주해 온 의사들에게는 가난한 아일랜드 여성을 치료하는 것이 노예 여성을 치료했던 것과 크게 다르지 않았다. 앵글로 세계의 인종 과학, 대중적 문헌, 인종적 편견에 치우친 견해들 대부분이 아일랜드 여성들도 흑인 여성들처럼 신체적 고통을 잘 참는다고 말했기 때문이다.

뉴욕주여성병원에서 심스가 맞은 첫 환자, 메리 스미스의 경우는 가난한 아일랜드 여성들이 의료 시스템을 어떻게 헤쳐 나가야 했는지 보여 주는 전형적인 사례이다. 의료 시스템 안에서 의사들은 여성의 생물학적 질환을 여성의 천성, 혹은 남성과 여성이 점유한 영역에 의미를 부여하는 방식인 양 설명했다. 의학사가 찰스 로젠버그는 이렇게 말했다. "질병을 설명하는 일은 사회적으로나 정서적으로 대단히 중요하므로 가치중립적 사업이라야 한다."[15] 하지만 심스 박사의 여성병원은 중립적인 치유의 공간이 될 수 없었다. 부유한 여성과 가난한 여성이 분리되어 있었고 남성에게만 여성질환의 전문가가 될 수 있는 자유가 주어졌기 때문이다. 심스가 뉴욕 병원이 "세상에 자기 능력을 보여 주는 장소"가 될 것이라고 말했을 때 그는 병원이 그의 개인적이고 직업적인 출세를 위한 장소가 될 거라고 천명한 것이나 다름없었다.[16]

메리 스미스는 아일랜드에서 가장 빈곤한 서부 출신 이민자로 뉴욕에 도착했을 때의 그는 가난하고 병든 비혼모였다. 그는 뉴욕시 병원과 연결된 수천 명의 아일랜드 여성 이민자 중 하나가 되었다. 역사가 버나뎃 맥컬리는 이렇게 말한다. “1800년대 중반, 도시 병원의 환자 중에는 외국 태생이 압도적으로 많았다. … 1866년에는 입원 환자의 절반 이상이 아일랜드 태생이었다.”[17] 병원 관리자 중 일부는 외국 출신 환자들에 대한 배척 정서를 가지고 있었다. 이들은 때로 메리 스미스 같은 아일랜드 이민 환자들에게 적대적인 환경을 조성했다. 매사추세츠의 한 종합병원 이사는 아일랜드인들이 무지하고 감사할 줄 모르는 환자라고 주장했다.[18] 그는 이렇게 말했다. “그들은 토종 미국인 대부분이 필수적이라고 생각하는 편의의 가치를 알지도 못하며 원하지도 않는다.” 그는 병든 아일랜드인들은 값비싸고 잘 관리된 병원보다 “값싼 건물”에서 치료받는 것을 더 편안하고 감사하게 생각할 것이라고 믿었다.[19] 1850년대 뉴욕에 살던 스미스는 뉴욕 사람들이 가지고 있던 반아일랜드 정서에 대해서 알고 있었고, 그래서 뉴욕주여성병원이 새로 생겼을 때 이곳에는 반아일랜드, 원주민보호주의의 역사가 없을 것이라는 생각에 이 병원을 찾았을 것이다.

심각한 부인과 질환을 가졌고, 집이 없는 여성 이민자였던 스미스는 1855년 새롭게 문을 연 뉴욕주여성병원의 자선 병동에 입원을 신청했다. 스미스의 이름은 이 병원의 입원 기록 맨 위에 올랐다.[20] 그의 생식기 질환과 부인과 증상은 아일랜드에서 시작되었다. 스물한 살에 첫 아이를 낳은 그는 진통과 분만이 모두 힘들었다고 설명했다. 맨해튼으로 이주했을 무렵엔 과거 출산으로 인한 합병증으로 심스가 전에 본 적이 없을 정도로 심각한 산과 누공이 진행되어 있었다. 스미스의 골반을 진찰하는 동안 심스와 그의 제자 토머스 애디스 에밋은 스미스의 질 상부에서 이상한 덩어리를 발견했다. 의사들은 스미스의 상처에서 그물망에 싸인 나무 공 페사리를 절제해 꺼냈다. 아일랜드에서 탈출된 자궁을 몸 안에 고정하려 삽입했던 공이었다. 자궁뿐 아니라 방광도 탈출된 상태였다. 실금 증상이 생겼고, 소변 누출로 음순은 완전히 까져 있었으며, 심스에 따르면 직장과 질의 실금으로 인한 악취 때문에 스미스는 "가장 불쾌하고 역겨운 환자"가 되었다.[21]

심스는 1840년대 중반부터 후반까지 노예 환자들을 실험했던 것처럼, 많은 사람이 지켜보는 가운데 마취도 없이 스미스를 여러 차례 수술했다. 심스와 에밋은 6년 동안 스미스 30회 수술했다. 심스가 유럽에서 음핵절제술과 같은 부인과 수술을 하기 위해 1859년 미국을 떠난 동안 후임인 토머스 에밋이 1860년대 초반까지 스미스에 대한 연구를 계속했다. 그 기간 동안 메리 스미스는 노예 환자들보다 더 잦은 빈도로 수술을 받아야 했다. 또한 심스가 앨라배마에 지은 누공 치료 병원에서 노예 환자들이 심스의 감시를 받으며 일했던 것과 마찬가지로 스미스는 이 병원에서 육체노동을 병행했다.

남부인이며 노예주였던 제임스 매리언 심스와 버지니아 태생인 후배 토머스 에밋은 여성, 특히 인종과 신분의 정상성 범주에서 벗어난 여성의 몸을 통제하는 일에 익숙했다.[22] 앨라배마에서와 같이 심스는 여성병원에서 공동체, 특히 동료 의사들과 이사회의 지지를 잃게 되었다. 여성병원 이사회는 많은 사람에게 수술을 관람하도록 했다는 이유로 그를 해고하겠다고 위협했다.[23] 이사회가 환자를 존중하기 위해 심스를 해고하겠다고 위협했는지, 아니면 병원을 위한 명령이었는지는 불분명하다.

심스는 초기 수술적 개입이 성공적이었음에도 불구하고 메리 스미스의 수술에 대해서 논문을 전혀 발표하지 않았다. 노예 여성의 의사로서 경험했던 것과 같은 오명을 얻고 있었다는 것을 고려하더라도 연구 공개의 일상적 관행을 크게 벗어나는 모습이었다. 의학 논문을 그토록 많이 내놓는 의사가 이런 연속적인 누공 수술 사례를 발표하지 않았다는 것은 의아한 일이다. 어쩌면 그는 스미스의 음순과 질에 행한 마지막 수술을 망쳤기 때문에 이 사례를 덮은 것이 아닌가 싶다. 심스는 스미스의 방광결석을 제거했는데 그 과정에서 심스가 유럽에 있는 동안 에밋이 스미스에게 했던 정교한 수술을 되돌릴 수 없이 망쳤다. 심스의 실수로 또 다른 누공이 생겼고 스미스의 요도 주변 조직이 손상되었다. 그는 더 이상의 치료를 포기했다. 메리 스미스의 몸은 5년 전 심스를 만났던 때와 큰 차이가 없는 상태가 되었다. 슬프게도 그는 2년 후 여성병원에서 멀지 않은 곳에서 "흔한 거리의 걸인"이 되어 사망했다.[24]

메리 스미스와 같이 다양한 신체적 질환을 가진 놀랄 만큼 많은 수의 가난한 아일랜드 여성 이민자가 도시의 초기 복지 체계 성립을 도왔다. 이런 종류의 북부 개혁을 추진한 힘 중 하나는 이 지역에 압도적으로 많은 이민자와 극빈자에게 의료를 제공하려는 의지였다. 역사가 케빈 케니는 아일랜드 태생인 사람 대다수가 뉴욕시에서 가장 가난한 구역인 "1구, 4구, 6구"에서 비참한 생활환경 속에 살았다고 말한다. 그는 "1850년대에 3만 명이나 되는 아일랜드인이 전기나 하수도가 없는 뉴욕시 지하실에서 살고 있었다"는 것도 발견했다. 아일랜드인은 "구호 수혜자의 약 70퍼센트, 빈민구호소 인구의 60퍼센트 이상을 차지했다."[25] 결과적으로 19세기 남북전쟁 이전 아일랜드로부터의 이민은 초기 유럽 이민들과는 크게 달랐다. 아일랜드 여성 이민자들은 이전에 미국에 들어온 유럽 여성 이민자들보다 나이가 많았고 독신인 경우가 많았다. 또한 그들은 전반적으로 더 가난했다. 1850년대에 아일랜드인들은 뉴욕 버팔로 구빈원 인구 중 51.2퍼센트를 차지했다.[26] 인기 신문 편집자이자 원주민 중심주의자인 헤즈키아 나일스는 아일랜드인에 대한 경멸을 드러내는 많은 기사를 썼다. 그는 아일랜드인들이 도시 빈민구호소에 몰려 있으며 전체

공동체에, 특히 토박이 백인 미국인들에게 경제적 부담이 되고 있다고 비판했다.[27]

이미 "음탕"하고 "성욕과다"라는 인종차별주의자들의 시선을 감당하고 있던 가난한 아일랜드 태생 여성들은 자제력이 없다는 지배적인 신조까지 견뎌야 했다. 인구 비례로 볼 때 지나치게 많은 가난한 아일랜드 여성 이민자가 성 판매를 직업으로 삼았고 따라서 그들 대다수는 비혼모가 되었다. 노예 여성들과 달리 아일랜드 여성들은 아이를 낳는다고 해서 "가치"가 높아지지 않았다. 《뉴욕 인디펜던트New York Independent》의 한 기자는 "아이가 재산이 된다면 아일랜드인들은 부자가 되었을 것이다"라며 비꼬았다.[28]

헬렌 레프코비츠 호로비츠는 성과 재생산에 대한 연구에서 "19세기에 성적인 측면에서 신체를 이해하고자 했던 주된 동기는 재생산을 통제하려는 욕구에 있었다"고 말한다.[29] 미국의 백인들은 아일랜드 여성의 높은 출산율을 우려했지만, 노예 여성에게 했던 것와 달리 그들의 염려와 경악은 아일랜드 여성의 재생산에 대한 완벽한 통제에까지 이르지는 못했다. 미국인들의 상상 속에서 아일랜드 여성 이민자는 흑인 여성과 마찬가지로 걷잡을 수 없는 성적 부도덕의 화신이었다. 성 판매로 인한 아일랜드 여성 이민자의 높은 수감 비율과 높은 혼외 출산율 때문에 이 집단의 여성들은 미국인들이 가지고 있던 '성적으로 문란하고 도착적인 여성상'에 맞아떨어지는 듯 보였다.[30] 이런 맥락에서라면 헤즈키아 나일스가 아일랜드인에 대해 반감을 가진 것도 이해할 만하다.

기자들과 마찬가지로 의사들 역시 아일랜드 여성의 성생활과 부인과적 상태를 묘사해 아일랜드인에 대한 비판 정서를 확대하는 글들을 발표했다. 의사들은 저널에서 이들을 표현할 때 흑인 노예 여성의 신체와 성적 행동을 묘사할 때와 놀라울 정도로 비슷한, 노골적 언어를 사용했다. J. B. S. 잭슨은 1838년 《미국의학저널》에 발표된 글에서 동료 에즈라 팔머가 사우스보스턴의 구빈원, 하우스오브인더스트리House of Industry에서 아일랜드인 환자와 나누었던 대화를 언급했다.[31] 이 아일랜드 여성은 독일인 룸메이트의 죽음으로 인해 조사를 받았다. 이 여성은 자기 룸메이트인 25세 독일인 여성에게 "고향에 아이가 하나 있다"고 말했다고 전했다. 잭슨은 이 여성의 말을 믿지 않았다. 그는 이렇게 적었다. "이후 해부를 통해 드러나겠지만 이는 불가능한 일이다. … 그 여성은 혼인을 한 적이 없었다. … 그는 점잖은 농부의 딸이었다. 계급이 낮은 아일랜드인 대부분이 그렇듯 거짓말을 좋아하는 여성이 꾸며 내서 전한 이야기일 것이다."[32] 이후 부검을 통해서 그 독일인 여성이 간성hermaphrodite이었음이 드러났다. 이 여성에게는 자궁이 없었다. 다만 부검 전부터 의사는 이 "점잖은 농부"의 딸이 출산 여부에 대해 거짓말할 가능성보다 계층 편견을 우선시했다.

북부 전역에서 이런 종류의 의료 경험이 발생했다. 1840년 펜실베이니아의 조지 T. 덱스터 박사는 동료에게서 딸꾹질이 그치지 않아 심한 경련을 일으키는 열여덟 살 아일랜드 여성의 진찰을 부탁받았다.[33] 다음 몇 달간 일어난 일에 몹시 불안해진 환자는 치료를 받던 고향을 떠나기에 이른다. 약 2개월 동안 몇 차례 진료를 한 간호사는 덱스터에게 그 여성이 "다리에 있는 사마귀를 잘라 내고" 싶어 한다고 알렸다.[34] 그는 환자에게 사마귀가 여러 개 있으며, 그것이 사실은 성기 사마귀(genital wart, 음부 점막과 항문 둘레에 생기는 바이러스성 돌기.—옮긴이)라는 것을 알게 되었다. 이 10대 소녀는 의사에게 "사마귀를 떼어 내면 딸꾹질이 진정될 것"이라고 말했고, 딸꾹질을 멈추려고 2년 동안 자위를 해 왔다고 털어놓았다. 이 고백에 이어 덱스터 박사는 그 말이 진실인지 '확인'해 보기로 했다. 이 '확인' 과정에는 "[의사의] 손으로 소녀의 속옷 밖에서 음핵을 부드럽지만 강하게 누르는 방법이 포함되었다. 그러자 환자는 점차 경련을 멈추고 잠들었다."[35] 다음 날 진료 때 소녀는 덱스터에게 이번에는 침대 기둥에 등을 부딪히면서 딸꾹질이 나오게 됐다고 알렸다. 그러나 덱스터는 여전히 음핵 자극이 딸꾹질과 경련을 멈출 것이라는 판단을 내렸다. 음핵 기반의 치료는 거의 4개월간 계속됐다. 환자의 말을 통해 자위가 딸꾹질을 유발했음을 알아낸 의사가 선택한 치료로는 이상한 방식이었다. 그는 환자가 자위를 자세하게 이야기하는 게 역겨웠다고 말하면서도 그 행위에 대한 질문을 계속 이어 갔다. 그는 이렇게 말했다. "소녀는 내 질문에 전혀 주저함 없이 답을 했다." 그는 그 젊은 여성이 "너무나 강한" 욕정 때문에 항상 침대에 **남성 성기 모양 큰 나무토막**을 둔다고 고백했다는 이야기까지 덧붙였다.[36]

이 사례는 예외적일 뿐 아니라 매우 이상하다. 덱스터는 "속지" 않기 위해 "동료 의사" 여러 명을 불러 이 10대 여성을 진찰하고 치료하게 했다. 그들은 여성의 딸꾹질과 경련이 척수의 압력으로 유발되었으며 치료법은 성기 자극임을 알아냈다. 이 여성은 의사가 비도덕적이라 여겨 온 신앙공동체의 일원이었고, 그 때문에 의사는 이 여성이 자신의 "타락한 상황"에 대한 인식이 없었다고 믿었다. 결국 치료는 중단되었다. 덱스터와 동료들이 치료를 끝냈기 때문이 아니라 여성이 "고향을 떠났기" 때문이었다. 그는 이 환자가 "고향을 떠나겠다는 의향을 자신에게 밝히지" 않은 데 놀란 듯했다.[37]

조지 T. 덱스터가 저명한 의학 저널에 "특이 사례: 자위로 인한 딸꾹질"이란 논문을 발표했다는 사실은 아일랜드 여성의 성생활이 흑인 여성만큼이나 무차별적이고 직설적으로 쉽게 언급될 수 있었음을 보여 준다. 덱스터의 아일랜드 이민자 환자는 의학 저널 독자의 간접적 시선과

그의 "욕정"과 딸꾹질을 "치료"하기 위해 모인 의사들이 보내는 직접적인 시선을 받아야 했다.[38]

1장에서 주인집 부엌 바닥에서 피를 흘리며 누워 생식기를 사람들 앞에 드러내야 했던 임신한 노예 여성과 마찬가지로, 이 어린 아일랜드 여성에 대한 처우는 의사들이 흑인과 외국 태생 여성들의 감정을 전혀 고려하지 않고, 그들을 다루고 그들에 대한 글을 썼다는 것을 보여 준다. 저널에 실린 글에서 흑인과 아일랜드 여성들은 인종과 결부된 생물학적 '비정상'의 살아 있는 상징이 되었다. 이런 프레임은 차이를 정의하는 동시에 그로 인한 "다름"을 어떻게 받아들일 것인지를 규정하는 사회적 과정이었다.

의사인 덱스터는 자위와 같이 사회적으로 용인되지 않는 행동, "변덕스러운" 태도, 몰래 집을 나가는 행동 등을 질병과 연관시켰다. 덱스터와 동료들은 자위에 의존해서 이 여성을 치료했음에도 불구하고 덱스터의 글에서는 환자만이 성도착적인 것으로 간주되었다. 이런 남성들의 글이 추구하는 방향은 그들과 환자 사이에 인종적 차이가 존재한다는 믿음을 반영한다. 환자가 도망친 데 대한 의사의 분노 중심에는 그를 계속 치료할 수 없고 증상의 구체적인 원인을 추측에 맡길 수밖에 없으며 증상의 이름을 명확하게 붙일 수 없다는 실망감이 있다. 의학사가 찰스 로젠버그가 주장하듯이, "병이 구체적이지 않을 때는 질병이라고 할 수가 없으며, 고통받는 사람도 동정을 받지 못한다.

… 합의된 진단과의 연관성도 사라진다."[39]

부인과의 부상과 의학 저널 발행은 전문 교육을 받은 새로운 의사 집단이 인종으로 인해 낙인찍힌 사람들의 의료 생활과 병증에 인종차별적 태도를 도입하고 강화할 합법적 여지가 되었다. 남북전쟁 이전 시대 동안, 부인과 의사를 비롯한 신생 의사 계층이 과학과 생물학을 통합해 부인과 질병을 포함한 질병들의 틀을 잡고 정의했다. 그들은 의료 관행과 의학 저술을 통해 의학 자체를 정의하기 시작했다. 의학 교육가 앨런 그레그는 이 사람들이 한 일을 "역사적인 동시에, 사회적, 정치적, 경제적인 기반 안에서 생물학을 연구하고 적용한 것"으로 설명했다.[40]

과학적 인종차별주의가 생물학적 인종차별주의bio-racism가 되면서 많은 미국의 초기 부인과 의사들이 인종과 성, 특히 흑인 여성과 백인 여성에 대한 이론을 만드는 데 참여했다. 그러나 그들은 이 여성들의 신체가 본질적으로 동일하다는 것을 알고 있었다. 생물학적 인종차별주의는 의학적 연구와 과학적 연구를 통합해 흑인과 백인이 생물학적으로 서로 얼마나 다른지를 입증한다. 남북전쟁 이전 시대의 백인우월주의는 이런 종류의 인종차별적 인지부조화를 언급할 여지를 허락하지 않았다. 예를 들어 필라델피아 출신 유명 부인과 의사인 찰스 메이그스는 강의를 통해서 학생들에게 여성에 대해 이렇게 가르쳤다. 그는 여성이 "도덕적이고, 성적이고, 번식력이 있고, 잉태와 분만

이 가능한 생물체"라고 말했다.[41]

그는 인종적으로 여성을 묘사하지 않았지만, 당시의 인종에 대한 분위기와 태도로 보아 백인 여성을 모든 여성을 대표하는 보편적 모델로 삼고 있었다. 하지만 암이 모든 여성의 자궁에 어떤 영향을 미치는지 동료들이 배울 수 있도록 다름아닌 메이그스가 필라델피아 박물관에 전시했던 것은 흑인 여성 암 환자의 자궁이었다. 여성의 보편적인 본보기는 백인이더라도 19세기 인종적 범주의 유동성은, 주어진 경우에, 의사의 의학적 필요에 적합하다면 그 누구라도 포함시킬 수 있을 정도로 확장될 수 있었다.

메이그스와 같은 선구적인 부인과 의사들은 사회 안에서 의학 저술이 갖는 중요성을 알고 있었다. 그들이 발표한 글은 동료들이 아일랜드 여성들의 다양한 의료 경험을 이해하게 해 주었다. 역사가 앨런 크라우트는 의사들이 아일랜드 여성 이민자인 환자와 다른 유럽 여성 이민자들을 어떻게 비교했는지 전했다. 한 의사는 이렇게 적었다. "독일인들은 의사들에게 '유순하고 다정'해 보인다는 칭찬을 들었다. … 아일랜드인에 대해서는 반대되는 이야기가 나왔다." 또 다른 의사는 정신질환이 있는 아일랜드인 환자를 "성욕이상항진증"이 있다고 설명하며 장애를 그 여성의 도덕성과 연관 지었다. 그는 덱스터 박사가 아일랜드 혈통의 10대 환자를 부도덕하다고 묘사한 것과 마찬가지로 그를 "음탕"하다고 표현했다.[42] 이 여성들의 성적 생활은 공공연한 일로 취급되었기 때문에 쉽게 의사들의 도덕적 비난의 표적이 됐다. 의사들은 이 여성들이 19세기의 정의로 "정상"이 아니란 것을 알았지만, 이 여성들은 아일랜드인이라는 이유로 더 과도하게 비난받았다.

학자들은 이런 의학 저널에 실린 글을 통해 궁핍한 아일랜드 태생 여성들이 자신의 몸에 대해 어떤 결정을 내렸으며 긴 입원의 결과로 거친 의료 절차에 그들이 어떻게 반응했는지 파악한다. 1844년 19세 임신부 C. C.는 필라델피아 빈민구호소·병원에 입원 허락을 받고 분만을 하게 되었다. 담당의였던 조지 번웰은 그를 "키가 작고 뚱뚱한 아일랜드 여자"라는 말로 설명했다.[43] 번웰은 인종, 계층과 연관된 어휘를 사용했고 이 10대 임신부가 가지고 있었을지 모르는 산과적 문제들에도 불구하고 아일랜드 여성인 그가 튼튼하고 건강하다고 추론했다. C. C.는 도시의 골칫거리로 사는 백인의 전형 같은 존재였다. 그는 가난한 아일랜드계 미혼 여성으로 임신과 출산 동안 자선단체에 몸을 의탁하고 있었다.

19시간이 지나도 아기는 태어나지 않자 놀란 의사들은 이 젊은 여성에게 사혈 치료를 했고 자궁수축을 위해 맥각을 투여했다. 이틀 후 번웰 박사는 C. C.가 사산을 하리라는 것을 알게 되었고, 외과적으로 태아를 제거해야 했다. 수술을 시작한 직후 이 여성의 "자궁이 떨어져 나왔고" 의사들은 그를 소생시키기 위해 각성제를 투여했다.[44] 결국

C. C.는 출산을 위해 병원에 들어갔으나 아기 없이 불임인 몸이 되어 그 건물을 나왔다.

C. C.와 마찬가지로 아일랜드 여성 이민자들은 그들 삶에서 이루어지는 의학적 개입에 다양한 방법으로 대응했다. 일부는 전문적인 의료의 도움을 받았고, 일부는 간호 분야에 진입했으며, 일부는 민간요법에 의존했고, 일부는 백인 의사의 의학적 시선에서 벗어나 위안을 얻었다. 이 집단에 속한 여성들을 현대 미국 부인과 의학이 이들 삶에 어떤 영향을 미쳤는지를 조명하는 비교의학 모델이라는 맥락 안에서 이해할 필요가 있다. 남북전쟁 이전 시대 역사가들은 백인성, 인종, 정치, 정체성을 학문적으로 탐구하는 과정에서 수세대에 걸친 아프리카 혈통 노예들에 대한 압제와 가난한 아일랜드 이민자에 대한 압제를 비교했다. 이런 연구는 흑인과 아일랜드 민족주의의 탄생, 노예제의 정치경제학, 이민한지 얼마 되지 않은 아일랜드 출신 노동자들이 19세기에 겪었던 임금 노예 생활의 전개에 중점을 둔다. 하지만 아일랜드 이민자 여성의 의학적 경험과 삶은 주의 깊게 분석되지 못했다.

아일랜드 여성의 사례에서도 흑인 여성 노예와 마찬가지로 고용주-의사-환자 사이 고용관계가 드러난다. 여성 노예가 심한 병을 앓을 때면 고용주가 이 여성을 위해 개입하는 것이 관례였다. 1860년대 중반, 메리 맥시의 고용주는 이 아일랜드 출신의 21세 조리사를 뉴욕 벨뷰병원(또는 자선병원)의 유명한 부인과 의사 T. 게일러드에게 보내 진찰을 받게 했다.[45] 애초에 그를 의사로 선택할 권한도 없었던 메리 맥시가 게일러드의 진찰을 어떻게 거부할 수 있었겠는가? 젊은 아일랜드 이민자들에게는 흑인 노예 여성들과 같은 전통 의학이나 자연 치료 문화도 존재하지 않았다. 미국의학협회는 의사-환자의 관계를 규정하는 윤리 정책을 만들 때 편리하게도 '백인'만을 환자로 생각했다. [피부색이 밝더라도] 당연히 공동주택에서 사는 가난한 이민자들은 의사들의 고려 대상이 아니었다. 의사들은 백인 남성들 그리고 아마도 엘리트 백인 여성들과만 권력을 협상하고 교환했고 가난한 이민자는 그런 권력 구조 밖에 놓여 있었다.

흑인 노예 여성과 아일랜드 여성 이민자들의 대우에 있어 극명한 차이는 수술 후에 일어나는 일에서 드러났다. 아픈 몸이 치료되면 흑인 여성들은 노역을 위해 노예 공동체로 돌아갔다. 가난한 아일랜드인 여성들은 건강 상태가 호전되면 자유인으로서 임금노동을 계속할 수 있었다. 의사들에게는 브리짓("브리짓Bridget"은 아일랜드 여성을 조롱하는 이름이었다)의 몸을 "고칠" 책임이 있었다. 따라서 뉴욕이나 보스턴 같은 북동부 도시의 서비스 업계 발전은 초기 부인과 의사들과 직접적으로 연관되어 있었다.

결혼을 해서 아이를 낳은 아일랜드 여성들에게는 운명을 직접 개척할 기회가 주어졌다. 아무리 가혹한 환경에

처한다 해도 노예는 아니었기 때문이다. 그들은 행상을 하고, 아이들을 교육하고, 본토 출신 백인 남성과 결혼을 함으로써 자기 운명을 바꾸었다. 많은 2세대 아일랜드 여성이 어머니의 노력으로 간호사나 교사가 되었다. 또한 아일랜드 이민자 여성들이 미국에서 낳은 딸들은 아일랜드에서 미국으로의 이민 도중에 선상에서 일어난 성적 학대의 위험에 직면할 필요가 없었다. 이런 상황 역시 가난한 이민자 여성의 딸들과 노예 여성의 딸들 사이의 차이를 더욱 크게 만들었다. 노예 아이들은 언제나 어머니들이 겪었던 것과 똑같은 학대에 노출되었고 교육을 통해 더 나은 환경을 만들 수도 없었다.

아일랜드 이민자 하녀들 상당수가 남부 노예 여성들과 마찬가지로 부도덕한 고용주의 성적 학대에 휘둘렸지만, 아일랜드 여성 이민자들에게는 '고용주를 떠난다'는 선택지가 있었음은 변함없는 사실이다. 북부 도시 전역에는 가톨릭교회가 운영하는 자선 단체가 아일랜드 빈민가에 자리하고 성적 학대 문제를 직접 다루었다. 반면 노예 여성들은 주인에 의한 추행이나 강간과 같은 복잡한 문제를 처리할 공식적인 통로를 갖지 못했다.

아일랜드 이민자 여성들은 가톨릭교회가 치료와 회복에 개입해 주리라는 믿음을 갖고 있었다. 이 집단에 속한 여성들은 노예 여성들과 달리 종교적인 믿음을 그들이 이용하는 공식 의료기관과 통합시킬 수 있었다. 아일랜드 가톨릭 수녀들과 그들이 운영하는 부속 자선단체는 치유를 위한 "문화적 공간"을 마련했다. 이런 아일랜드-가톨릭 운영 기관들은 아일랜드인이 "미국에 영원히 의존하는 계층"이 되리라는 이민 배척주의자들의 믿음에 맞서 아일랜드 태생 여성들이 진취적이고 생산적이며 "깨끗한" 시민이 될 수 있음을 증명했다.[46]

부인과 질환을 갖고 있거나 고위험 임신 상태인 여성들은 의사의 가학적인 치료의 대상이 되는 경우가 많았다. 척추 변형이 있는 임신부 메리 도너번은 벨뷰병원 의사인 조지 엘리엇 박사가 직접 의학적 도움이 필요하다고 판단한 환자 중 하나였다. 엘리엇은 1857년 3월 도너번을 치료하고, 출산 과정에 대해 의학 논문을 써 발표했다. 거기에는 도너번의 몸, 지성, 계층, 궁극적으로는 그의 인종을 비하하는 기술어가 가득했다. 엘리엇의 입장에서는 건조하고 정치와 무관한 기술적 언어를 사용해 임상 기록을 작성한 데 불과할 것이다. 하지만 도너번의 사례에 대한 그의 기록은 생물학적 차이에 대한 19세기 사상이 여성의학계에 얼마나 만연했는지 보여 준다.

엘리엇은 우선 환자의 이름 메리 도너번을 적고 그를 설명하는 두 번째 말로 "아일랜드인"을 적었다. 그는 이 30세인 초산 여성을 관찰하고 "기형이라는 점이 주목을 끌었다"고 적었다. 메리에게 몇 분에 걸쳐 임신과 척추 변형에 대한 질문을 던진 후, 엘리엇은 그가 "지능이 매우 낮았으며 상태를 과장하는 경향"이 있다고 판단했다. 엘리엇은 도너번이 입원한 자선 병동의 임신부들 대부분이 임신한 날짜를 속여서 계속 "지원"을 받으려 한다고도 적었다.[47]

도너번은 분만이 힘들 것이라는 이야기를 듣고 분만 촉진을 위한 온수 질세척에 동의했다. 의사는 석탄산가스를 투여하고자 했지만 시간적 제약 때문에 포기했다(1850년대의 의사들은 "고통스러운 자궁 질환의 치료"나 "인위적인 분만유도"를 위해 석탄산가스를 사용했다).[48] 치료가 시작되자 도너번은 관주를 멈추려고 "발광"을 했다. 그가 의료진의 제지에서 벗어나기 위해 너무 격렬하게 애쓴 나머지 엘리엇은 결국 클로로포름으로 환자를 마취시켰다.[49] 이틀간 이어진 질세척 이후 1857년 3월 23일 도너번은 아들을 낳았으나 아이는 몇 시간 후 숨졌다.[50] 도너번을 치료하던 중 엘리엇 곁에서 다른 의사 넷이 도너번을 관찰했다. 이 사례는 이후 《뉴욕의학저널New York Medical Journal》에 게재되어 다른 의사들이 다른 임신부에게 질세척을 완벽하게 적용하도록 돕는 교육사료로 사용되었다. 엘리엇은 도너번을 거칠고, 어리석고, 방어적인 환자로 묘사했지만 다른 한편으로 도너번의 몸은 의사들이 모든 분만 환자들에 대해 더 많은 것을 배울 길을 제공했다. 치료 과정에서 아이를 잃을 그의 상황은 여기서 전혀 고려되지 않았다.

엘리엇과 같은 의사들은 메리 도너번과 같이 성별 고정관념에서 벗어난 행동을 하고, 신체 기형을 가진 일부 아일랜드 여성 이민자들을 이용해서 가난한 아일랜드 태생 여성들을 예외적 존재로 만드는 인종-종교 특정 주형이 만들어지는 데 힘을 보탰다. 흑인 여성은 놀랍도록 강하지만, "백인" 혈통이 뚜렷한 흑인 여성은 약하다고 쓰곤 했던 의사들은 아일랜드 이민자 여성 역시 이와 무척 흡사한 방식으로 표현했다. 남북전쟁 이전 시대의 의학 저널인 《조지아블리스터앤드크리틱Georgia Blister and Critic》은 논란이 많은 의사 조시아 노트와 조지 글리던이 저술한 물라토 여성에 대한 책, 『인류의 유형*Types of Mankind*』을 공개했다. 이 글은 어떻게 일부 의사들이 생물학적 특성에 대한 과학적 사고를 고취해 나갔는지를 보여 준다. 노트와 글리던은 "물라토 여성들은 유난히 연약하고 다양한 만성 질환을 겪는다. 그들은 씨암컷이나 간호사로 적합하지 않고 쉽게 유산을 하며 이들이 낳은 자녀는 보통 어린 나이에 사망한다"고 적었다.[51] 한 아일랜드인 의사는 《보스턴 의학·외과학 저널》에 임신한 아일랜드 여성들의 특성에 대해 적었다. 그는 의사들이 임신한 아일랜드 여성에게 전통적인 사혈 요법을 적용해야 한다면서 "아일랜드인의 힘과 꺾을 수 없는 완강함"을 이유로 들었다.[52]

아일랜드 이민자 여성 중에는 엘리자 B.와 같이 행동한 사람들도 있었다. 35세 아일랜드계 유모로 부인과 질환을 앓고 있었던 엘리자 B.는 의사들의 절대적 권위에 저항했다.[53] 독신이었던 엘리자는 18개월 동안 난소종양이 커지면서 심한 통증을 겪었다. 미국의 저명한 부인과 의사 중 하나이자 엘리자의 담당의, 게일러드 토머스가 처음으로 이 환자를 설명한 단어는 "병적인 성향"이었다. 엘리자가 만난 첫 의사는 그가 임신했다고 오진했다. 엘리자 B.는 2년 동안 심각한 복부 통증을 견디며 살았다. 아마도 엘리자의 "병적인 성향"은 의사들이 그의 통증을 무시한 데서 비롯되었을 것이다. 그는 마침내 1862년 11월 1일 병원에 입원했고 난소절제술을 받는 데 동의했다.[54]

F. 부인의 의료 사례는 아일랜드 여성 이민자가 서로에게 얼마나 의지했는지, 또한 산부인과 사례에서 환자가 어떻게 자율성을 주장했는지를 보여 준다.[55] 필라델피아에 사는 세 아이의 엄마인 35세 F. 부인은 "상당히 무거운" 아이를 안고 요강을 사용하려던 중에 심하게 넘어졌다.[56] 불행히도 그는 넷째 아이를 임신하고 있었다. 기건 박사는 1859년 1월 30일 아침 F. 부인을 찾아 진찰했다. 부인은 엄청난 통증 때문에 12시간 동안 오른쪽으로만 누워 있었고, 몸이 약했으며, 구토를 하고 있었다. 의사는 "자궁경관을 볼 수조차 없는" 데도 자궁이 파열되었을 것이란 판단을 내렸다.[57]

다음날 오후 1시에 기건은 F. 부인에게 아이가 살아 있는 것 같은지 물었다. 부인은 "아이의 움직임이 계속 느껴

져요"라고 답했다.[58] 의사가 떠난 후 F. 부인은 친구들을 불러 의사가 없는 동안 간호와 위기 상황 대처를 도와 달라고 부탁했다. F. 부인은 친구 다섯 명에게 몸을 왼쪽으로 돌려 달라고 부탁했다. 친구들이라면 침대 위에서 안전하게 자세를 바꿔 주리라고 믿었던 것이다. 그날 밤 기건 박사가 도착했을 때 부인은 왜 친구들이 자기 자세를 바꾸었는지 재빨리 설명했다. 그는 또 기분이 "훨씬 나으며" 더 이상 "오른쪽의 쓰림"이 없다고 말했다.[59] 사망하기 몇 시간 전, F. 부인은 의사에게 "아이가 움직이는 것이 확연히 느껴진다"고 말했다.[60] 얼마지 않은 1859년 1월 31일 오후 7시 30분 F. 부인은 사망했다.

기건 박사는 사망한 환자의 남편이 아내의 말에 대단히 감동했다고 전했다. 의사는 F.가 아내의 사망 직후 "복부 절개를 통해 아기를 꺼내 보겠다"는 자기 말에 동의했다고 적었다.[61] 기건 박사는 부검에 관한 남편의 바람을 존중했다. 이 사례에서는 19세기 존중의 정치학이 완벽하게 전개되었다. 당시에는 여성들이 남성들의 일에 참여하는 것이 언제나 주제넘은 간섭으로 여겨졌다. 하지만 이 의사는 F. 부인의 친구 네다섯이 그가 있는 동안에도 환자를 안정시키도록 허락했다. 의사는 이 아일랜드인 환자를 백인 "숙녀"로 대우했다. 그는 이유를 밝히지 않았지만 이 환자가 기혼자이고 아기가 살아 있기를 간절히 바랐던 탓에 존중했던 것으로 짐작된다.

아일랜드인 산과 환자와 관련된 또 다른 사례가 있다. 필라델피아병원의 외과의들은 "앨리스 메일리의 분만"을 도왔다. 1859년 메일리는 간호의집Nurse's Home에서 간호사와 의사에게 보살핌을 받고 있었다.[62] 그는 21세에 미혼이고 초산이며 건강한 것으로 여겨졌다. 당시 임신한 많은 여성이 그랬듯이, 메일리의 상태도 위험해졌다. 메일리는 미국의 유명한 외과의 중 한 명인 D. 헤이스 애그뉴가 담당하고 있었다. 의학 저널에 게재된 글에서 애그뉴는 메일리의 상황이 "위중"했다고 설명했다.[63] 분만이 지연되는 동안, 자궁이 "파열"되었고 태아가 "복강내"로 이동했다.[64] 아기는 사산되었고 산모는 "자궁벽이 자궁경관까지 심하게 파열되었고 방광-질 격막에 누공이 만들어졌다."[65] 애그뉴는 메일리에게 네 차례에 걸친 방광질루 수술을 시행했다. 첫 수술은 간호의집에서, 이후에는 세인트조지프병원에서 이루어졌다.[66] 메일리가 회복한 후, 애그뉴는 그가 "아주 건강"할 뿐 아니라 "가정부로 일을 하면서 자활"할 수 있을 정도라고 전했다.[67]

이 이민자 여성들의 의료 경험은 아일랜드 여성들이 의사들(호의적인 의사부터 편견이 심한 의사까지)에게서 받은 다양한 치료가 환자의 상황에 따라 어떻게 다른지, 노예 여성과는 또 어떻게 다른지를 보여 준다. 앨리스 메일리, 엘리자 B., F. 부인은 백인으로 인정을 받고 그에 걸맞은 존중을 받았으며 이는 남북전쟁 이전 시대에 노예 여성이 결코 받아 보지 못한 대우였다.

1860년대 초, 흑인성과 백인성에 대한 정치적 정의가 보다 확고해지면서 토박이 백인들은 백인에게 주어지는 몇 가지 특전을 아일랜드 여성에게 천천히 확대하기 시작했다. 그러나 초기 부인과 의사들은 여전히 아일랜드인들의 몸에 대해 그들이 백인보다 "유색"에 가까운 것처럼 표현하곤 했다. 미국인들이 민족주의를 구축하는 동안, 의학과 의학 저술은 인종이 구체화되는 장소 역할을 했다.

남북전쟁 이후, 과거 남부 연합주 입법자들은 흑인단속법Black Codes을 만들었다. 과학적 인종차별주의에서 비롯된 언어를 사용해 흑인, 백인, 물라토를 구분하는 법률이었다. 생물학적 차이를 들먹이는 부인과 의사들의 저술은 이런 인종차별주의법이 발아할 토양이 되었다. 이 의사들은 저술에서 엘리트 토박이 백인 여성들만이 연약한, 정상적 여성이라고 주장했다. 반면 아일랜드 여성과 흑인 여성들은 신체가 튼튼하며 성적으로 활발하고 생식 질환이 백인 여성보다 많은 것처럼 표현되었다.

흑인 여성과 아일랜드 여성이 '백인 여성'보다 생식력이 강하다는 것은 거의 보편적인 믿음이었다. 초기 부인과 의사들은 이 여성들이 유인원에 가까우며 백인 여성들보다 부인과 실험에 "보다 적합하다"는 사상을 계속해서 고취시켰다.[68] 역사가 로라 브리그스는 이민자 여성과 흑인 여성이 출산을 쉽게 한다는 초기 부인과 의사들의 글에 담긴 모순을 지적했다. 초기 부인과 의사들이 쓴 글에는 며칠간 진통이 계속되거나 분만이 너무나 어려워서 (19세기로서는 흔치 않게) 의사들이 개입하는 아일랜드 여성들의 분만 사례가 등장한다.[69] 특히 다산의 영향에 대한 글에서는 아일랜드 여성들이 자주 언급되었다. 저명한 부인과 의사였던 윌리엄 포츠 드위스는 1830년 7월 기혼인 아일랜드 여성 헤일리 부인을 진찰하고 부인의 생식력과 부인과적 상태에 대해 상술했다. 헤일리는 60세로 16명의 자녀를 두고 있었으며 수차례 임신으로 인해 아직까지 고통을 받고 있는 것이 분명했다. 포츠 드위스는 이 환자가 "3번의 유산과 조산을 겪었고 … 6년간 자궁탈출증을 앓고 있다"고 적었다.[70] 이민자 여성과 흑인 여성에 대한 의학 저술은 이런 모순을 안고서도 흑인과 백인의 생물학적 차이에 대한 이데올로기가 도입되고 논의되는 가장 인기 있는 장 중 하나였다.

"인종" 간 생물학적 차이를 연구하는 의사와 과학자 들은 우월한 육체적 힘과 생식력 등을 이유로 아일랜드 여성과 흑인 여성을 연관 지었다. 19세기 말, 루시언 워너와 같은 의사들은 흑인 여성과 아일랜드 여성 사이에 생식력과 우월한 건강이라는 공통점이 있다는 확신을 갖고 있었다. 워너는 "남부의 밭에서 남편과 일하는 아프리카 여성과 북부의 가정에서 빨래, 청소와 궂은일을 하는 '브리짓'은 대부분 건강하며 자궁 질환에 대한 면역력도 비교적 높

다"고 적고 있다.[71]

산부인과 의사들이 흑인 여성과 이민자 여성의 신체를 "의학적 초신체"로 간주하는 것은 의학계에서 이들 여성을 이해하는 수단인 동시에 그런 여성들이 의료 공간 밖에서 대우받는 방식의 근거이기도 했다. 환자를 치료하는 일을 전문으로 하면서 존경과 명예와 부까지 좇는 심스와 같은 사람들에게는 의학적 지식보다 더 중요한 것이 있었다. 그들은 "노동에 적합한" 몸을 이용해 모든 몸들을 치유함으로써 더 큰 선에 기여하고 있었다. 흑인의 생명은 의학적으로 중요했다. 백인의 삶을 더 건강하고 더 낫게 만들어 주기 때문이었다.

저널 독자들에게는 인정도 받지 못하고 이름도 알려지지 않은 "부인과 의학의 어머니"인 이 여성들이 진찰, 수술, 실험, 회복에 어떻게 반응했는지 아는 일은 무엇보다 중요했다. 이런 지식을 통해 백인 남성들은 흑인(혹은 아일랜드인)이라는 것이 왜 그렇게 이상하고 병적인 것인지 설명하는 과학적 이론을 보다 쉽게 파악할 수 있었기 때문이다. 권리를 박탈당한 아일랜드 이민자 여성들을 인종의 차이에 대한 생의학적 탐구 대상에 추가한 것은 기존의 범주를 갑자기 타파하는 것이라기보다는, 오히려 이들 여성들을 흑인 노예와 큰 차이 없는 1차원적 대상으로 삼아 그들에 대한 논의를 계속하려는 것이었다.

이런 여성의 부인과적 치료를 기반으로 만들어진 의학

적 서사는 생물학적 인종차별주의 문화 생성을 영속시키는 기재가 됐다. 남북전쟁 이전 시대에도 인종적 범주들은 존재했지만 현대 미국 부인과 의학의 성장은 몇 대에 걸쳐 '흑인성'과 '백인성'을 별개로 취급하고 불평등하게 규정할 수 있는 기반이 되었다. 흑인 여성의 신체는 이런 논의와 의학적 지식 생산의 중심이었다.

5장

“의학적 초신체”의 역사와 의학적 시선

흑인은 백인보다 외과 수술을 훨씬 잘 견뎌 낸다.
백인에게는 견딜 수 없는 고통을 유발할 만한
것들에도 흑인들은 거의 영향을 받지 않는다.
—찰스 화이트 박사

반면 흑인은, 잘 알려져 있다시피, 자기 몸을 돌보는
일을 게을리 한다. 질병의 성격상 치료가 오래
지속되어야 할 때는 특히 더 그렇다.
—헨리 F. 캠벨과 로버트 캠벨, 조지아 오거스타
잭슨스트리트병원과 흑인외과의무실 창립자

1883년 11월 "부인과 의학의 아버지"라 불린 제임스 매리언 심스의 장례식이 있었다. 이 자리에서 추도 연설을 맡은 사람은 저명한 산과 의사 윌리엄 워링 존스턴이었다. 그는 심스의 노예 환자들에 대한 기억과 미국 근대 부인과 의학의 발전을 언급하며 이렇게 말했다. "미천한 흑인 하인들이 자발적으로 그들의 고통과 끈덕진 인내를 바쳐 심스 박사의 연구를 돕지 않았다면 의학 기술의 진보가 얼마나 지연되었을지 알 수 없습니다."[1] 하지만 존스턴의 주장과 달리, 심스의 노예 환자이자 간호사였던 이 병든 흑인 여성들이 실험 대상이 되어 수술대에 오른 것은 자율에 의한 것이 아니라 그들 주인의 뜻에 의한 것이었다. 자유로운 인간으로서 "부인과 의학의 아버지"에게 자신의 "고통"과 "끈덕진 인내"를 바치는 것은 그들이 할 수 있는 일이 아니었다.

존스턴이 심스의 노예 환자들을 칭송한 것은 작고한 의

사가 여성의학 분야에서 선구적인 의사였을 뿐 아니라 흑인 여성들이 기꺼이 복종하는 노예주로서도 높은 평가를 받고 있었기 때문이다. 부인과 의학 발전에 대한 존스턴의 선언에서, 흑인 여성은 비록 잠깐이지만 백인과 다름없는 의지가 있는 사람으로 인정받았다. 사실 그들은 수술대에 오르기 전부터 백인 남성에 의해 그런 존재로 규정되었다. 남부 태생인 존스턴은 자기 몸을 기꺼이 의학 연구에 바치는 고분고분한 노예 하인들을 쉽게 떠올리고 입에 올릴 수 있었다.

이 장은 "의학적 초신체"라는 개념에 대해서 상세히 설명한다. 이 용어가 실제로 19세기에 쓰이지는 않았다. 하지만 이 말은 백인 사회와 의학자들이 굴레에 갇힌 흑인 여성을 어떻게 다루었는지, 그들에 대해서 어떻게 생각하고, 어떻게 글을 썼는지, 그 무수히 많은 방식을 포괄해 설명할 수 있는 단어다. 백인 의학자들은 흑인 여성 노예의 신체, 그들의 생식력, 과잉 성욕, 체력이 백인 여성들의 그것보다 강하다는 식으로 말하곤 했다. 동시에 백인 의사들은 아름다움, 겸손, 인내, 온순함과 같이 백인 여성에게는 자연스러워 보이는 특성들을 흑인 여성들에게는 거의 적용시키지 않았다.

우수 의학 실험체인 병든 흑인 여성들은 임신을 하거나, 아프거나, 병에서 회복 중인 때에도 여전히 강도 높은 농사일이나 집안일 등 노예로서의 의무를 다해야 했다. 이런 백인우월주의적 문화에서 흑인 여성들이 신체적으로 열등한 동시에 우월하다 여겨졌다는 것은 아이러니가 아닐 수 없다. "의학적 초신체"라는 말은 이들 여성의 뜻하지 않은 부인과학에 대한 기여가 생물학, 인종, 정상, 의학이라는 문제들을 둘러싼 과거의 변증법과 어떻게 맞아떨어지는지를 드러내 준다.

억압, 성, 흑인 여성들을 주제로 글을 썼던 소설가 토니 모리슨은 이런 개념들을 이해하기 위해서는 "흑인들 삶의 '악취'를 직접 겪어 보아야"만 한다고 말했다.[2] 노예제도는 인종적 편견을 진찰실 안까지 끌어들이는 의사를 비롯해 그 제도가 닿는 모든 범위에 지독한 악취를 퍼뜨린다. 흑인 의학 초신체가 탄생하고, 인간과 영장류의 중간쯤으로 취급당하는 존재를 나타내게 된 데에는 이미 악취가 진동하던 이런 환경이 있었다.

이미 1700년대부터 유럽의 과학자들은 기후, 피부색 등 광범위한 인자에 따라 인종을 정의하고 인간의 서열을 정하는 일에 깊이 관여하고 있었다. 의료인문학자 앤드루 커런이 주장했듯이, "18세기 동안 흑인이라는 개념은 점점 더 정밀하게 분석되고, 다루어지고, 평가되어, 결국 인간 범주들 사이의 차이를 명백하게 보여 주는 쐐기로 이용되었다."[3] 프랑스 과학자 조르주 퀴비에의 "인간의 골격을 입수하는 방법에 대한 노골적 설명"은 인종적 편견이 그 시기의 유명 유럽 연구자들에게 어떤 영향을 미쳤는지 보여 준다. 생물학자 앤 파우스토스털링은 퀴비에가 멀리 떨어진 "이국적인" 곳을 방문하는 여행자들에게 "야만인들" 사이의 싸움을 볼 기회가 생기면 꼭 시체들을 챙기라는 충고를 했다고 전한다.[4]

"야만족"을 열등하다고 판단하고 그들을 조사하고 범주화하던 과학자들은 그 연구에 여성도 통합시키기 시작했다. 초기 동·식물학자 요한 블루멘바흐는 아프리카 아기들의 넓적한 코와 두툼한 입술이 보기 흉하다고 생각했고 흑인 아기들이 왜 그런 외양을 가지게 되었는지에 대한 자신의 생각을 밝혔다. 블루멘바흐는 흑인 어머니들이 모유 수유를 하거나 농사일을 하는 동안 주의를 기울이지 않기 때문에 아기들의 얼굴이 눌려서 이목구비가 납작해졌다는 결론을 내렸다.[5] 인종 우월주의를 확연히 드러내는 사례이다. 19세기에 이르자 여성에 대한 인류학자, 의사, 과학자들의 연구는 인종학과 미국 부인과 의학으로 변모했다.

부인과 의학이란 분야는 "레이스크래프트racecraft"에 매우 적합해 보였다. 레이스크래프트란 바버라 필즈와 캐런 필즈가 만들어 낸 말로, "공격자가 하는 인종차별 행위를 표적인 인종의 문제로 탈바꿈시키는" 과정을 이르는 약칭이다. 의학자들은 이후 관찰과 연구를 통해서 인간 집단을 구분하는 자질에 대한 (결국은 헛된) 탐색을 수행했다. 그들은 의학 저술을 통해 생물학을 기반으로 하는 자기들 발견과 이론을 퍼뜨렸다.[6] 의사들이 인종적 우월성과 열등성에 대한 새로운 개념을 창안하기 위해 의지했던 정상/비정상의 이분법은 그 시대에 널리 퍼져 있던 의학 패러다임을 전도시키는 경우가 많았다. 이런 상황 전환은 놀라울 것이 전혀 없는 일이었다. 흑인과 흑인성은 허약한 의학적 상태로 간주되었지만, 동시에 백인들이 아플 때 나을 방법을 알아낼 표지자이기도 했다.

이들의 의학 저술은 "인종의 메타언어로서의 역할, 즉 인종, 계급, 성을 연결시키는 이론적 장치로서의 역할"을 드러내 주었고 "성, 계급, 성적 취향 등의 다른 사회·권력 관계의 구성과 표현이 가지는 모든 것을 아우르는 강력한 영향력"에 관심을 두었다.[7]

의사, 과학자, 입법자, 지식인 들이 인종적 차이에 대한 개념을 구체화하면서, 남북전쟁 이전의 부인과 의학은 흑인과 흑인성에 대한 관념을 공고하게 하고 더 큰 정당성을 부여하는 또 다른 장이 되었다. 남북전쟁 이전 시대 사상가들은 '지적 (부계) 조상'이 남긴 작업을 그저 반복하고 있었다. 18세기 인류학자와 해부학자 들이 이같은 유형의 이데올로기를 만든 것은 "아프리카 여성이 유독 쉽게 출산하는 것은 유럽 여성에 비해 골반이 넓음을 시사한다(이 특징은 유인원, 다른 네발짐승도 마찬가지로 보인다)" 따위가 그들이 주워섬긴 '유산'이었기 때문이다.[8]

1828년 사우스캐롤라이나의 백인 농장 감독관은 의학 용어를 차용해서 노예 관리에 대한 잡지에 임신한 노예 여성의 분만에 대한 자신의 관찰을 공유했다. 그는 의사가 아니었음에도 그 정도로 그 사안에 강한 자신감을 갖고 있었다. 그는 여성 노예의 분만 시간이 백인 여성의 절반에 불과했다고 적었다.[9] 흑인 여성의 생식에 대한 백인 남성들의 생각은 흑인 전반에 대한 보다 광범위하고 보다 해로운 생각을 받아들일 수 있는 입증된 토대를 마련했다. 흑인 여성이 출산 후 회복 기간이 짧고, 고통 없이 수술을 받고, 생식기의 크기가 크다면, 미국은 이 "인종" 전체를 계속 노예로 삼아도 되지 않을까?

남북전쟁 이전 명성이 높았던 의사 새뮤얼 카트라이트가 루이지애나에 있는 의사 동료들에게 "흑인종의 질병과 특성"에 과학적 증거를 제시하는 논문의 저자가 되어 달라는 부탁을 받은 것은 놀랄 일도 아니다.[10] 의학 실험의 결과는 인종차별주의자의 주장에 가장 큰 걸림돌이 되어야 마땅했지만 현실적으로는 그런 역할을 할 수가 없었다. 발표된 모든 논문, 소개된 모든 과학과 의학 이론, 채택된 모든 법률이 흑인과 백인의 생물학적 차이를 지지하고 있는 상황이었기 때문이다.

부인과에서는 유색 인종 여성이나 백인으로 여겨지지 않는 가난한 이민자 여성의 아픈 몸에 의존한 실험으로 백인 여성들을 치료했다. 실험은 흑인과 백인의 생물학적 차이라는 전제 자체에 의문을 던졌을 것이 분명하다. 의사들은 인종 과학의 케케묵은 원칙을 깨뜨려야 했다. 그들은 흑인 여성과 백인 여성을 진찰하고, 치료하고, 똑같은 수술을 적용해서 치료했으니 말이다. 이 작업은 병든 곳을 고치는 데에서 그치는 것이 아니라 치료 후에도 생존해야 하는 신체에 인종 별로 다른 수술 기법을 적용하는 것이 아무 소용이 없다는 것을 확인해 주었다. 그러나 그들이 굳게 믿었던 인종차별주의적 이데올로기는 이런 의사들이 발견한 것, 즉 흑인과 백인의 신체가 해부학적으로 동일하다는 점을 묻히게 만들 정도로 대단했다.

심스의 첫 노예 누공 환자의 사례는 이 점을 자세히 보여 준다. 1845년 5월 앨라배마 메이컨 카운티에 사는 18세 여성 루시는 얼마 전 출산을 했고 그 과정에서 질이 깊게 파열되었다. 두 달이 지난 후 증상이 심각해지자 주인인 톰 지머맨은 치료를 위해 루시를 몇 마일 떨어진 곳에 사는 심스에게 보냈다.[11] 심스는 고칠 수 없다는 진단을 받은 루시가 "대단히 실망했다"고 기록하고 있다. 루시는 주인에게 곧바로 돌아가지 않고 심스가 실험적 치료를 통해 산과 누공을 고칠 수 있다고 자기 주인을 설득할 때까지 심스의 노예 농장에 며칠 머물렀다.[12] 루시가 처음 심스의 농장에 머무는 동안 심스는 다른 두 명의 노예 환자, 애너카와 벳시를 진찰했고 그들의 누공도 고칠 수 있다는 확신을 갖게 되었다. 치료를 위해 심스를 찾은 루시, 애너카, 벳시는 주인이 5년간 심스에게 자신들을 대여할 것임을 전혀 알지 못했다.

노예제가 이송과 통제에 입각한 제도였다고는 하나 이 젊은 여성들은 자기가 받는 수술이 지역 백인 주민들에게 공개되는 행사가 될 것이고, 자기 몸이 실험적 수술의 대상이 될 것까지는 차마 몰랐을 것이다. 또한 자기들이 한 세기 후에 미국 부인과 발전에 있어 노예의 역할을 보여주는 강력한 의학적 상징으로 부상하리라는 점도 당연히 몰랐을 것이다. 심스 박사는 의사들 십여 명과 "5년 동안 이어질 누공 실험을 관찰"할 권리를 주겠다는 계약을 맺었다. 옷을 벗은 루시는 수술대 위로 올라가 무릎을 끌어안고 누웠고 두 명의 남자 조무사들이 움직이지 못하도록 눌렀다. 심스는 이 자세에 "심스체위"라는 이름을 붙였다.

누공 실험 환자를 대상으로 시술하는 심스를 그린 삽화(그림 5.1.)는 인종, 존중, 부인과에 대한 많은 것을 드러내 준다. 심스는 노예 여성을 대상으로 연구를 하고 있다는 점을 부인하지 않았지만, 그가 한 선구적 연구에 관해 발표한 삽화에는 백인 여성 간호사와 옷을 갖춰 입고 신까지 신은 백인 여성 환자가 그려져 있다. 실험이 끝나고 몇 년 후에 그 역사적 순간을 담아 둘 의도로 그려진 이 삽화는 앨라배마 노예들이 실험 대상과 간호사로 사용된 사실을 은폐한다.

삽화 안에서 심스는 간호사가 백인 환자에게 질경을 사용하는 법을 지도하고 있는 것으로 보인다. 그는 오른손을 환자의 허벅지에 올려 질을 충분히 벌어지게 해서

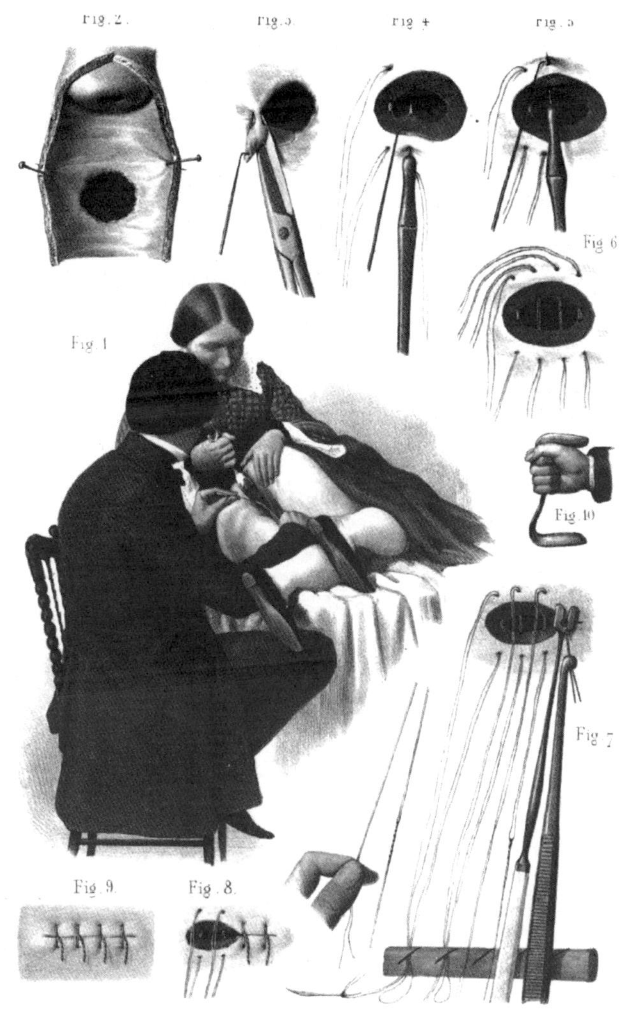

그림 5.1. 방광질루 환자를 치료하는 제임스 매리언 심스 박사와 간호사 헨리 새비지, 『여성 골반 장기의 수술, 외과 병리학 및 외과 해부학』, 자연 채색 판화 시리즈(런던: 존처칠앤드손스, 1862)

간호사가 질경을 조정할 수 있도록 하고, 조무사들이 시술 과정을 관찰하도록 하고 있다. 왼손은 환자의 오른쪽 엉덩이 위쪽 구석에 얹혀 있다. 삽화 속 심스와 환자는 백인 간호사가 질경을 삽입하고 환자의 생식기를 건드리는 불편할 수 있는 상황 동안 수동적인 태도를 취하는 것처럼 보인다. 이 상상의 장면은 백인 누공 환자를 유순하고, 부드럽게 그린다.

사실 누공 수술은 루시를 "대단히 영웅적인 용기를 가지고 수술을 견딘" 사람으로 묘사할 만큼 통증이 큰 수술이었다. 이 그림은 큰 통증을 감당해야 했던 여성들의 신체와 진짜 경험을 시야에서 없앤 허구이다.[13] 심스는 자서전에서 수술 후 루시의 방광에 염증이 생겼고 그로 인한 "고통이 극심했다"고 기록했다.[14] 그러나 심스, 그리고 몇 년 후 심스의 장례에서 추도 연설을 한 존스턴와 같은 의사들은 루시의 고통을 숨기고 "얌전한 흑인 봉사자"라는 역할만을 강조했다.

이 장의 첫 부분에는 통증에 있어서 흑인과 백인이 가진 감수성의 차이에 대한 찰스 화이트 박사의 언급이 등장한다. 그는 흑인들이 고통을 무시하고 수술을 견딘다고 생각했지만, 단순한 아픔을 넘어서는 정도의 "극도의 고통"이라는, 루시의 수술에 대한 심스의 묘사는 화이트의 믿음이 허위라는 것을 드러낸다. 심스는 수술 환자의 움직임을 저지하는 관행을 고수했다. 수술 환자들 대부분이, 수술의 통증에 영향을 받지 않는다는 흑인 여성들조차, 의사의 칼날 앞에서 육체적인 저항을 한다는 것을 알았기 때문이다. 의학적, 과학적 인종차별주의의 위선 덕분에 의사들은 한편으로는 생명을 위협하는 고통스런 수술 앞에서도 환자들이 신체를 움직이지 못하게 제어하는 방법을 설명하고 다른 한편으로는 흑인 여성의 용기와 침묵을 치하할 수 있었다. 사실 흑인 환자에게 시술해 본 의사들은 흑인이 통증을 느끼지 않는다는 주장을 믿지 않았다. 대신 그들은 흑인들이 백인만큼 통증을 심하게 경험하지는 않는다고 생각했다. 이런 사실들에도 불구하고 그들의 저술은 흑인의 고통을 인간적 경험의 일부로 취급하지 않았다.

루시를 비롯해 그와 함께 살았던 다른 노예 환자들은 의학 저술 속에서 여성 생식건강의 적절한 기능 또는 기능장애를 구현하는 존재가 되었다. 역사가 제니퍼 모건은 노예제 전반에서 그들이 수행한 육체노동과 재생산 노동을 이유로 흑인 여성 노예를 "노동하는 여성laboring women"이라 불렀다. 노동하는 여성들, 그중에도 특히 악취 때문에 다른 노예들과 떨어져 살아야 했던 누공 환자가 직면했던 두려움, 우울감, 고립감과 같은 심리적 스트레스 요인들은 그들에게 부정적인 영향을 미쳤을 것이 분명하다. 의학적 초신체로 여겨졌던 이 "노동하는 여성"들은 위와 같은 심리적 증상들이나 그들이 수행한 육체노동과 재생산 노동 이상의 것을 대변하게 되었다. 미국 부인과 의학이 인종차별주의와 함께 발달하면서 이런 상징적 의미는 특히 더 부각되었다. 흑인의 신체를 대표하는 존재로서 이 여성들에게 부여된 의미는 의사들이 그들의 신체를 대상으로 지식을 추구하면서 그들에게 가한 모욕, 만행, 폭력만큼이나 큰 의미를 가졌다.[15]

심스는 백인 공동체의 연구 지원이 끊긴 이후 루시를 비롯한 노예 집단에게 수술 간호사 교육을 실시했다. 물론 수술 대상으로서의 봉사도 계속됐다.[16] 남북전쟁 이전 시대 노예제와 부인과 의학계는 인종과 성별 때문에 지적으로 열등한 존재로 여겨진 실험용 노예 환자라도, 교육만 받으면 선구적인 외과 수술에서 의사를 도울수 있으리라 기대할 만큼 유연하고 포용력이 있었다.

당시에는 흑인, 백인, 켈트족과 "진짜" 백인이라고 여겨지는 영국인들 사이의 차이에 대한 의학 문헌이 엄청나게 쏟아지고 있었다. 1850년대 중반, 일부 연구자들은 "질이 낮은" 특정한 사람들은 [인간을 제외한] 고등동물보다 별로 나을 것이 없다는 결론을 내렸다. 초기 과학자 제임스 W. 레드필드는 1852년 판 『비교골상학*Comparative Physiognomy*』 혹은 『인간과 동물의 유사성*Resemblances between Men and Animals*』에서 "흑인을 코끼리와 물고기"에 비유했다.[17] 레드필드는 "미국의 시끄러운 아일랜드 이민자들은 '쓰레기를 뒤지는 도시의 개와' 다름없다"고 생각했다.[18]

과학자나 일반인 모두가 아프리카인과 아일랜드인을

유인원으로 폄하하곤 했다. 과학자들은 19세기 전반까지 한 세기가 훨씬 넘도록 특정 인간들을 유인원과 연결시켰다. 남북전쟁 이전 시대에는 유인원과 긴밀하게 연결된 흑인과 켈트족의 이미지가 그 시대의 인종차별주의와 맞물려 다양한 방식으로 구체화되기 시작했다. 인종적 태도와 노예제를 연구하는 역사가 윈스럽 조던은 『흑 위에 백 *White over Black*』에서 이런 초기의 믿음을 기록하고 있다. 조던은 흑인 여성이 유인원의 성행위 대상이라고 믿은 다양한 유럽인들의 태도에 대해 논했다. 그는 이렇게 말한다. "그런 개념은 과학적인 가치를 가지고 있었다. 그것은 "존재의 대사슬" 내의 중요한 연결고리를 제공했고, 흑인과 유인원의 주걱턱을 설명하는 데 도움을 주었다. … 유인원과 흑인의 성적 결합은 늘 **흑인 여성**과 **수컷 유인원**에 관련된 것으로 여겨졌다! 유인원은 **흑인 여성**과 성교를 했다."[19]

19세기는 미국 의학계 의사들이 "여성 동물"의 특성을 길들이고 치료하기 위해 이들의 비밀을 찾는 데 열중한 시기였다. 남북전쟁 이전 시대의 의학적 관행은 여성이 "보다 섬세하고", "보다 과민한" 신경계 때문에 더 허약한 성별이라고 선언했다.[20] 1868년 일부 부인과 의사들은 신경과민이나 "신경쇠약"인 엘리트 백인 여성을 "치료"하기 시작했다. 그들은 인간의 신경을 약화시킨다고 알려진 이 증상을 음핵절제로 치료했다. 이 수술은 신경과 자궁이 여성의 행동을 지배한다는 소름끼치는 믿음을 드러내 보인다. 백인 남성 의사들은 이미 생물학적으로 허약하다는 개념이 주는 부담에 짓눌려 있던 백인 상류층 여성들에 대해서 그들의 민감한 성정을 악화시킬 수 있는 모든 질환을 치료해야 한다는 의무감을 느꼈다. 이 수술은 노예든 자유인이든 흑인 여성에게는 이루어지지 않았던 것이 분명하다. 백인 의사들이 흑인 여성은 민감성과 관련된 병리를 갖고 있지 않다고 인식했기 때문이다.

의학사가 캐롤 스미스 로젠버그와 찰스 로젠버그는 "여성이라는 동물"이란 논문에서 19세기 의학이 백인 남성과 여성 사이에 실질적인 정서적 차이가 존재한다고 단언했음을 설명한다.[21] 저명한 미국 부인과 의사 찰스 메이그스는 이렇게 주장하기도 했다. "여성들은 특유의 자질을 가지고 있다. 정숙함이다. … 정숙함이라는 특성은 여성으로 하여금 가정이란 제단altar을 맡게 하는 자질이다."[22]

정숙함은 노예 여성이나 가난한 아일랜드 이민자 여성이 주장하거나 백인 남성 의사와의 상호작용에서 얻을 수 있는 자질이 아니었다. 백인 의사들은 이 여성들이 소위 '타고난 육욕'이란 본성에 무릎을 꿇는 데 부끄러움이 없다고 주장했다. 이것은 19세기 의학 연구가 발전시킨 인종차별주의적 신념이다. 더구나 서구 세계는 가난한 사람들의 억제되지 않은 성욕에 큰 흥미를 느낀 듯했다. 아일랜드 태생 사람들도 이런 믿음에 포함되었다. 이 여성들의 신체가 고통을 견디는 능력의 측면에서 "초월적"이라는 확신이 수술대와 진찰실에서 초기 부인과 의사들의 태도를 만들어 냈다.

의사들이 아일랜드 여성들에게 가졌던 과학적, 의학적 믿음은 그들이 아프리카 여성들에게 가졌던 믿음과 거의 구분할 수 없을 정도로 유사하다. 성과 과학을 연구하는 역사가 론다 슈빙어는 과학의 탄생에 있어 여성의 역할에 대한 연구에서 선구자였던 독일 과학자 요한 블루멘바흐가 다양한 여성 집단의 인종적 차이에 대한 이론을 지지했다고 말한다.[23] 슈빙어는 이렇게 적고 있다. "블루멘바흐는 … 유방의 크기가 불변하는 인종적 특성이 아니라고 주장했다."[24] 인종에 대한 비교적 자유주의적인 그의 태도에 대한 증거로 그는 "모든 유럽인들이 작고 어여쁜 유방을 가지고 있는 것은 아니다"(그는 아일랜드 여성의 큰 유방을 언급했다)라고 지적하기도 했다.[25]

19세기까지 아일랜드 여성과 아프리카 혈통 여성과 같이 인종적 표식이 붙은 여성들에 대한 생각은 의사들이 그들에 대해 글을 쓰는 방식에 구체적으로 반영되었다. 그 예로 펜실베이니아의 토머스 갤러허는 1851년 의학 저널에 발표한 논문에서 자궁파열 환자 "F. 부인"을 "튼튼하고 원기왕성하며 건강한 아일랜드 여성"이라고 묘사했다.[26] 의사들은 정상이거나 자신과 비슷하다고 여겨지는 환자의 인종적 특성은 강조하지 않는 것이 보통이었다.

저널이나 전문가 단체 등 여성의학 기관들은 의사들이 환자를 대하는 방법의 윤곽을 그려 주었지만, 심스의 환자 메리 스미스의 경우에서 보이듯 그 그림에 인종이 들어오면 일부 의사들은 그들이 따라야 할 지침을 내던졌다. 미국의학협회가 채택한 "윤리강령"에는 "의사는 치료가 불가능해 보인다는 이유로 환자를 포기해서는 안 된다"고 명시되어 있다.[27] 제임스 매리언 심스의 후배 의사 토머스 애디스 에멋은 심스가 아일랜드 태생인 환자 메리 스미스를 치료하면서 마지막 수술을 망친 후 환자를 포기했다고 적었다.

윤리강령 2조는 환자의 권리도 강조한다. "환자는 생활 습관이 규칙적인 의사를 선호해야 한다." 의사를 해임하는 경우, 환자는 "정의와 상식적 판단"을 이용해야 하며 해임 사유를 소명해야 한다.[28] 그렇지만 신분의 제한 때문에 경찰서, 구빈원, 교도소, 자선 병원의 가난한 아일랜드 여성 이민자들은 미국의학협회가 보장한 권리를 주장할 수가 없었다. 그들을 치료해 보겠다는 의사들의 기대를 충족시키지 못한 메리 스미스와 같은 여성에게는 의학적 초신체의 지위가 적용되었다.

의학적 초신체의 지위는 노예제의 인종적 규범을 어긴 남부 백인 여성들에게도 부여되었다. 1장에서 언급한 19세기 메릴랜드의 외과의 존 아처는 다른 인종의 남성과 합의

하에 의도적으로 성관계를 가진 흑인과 백인 여성은 어머니의 인종에 따라 흑인과 물라토 쌍둥이를 낳는다는 잘못된 주장을 펼쳤다. 그는 아버지가 다른 중복임신 사례, 즉 두 명의 다른 남성이 한 여성을 임신시켜서 아버지가 다른 이란성쌍둥이가 생기는 경우를 미국 최초로 기록한 사람으로 알려져 있다. 논문에서 아처는 이 경우의 여성과 남성이 정상 범주 밖의 행동을 했다는 분명한 메시지를 전한다. 그의 논문 "흑인 노예 여아들 특유의 질병을 보여 주는 사실들: 백인 남성과 흑인 남성 모두와 성관계를 한 백인 여성이 하나는 백인이고 다른 하나는 물라토인 쌍둥이를 임신할 수 있으며, 반대로 백인 남성과 흑인 남성 모두와 성관계를 한 흑인 여성이 하나는 흑인이고 다른 하나는 물라토인 쌍둥이를 임신할 수 있다는 것을 보여 주는 관찰"은 미국 인종 이데올로기의 다면적 성격을 보여 주는 두 건의 이례적인 의료 사례를 강조한다. 이 논문에서 가장 두드러지는 내용은 흑인 여성이 백인 남성에 의해 임신을 해도 흑인 아이만을 낳을 수 있다는 것이다. 쌍둥이의 백인 어머니와 달리, 아처의 노예 환자는 백인 아이를 낳을 수 없는 것처럼 보인다. 하지만 사실 미국에 노예제가 존속하던 긴 세월 동안 흑인 여성 노예가 흰 피부를 가진 백인 아이를 낳는 경우가 종종 있었다.

더 놀라운 것은 같은 논문에서 아처가 자기 주장을 증명하기 위해서 든 흑백 결합의 두 번째 예이다. "흑인 여성이 남편과 관계를 한 후 백인 남성과 동침했고, 흑인 여성은 흑인 아이와 물라토 아이를 낳았다."[29] 아처에게 이 흑인 여성 초신체는 "법을 위반한 신체"가 되었다.[30] 아처는 저널에 발표된 글을 통해 고결한 사명감으로 이런 사례들을 공개한다고 명시했다. 그는 그 사례들이 전달하는 정보가 "인간 종족의 번식"에 대한 정확한 "설명"을 제공하기를 원한다고 적었다.[31] 하지만 아처는 흑인과 백인 사이의 혼혈생식에 초점을 맞추기로 선택했다. 메릴랜드의 초엘리트(그는 미국 최초로 의학 학위를 받은 사람이다)인 존 아처는 흑인과 백인 사이의 성관계가 금기일 뿐 아니라 불법이라는 것을 잘 알고 있었다.[32] 그의 의료 사례 기술은 인종의 선을 넘어 성관계를 맺은 흑인과 백인에게 극단적인 결과를 보여 주는 경고의 역할도 했다. 이후 아처의 산과 환자들은 초신체, "표식이 있는" 아이를 출산하는 사람들을 상징했다. 여기에서의 표식이란 타인종과 성적 결합을 가진 백인 혹은 흑인 어머니의 오점을 드러내는 피부색을 의미한다.[33]

의학적 흑인 초신체의 개념을 적용하면 노예 여성의 신체를 보다 미묘하게 다른 방식으로 진찰하고 이해할 수 있으며, 그들이 경험했던 모든 생식적, 부인과적, 성적 행동이 다양한 의미를 갖게 된다. 예를 들어 노예였던 힐리어드 옐러데이의 증언은 성적 행동에 있어서 노예인 소녀와 노예인 성인 여성에 차이가 거의 없다는 믿음을 보여 준다. 노예 소녀와 여성 들에게 나이나 미성년, 성년 여부는 노예주나 입법자의 변덕에 기반한 주관적이고 자의적인 개념이었다. 엘러데이는 이렇게 말했다. "노예인 여자아이들은 여자가 되자마자 아이를 갖는 것이 당연했어요. 열두 살이나 열세 살에 아이를 낳는 소녀들도 있었죠. 6피트(약 183센티미터)는 되는 흑인들이 이런 어린 소녀들 상대가 됐어요."[34]

보다 성숙한 여성 노예 집단과 마찬가지로 노예제 아래서 살았던 10대 중후반 소녀들은 노예 남성들과 짝을 이룬 뒤 "노련한" 씨암컷처럼 빠른 속도로 아기를 낳아야 했다. 사춘기 노예 소녀들은 남성들과 성관계를 맺어야 했을 뿐 아니라 노예 농장의 가축들(소, 돼지, 닭)과 마찬가지로 많은 아이를 낳아야 했다. 19세기 백인들은 흑인 여성들이 자주, 쉽게 아이를 낳는다는 것을 자명한 이치로 받아들였다. 노예였던 사람들 중에는 어머니가 20명까지 아이를 낳았다고 기억하는 사람들도 있었고 주인이 흑인 여성의 노동과 회복 시간에 대해 가지고 있던 가혹하고 비현실적인 개념을 이야기하는 사람들도 있었다.[35] 노예였던 오필리어 휘틀리는 주인이 만삭인 여성에게 "집에 가서 아이를 낳고 다음 날 일을 하러 오라"고 강요하는 경우까지 있었다고 회상했다.[36] 하지만 노예주와 의사 들이 노예 여성의 생식 문제를 고민한 점은 흑인 여성의 성욕에 대한 일반적인 믿음과 배치되는 듯 보인다. 흑인의 강한 성욕과 음탕함이 노예주를 압도하는 상황이었다면 흑인 여성이 충분히 빨리 '번식'하지 못할 것을 걱정할 필요가 없었을 것이다.

일부 노예 여성 역시 노예라는 상태 때문에 신체적, 정신적으로 백인보다 육체적 고통을 더 잘 견딜 수 있었다는 생각을 갖고 있었다. 그들은 더 많이 일하고, 모욕을 참고, 사랑하는 사람의 부재, 절망, 백인의 시선 안에서 이루어지는 치료를 견뎌야 했다. 레아 개릿은 자신을 혹사시킨 백인 여주인에게 반격을 하고 도망쳐 동굴에서 수년 동안 살았던 대담한 여성 노예를 기억했다. 그가 회상하기를, 이 여성 노예의 남편이 탈출 계획을 세웠고 두 사람은 "이 동굴에서 7년을 살았다"고 한다.[37] 이 노예 여성의 회복력과 신체적 능력에 대한 주장을 강조하기 위해 그는 이 여성이 동굴에 있는 동안 세 명의 아이를 낳았다는 이야기를 덧붙였다. 그러고는 이렇게 말했다. "이 아이들을 낳을 때 그 곁에는 남편 외에 아무도 없었어요. 남편이 아이를 받았죠."[38]

흑인 산모는 출산 중 "계층이 더 높은 여성들이 경험하는 통증"을 겪지 않는 것으로 알려졌다.[39] 레아 개릿과 같은 일부 노예 여성이 흑인 여성의 신체적 '능력'을 설명한 반면, 출산과 산후 회복에서 흑인 여성의 취약성에 대해 언급한 경우도 있었다. 노예였던 케이토 카터는 이렇게 기억했다. "출산은 여자에게 대단히 힘든 일이었어요."[40]

조지아에 위치한 대농장 여주인이었던 영국 태생의 배우 프랜시스 켐블은 임신을 하고 아이를 낳으면서 노예 여성들이 경험하는 비참한 상황을 일기에 적었다. 켐블은 이후 병원에 있던 노예들의 참혹한 상황도 기록으로 남겼다. 그는 1838년부터 1839년 사이에 자신이 관찰한 임신한 노예 여성의 상황을 회고록에 기록했다. "이 가련한 사람들은 … 입고 있는 옷과 더러운 담요 조각 말고는 제대로 덮을 것도 없이 몸을 가누지 못하고 바닥에 누워 있었다."[41] 켐블은 늙은 흑인 산파 한 명이 돌보는 가운데 "지연 분만으로 끔찍한 진통"을 겪고 있는 두 여성의 사례도 설명했다.[42] 늙은 산파는 "수간호사, 산파, 간호사, 내과의, 외과의, 진료소의 머슴 역할까지 혼자" 하고 있었다.[43] 노예 간병인이 환자에게 적용한 관행 때문에 켐블 노예 병원의 와병률과 사망률은 상당히 높았을 것이다. 켐블은 이렇게 덧붙였다. "괴로워하는 여인들의 목 주위에 천을 단단히 두르고 거의 목이 졸릴 때까지 잡아당겼다."[44] 간병인은 이 방법이 해산에 도움을 준다고 생각했다.

백인 의사들은 극단적인 의료 사례를 다룬 글을 통해 흑인 여성들의 고통을 솔직하게 묘사했다. J. W. 휴스티스 박사는 《미국의학저널》에 "배꼽탈장 감돈"을 겪고 있는 신원 미상 노예 여성의 사례를 소개했다.[45] 그는 노예 환자가 "극도의 고통"을 겪고 있었다고 설명했지만, 그 여성의 주인은 자기 노예가 수술에서 "빠르게" 회복하고 있다고 설명했다는 증언도 전했다.[46] 휴스티스의 사례에서 흑인 여성의 몸은 심각한 질환을 경험할 수는 있지만, 다른 몸보다 빨리 치유되는 것으로 나타나 있다.

의학과 성을 다루는 일부 학자들이 언급하듯이, 백인 의사와 노예주 들은 흑인 여성의 치유력에 대한 믿음을 뒷받침할 근거를 성서에서 발견했다. 출산에 관해 가장 흔하게 인용되는 설명은 기독교 창조설 최초의 여성 등장인물인 이브 이야기다. 이 이야기에서 이브는 신이 내린 벌로 출산의 고통을 감당하게 됐음을 떠올리게 하는 종교적 촉매 역할을 했다. 한편 흑인 여성이 출산의 심한 고통을 피했다는 생각은 구약에 등장하는 "함족의 저주"에서 함의 자손들이 검게 되는 저주를 받은 것을 잘못 해석한 결과였다.[47] 여성들은 흑인 여성이 경험한다고 전해지는 고통이 없는 출산을 원했지만, 쉽게 아이를 낳는다는 것은 그들이 이브의 "타락" 이후 여성들에게 자연적, 성서적으로 맡겨진 고통에서 벗어나는 것을 의미했다. 일부 남부 의사들에게 함족의 저주는 다원설의 정확성을 입증하는 것이었다. 흑인 여성은 이브의 후손이 아니고 따라서 여자다움이나 출산과 관련된 고통의 범주 밖에 있게 된다. 남부 의학계 여기저기서 다원설이 오명을 쓰고 있기도 했지만, 많은 남부인이 다원설에 반대한 것은 성서적 모순 때문이었다. 그럼에도 불구하고 많은 의사가 흑인 여성은 타고나기를 '천부적'으로 "원시적primordial"이라고 생각했다.

초기 외과 연구를 이끈 것은 여성 해부학적 구조의 동일성을 보여 준 변증법이었다. 상충되는 인종적, 성적 이데올로기들 가운데에서도 의학은 그 시대의 인종 과학이 얼마나 터무니없는지 설명할 수준에 이르렀지만 의사들은 그렇게 하지 않았다. 노예주로서의 존 피터 메타우어는 흑인의 타고난 열등성을 믿었지만, 의사로서의 그는 모든 여성의 방광질루를 고치겠다는 희망으로 노예 여성의 몸을 실험했다. 성의 역사를 연구하는 샌드라 하딩은 인종차별주의와 과학의 수렁에 빠진 이런 난제에 대해 이렇게 평한다. "성차별, 인종차별, 계급주의는 서로를 구성하고 지탱하며, 이런 일을 한 번만 하는 것이 아니라 변화하는 역사적 배경 속에서 계속 반복한다. 그들은 고의로, 또 무심코 공조의 유대를 형성한다."[48]

역사가 마리 젠킨스 슈바르츠는 노예 여성들이 "자기 신체를 통제하기 위해 애를 썼다"는 점을 지적했다.[49] 그들의 행동은 용감했다. 남북전쟁 이전 시대의 미국에서, 노예로서 그리고 여성으로서 자기 몸에 대한 소유권을 주장하는 것은 법에 위배되는 일이었다. 누군가에게 소유된 흑인 여성의 삶은 영원히 미국 노예제라는 지형에 종속됐다. 아일랜드 이민자 여성들 역시 최소 50년 동안 인종차별적인 이민자의 지위에 묶여 있었다. 이들은 공통의 문제를 갖고 있었지만 19세기 남북전쟁 이전 미국에서 아일랜드 태생 여성들은 아무리 궁핍하고 영향력이 없더라도 노예 여성들만큼 괴로운 운명을 경험하지는 않았다. 노예인 여성들의 경우 흑인이라는 것이 만들어진 것이 아닌 타고난 것인 데다 자기 소유권이 다른 사람에게 있었기 때문이다. 젠킨스 슈바르츠가 주장하듯이 "사회는 … 신체에 대한 통제권을 노예의 기본적인 권리로 정의하지 않았다."[50]

아프리카계 미국인 인류학자 조라 닐 허스턴은 20세기 초 출판의 인종 차별적 근시안을 비판하고 출판계가 유색인종의 복잡성을 의도적으로 무시한 데 대해 설명했다. "그 답은 우리가 미국부자연사박물관American Museum of Unnatural History으로 부를 만한 곳 안에 있다. 이는 토속신앙을 기반으로 만들어진 무형적인 것이다. 모든 비앵글로색슨은 정형화된, 아주 단순한 이미지를 가지고 있는 것으로 가정된다. 모든 사람이 그들에 대한 모든 것을 안다. 그 박물관 안에 놓인 모형으로 누구나 그들을 한눈에 파악할 수 있다. 그들은 철사로 만들어져 있으며 안에는 아무것도 없다."[51] 그의 비판은 초기 미국 부인과 의사들이 의학과 인종 과학에서 유색인들의 신체를 얼마나 편협하게 생각했는지 분석하는 데에도 적용된다. 흑인의 신체를 전시된 모형으로 본 허스턴의 비유가 지닌 분석적 의미를 생각하면 우리는 드라나의 나신(사진 3.1. 참조) 위에 그리고 그 안에 담긴 뿌리 깊은 인종차별적 메시지를 알아챌 수 있다. '부인과의 개척자'들은 드라나와 같은 흑인 노예 여성들을 복잡성이라곤 없는 "전시된 모형"으로 취급했다. 우리는 역사적으로 의료 측면에서 흑인과 비슷한 권리 박탈을 경험한 아일랜드 여성을 논의에 포함시킴으로써 그들이 연구를 위해 의학 문헌이나 저널에서 읽히는 '객체'일 뿐 아니라 복잡성을 띤 '주체'였음을 보다 온전하게 이해할 수 있다.[52]

노예제, '흑인성'과 (그로 인한) '차이'를 만들고 반복하는 일, "여성이라는 동물"을 규정하고 재규정하는 일 덕분에 의학적 초신체의 모순이 드러났다. 19세기 사회는 의학이 만든 굴레에 묶인 흑인 여성에 의존하면서도, 의사들이 흑인 여성의 나신을 어떻게 다루었는지 자유롭게 논의할 수 있는 장에서조차 흑인을 백인으로 둔갑시키는 모순을 만들었다. 흑인 여성과 가난한 아일랜드 여성의 존재와 그 존재를 덮어 버리는 행위는 의료계의 내막과 대외적 모습이 계속해서 충돌했음을 드러내 준다. 예를 들어 남부 노예제 아래에 있던 흑인 여성은 그 생산력으로 인해 찬사받았으나 북부 도시에 살던 가난한 아일랜드 이민자 여성의 경우 직접 돌볼 수 있는 수 이상으로 아이를 낳으면 악마 취급을 당하곤 했다. 이는 가난한 아일랜드 여성이 아이를 낳았다는 이유로 때문에 모성과 연결 지어질 수 있었을지 몰라도, 미국인들이 이들을 존중할 가치가 있는 좋은 어머니로 보았기 때문은 아니었다. 이 어머니들의 몸을 실험했던 백인 의사들은 찬양을 받았으나 이 어머니들은 인종, 계층, 성적 특징을 중시하는 남북전쟁 이전의 시대상 때문에 찬양을 받는 존재는 될 수 없었다. 부인과 의학에서도 마찬가지였다. 흑인 여성과 가난한 이민자 여성은 몸이 고장 나고 고쳐지는 동안에조차 언제나 백인 의사들의 이익을 위해 봉사하는 자리에 머물러야 했다.

흑인 여성의 삶과 신체에 대한 백인들의 의학적 시선, 인종적 동일성에서 차이까지의 연속성 상에서 계속 움직이는 눈금, 백인 부인과에서의 지속적인 흑인 여성 이용은 모두가 흑인의 예속과 백인의 통제에 대한 사상에 기반을 두고 있었다. 흑인 여성들은 노동하는 의학적 초신체의 역할을 하는 동시에, 하인으로서 맡은 일도 해 내리라는 의사의 기대에 부응하면서 이런 사상과 관행을 견뎌 내야 했다. 이런 여성의 의료 생활에 대한 새로운 관심은 노예제와 의학 발전의 역사, 흑인과 이민자 여성이 부인과 의학에서 갖는 가치, 어떤 분야의 기원에 대한 이야기에서 역사적 행위자들이 점하는 위치와 가치를 다시 평가하는 일의 중요성을 깨닫게 할 것이다.

나가며

철에 맞지 않게 따스하고 아름다웠던 2015년 10월의 어느 날, 내가 자연임신이 불가능하다는 것을 알게 되었다. 결과적으로 나는 첫 시험관 시술 동안 자궁의 배아 착상이 쉬워지게끔 자궁경관을 확장해야 했다. 경관확장은 마취제나 국소마취 주사 없이 진행됐다. 이 도시 최고의 시험관 시술 전문가인 그 의사는 약간의 경련을 경험하겠지만 통증이 크지는 않을 것이라고 말했다. 하지만 "통증"은 절제된 표현이었다. 내 43년 인생에 그런 신체적 고통은 느껴 본 일이 없었다. 다음 달 의사는 다시 마취 없이 내 자궁경관을 확대했다. 시술 내내, 그는 자신이 유발하고 있는 통증에 대해 사과를 했다. 그는 국소마취제 투여를 고려해 봤지만 내가 모트린(Motrin, 해열, 소염, 진통 효과가 있는 이부프로펜의 상품명) 두 알을 먹었기 때문에 투여치 않기로 결정했다는 말도 해 주었다.

이듬해 1월 1일 나는 보험 문제로 의사를 바꿨다. 진료 때 남편을 데려가면 백인 의사들이 나를 다르게 보지 않을까 생각했다. 이전 의사에게는 내가 기혼이라는 것을, 심지어는 내 남편의 생식기능이 정상임을 거듭 상기시켜야 했다. 간호사와 의사는 덩치가 크고, 목소리가 굵으며 백인처럼 보일 정도로 피부색이 밝은 내 남편을 보자 그런 질문들을 멈췄다.

새로 만난 (여성) 전문의는 자궁경관 확대 시술을 마취 없이 받았다는 이야기에 몹시 놀랐다. 하지만 질 초음파를 하고는 내 자궁이 몸에 비해 몹시 작은 것을 보자 그는 다시금 놀랐다. 나는 뼈가 가늘었고 키도 5피트 6인치(약 167.64센티미터)가 채 되지 않았다. 그래서인지 나는 내 자궁이 특별히 크리라고는 생각지 않았고, 그렇기에 내 자궁 크기가 놀라울 일이라 생각지도 않았다. 제임스 매리언 심즈의 시선과 그 굴레에 갇혀 있던 미국 "부인과 의학의 어머니"의 후손을 치료할 의사들에게 심스가 남긴 가르침에서 나 역시 여전히 벗어나지 못한 듯했다.

고통에 무감한 초신체로서 19세기를 살았던 흑인 여성의 몸을 이론화하는 일은 분석적 사고와 역사적 방법론을 정립하는 실체적인 작업이었다. 하지만 21세기를 사는 흑인 여성으로서 극심한 통증을 참아 가며 의료 시술을 받는 일은 아주 초현실적인 일처럼 느껴졌다. 경관확장이나 자궁난관조영술(자궁 내부와 나팔관 안쪽, 그리고 그 주위를 보는 X레이 검사)동안 나는 의료진에게 흑인 여성의 몸과 통증 한계, 미국 부인과 의학, 제임스 매리언 심스에 대한 책을 쓰고 있는 중이라고 밝혔고, 아프리카계 미국인 간호사는 이렇게 말했다. "환자분 본인 이야기도 쓰셔야겠어요."

이후 내 담당의는 제임스 매리언 심스가 미국의 인공임신 분야를 어떻게 개척했는지 말해 주었다. 누워서 그들의 말과 조언에 대해서 생각하다 보니 1880년대 의학이 만든 굴레에 갇혀 있던 여성들의 역사적 서사가 오늘날 인공임신 전문가나 부인과 전문의를 대면하고 있는 흑인 여성들에게 얼마나 시기적절하고 중요한지가 절실히 느껴졌고, 시공간의 차이가 그 서사의 중요성을 흐려 버리고 있다는 것 또한 깊이 와닿았다.

인종, 노예제, 의학, 성을 연구하는 역사가로서의 일은 내게 19세기부터 전해진 유산이 미국인인 우리 삶에 언제나 존재하고 있다는 것을 가르쳐 주었다. 나는 약 200년 전 이 나라 초기 부인과 의사들이 흑인 여성에게 했던 일의 수혜자임을 인정한다. 동시에 나는 19세기 흑인 여성들이 부인과 질환과 그들이 느낀 고통에 대해서 짊어졌던 부담, 그들의 침묵과 은폐를 물려받았다. 고통을 통해서 부인과 의학의 탄생을 도왔던 흑인 여성들과 달리, 내게는 흑인 여성들이 여전히 의학적 초신체로서 살고 있음을 드러낼 장이 있다. 다른 미국인들보다 심한 만성 통증을 겪으면서도 통증 완화 약물에 접근하기 어려운 흑인 여성들에 대한 연구에서부터 항상 그들의 의학적 신체를 식민화하려는 노력과 직면해야 했던 흑인 부인과 환자들에 대한 연구에 이르기까지, 나의 난임 시술 경험은 다른 흑인 여성들이 받은 대우를 반영했다.

내 난임 시술과 관련된 의료 경험을 이야기하는 것은 두 가지 이유에서이다. 우선 내가 제임스 매리언 심스의 의학적 유산을 직접 계승한 사람이라는 점이 그 이유다. 또한 나는 흑인-여성 학자들이 연구하는 역사적 행위자, 특히 노예인 행위자와 개인적인 연관성을 드러낼 때 객관성을 상실한 것처럼 평가절하하는 비판들을 거부하고자 한다. 객관성, 노예제, 인종주의, 섹슈얼리티에 관한 더 잘 알려진 역사적 사례로는 토머스 제퍼슨과 그 이복형제의 아내인 동시에 그가 소유한 노예였던 샐리 헤밍스의 관계에 대한 20년도 더 된 논란이다.

흑인 학자들과 흑인 공동체는 제퍼슨의 부정과 관련해 구전된 역사를 믿을 뿐 아니라, 그 이야기를 널리 알렸다. 흑인 학자들은 남부 백인 노예주들이 농장에서 자주 노예 여성을 임신시켰다는 점을 알고 있었다. 나 역시 아프리카계 미국인 학자로서, 또 인종화되고 역사적으로 주변화된 집단의 일원으로서 살며 얻은 경험, 그리고 역사학자로서 받은 전문적 교육으로 인해, 엘리트로 존경받는 백인이라면 그보다 훨씬 어린 여성과 성관계를 맺을 수 있고, 그 여성을 정부로 삼을 수 있다는 생각을 그리 어렵지 않게 받아들일 수 있었다.

아프리카계 미국인 여성으로서의 문화적 사회화와 교육을 기반으로 나는 이전에 미국 부인과 의학과 심스 박사에 대해 썼던 저자들과는 다른 방식으로 사료를 읽게 되었다. 나는 젊은 노예 여성들이 수년 동안 사람들 앞에 노출된 채 수술을 받고, 흑인이라는 이유로 이미 음탕하다고 생각되는 상황에서라면 제임스 매리언 심스의 노예 농장에서도 한 번 이상 노예 여성의 출산이 있었으리라는 생각이 들었다. 이런 내 추측은 틀리지 않았고, 인구조사 기록에는 물라토로 기록된 아이가 있었다.

21세기를 사는 흑인 부인과 환자로서 나는 나의 의료 경험이 임신을 바라는 백인 여성의 경험과 크게 다를 수 있음을 알고 있었다. 그리고 이 경험에도 미국 여성의 의료 역사에서 비롯된 의학적 인종차별주의의 망령이 어렴풋이 나타났다. 수많은 의학 연구가 아프리카계 미국인 여성이 백인 여성보다 재생산에 더 많은 어려움을 겪고, 의사에게 인종차별과 계급으로 인한 차별을 경험한다는 설득력 있는 증거를 보여 주었다.[1] 내 임신에 대한 선망은 내가 대학원생으로, 이후에는 교수로서 배우고 받아들인 것이 무엇인가와 관계없는 생물학적 개념으로서 내 인종에 뿌리를 내리고 있는 것 같았다. 모든 의사는 백인이었고 간호사와 조무사 들은 유색 인종 여성이었다. 내 혈액이 "인종 정보" 기반으로 유전자를 실험하는 연구소에 보내지는 상황에서 모든 것이 인종과 연관되어 있다고 생각지 않을 수가 있을까?

학자들은 인종이 사회적 개념이라고 주장할지도 몰라도, 의사들은 내가 흑인이라는 사실을 생물학적으로 대하는 것 같았다. 내 연구가 남북전쟁 이전 시대에 초점을 맞추고 있기는 하지만, 여기서 비롯된 인종에 대한 유산은 오늘날 모든 미국인들에게 영향을 미치고 있다. 흑인 여성, 즉 여전히 가장 빈곤한 미국인 집단이자 미국의 다른 여성들보다 많은 생식 질환을 겪고 있는 집단, 다른 미국 여성에 비해 미혼모 비율이 높은 이 인구학적 집단은 의학 분야에서 여전히 초신체로 취급되고 있다. 이는 내게 냉혹한 현실이었다. 기혼이고 교육받은 중산층 여성인 내 지위에도 불구하고 재생산의 문제에서 내가 직면했던 문제이기 때문이다. 문학비평가이자 페미니스트 학자 호텐스 스필러스가 옳았을지도 모르겠다. "나는 [누구나 알아보도록] 표식이 붙은 여성이지만, 모두가 내 이름을 알지는 못한다. … 내가 묘사하는 나 자신이 곧 정체성들이 뒤엎어지는 장이다."[2] 이 책을 쓰기로 결정했을 때, 나는 이런 상충되는 정체성을 만들었던 인종차별의 과정을 설명하는 데서 그치는 것이 아니라 거기에 적확한 이름을 붙이고 정의하고자 했다. 그렇게 "부인과 의학의 어머니"들을 찾아 나섰고 이는 내가 그들의 딸이며 "표식이 붙은 여성"임을 알아 가는 여정이었다.

감사의 말

대화를 나누어 보지 않은, 몸짓을 관찰해 보지 않은, 눈을 들여다본 적이 없는 사람들에 대한 책을 쓰는 것은 쉽지 않은 일이다. 하지만 내가 열의를 갖고 알고 싶은 동시에 영감을 얻는 주제에 대해 책을 쓴다는 것은 역사가로서 받는 보상이기도 하다. 노예제도와 의학이라는 퍼즐의 또 한 조각을 맞추는 데 기여할 책을 내놓을 수 있어서 무척이나 기쁘다.

수년 동안 너무나 많은 사람, 조직, 기관 들이 이 책의 집필을 지원해 주었다. 도움에 깊이 감사드린다. 기록에 접근할 수 있게 해 준 다음 도서관의 직원들에게 큰 은혜를 입었다. 캘리포니아대학 로스앤젤레스 캠퍼스의 대학연구도서관, 사우스캐롤라이나대학 사우스캐롤라이나 도서관, 앨라배마대학 기록보관소, 앨라배마대학 버밍엄의 레이놀즈핀리역사도서관, 펜실베이니아대학 역사학회, 펜실베이니아대학 펜실베이니아대학아카이브와 기록센터,

하버드대학 피바디고고학·인종학박물관, 하버드대학 사진기록보관소, 국립보건원 국립의학도서관, 의회도서관, 국립기록보관소, 그리고 미국산부인과학회(전 ACOG).

나는 사우스캐롤라이나 도서관에서 거의 한 달을 보냈는데 내가 그곳에 있는 동안 원고 분과의 브라이언 커트렐과 그레이엄 던컨은 세심한 배려와 도움을 아끼지 않았다. 전문성, 지식, 지원, 우정을 베풀어 준 (지금은 ACOG에서 은퇴한) 데버라 스캐버러에게도 큰 신세를 졌다. 데버라는 부인과 의학의 핵심 문헌들을 소개해 주었고, 시작 때부터 이 프로젝트를 믿어 주었으며, 잘 알려지지 않은 자료들을 찾아 주었다. ACOG도서관의 전무이사 메리 하이드와 직원들은 워싱턴으로 떠났던 힘든 여름 여행을 즐거운 일로 바꿔 주었다. 앨라배마대학 버밍엄 레이놀즈핀리역사도서관의 마거릿 (페기) 볼치는 내 후반 연구 중 만난 뜻밖의 선물이었다.

나는 캘리포니아대학 로스앤젤레스 캠퍼스 역사학과, 미국여성연구센터, 미국문화연구소, 이 대학의 랄프J.분체아프리카계미국인연구센터를 비롯한 여러 기관들에서 외부 재정지원을 받는 행운을 누렸다. ACOG는 관대하게도 2007년 내게 연구비를 지원해 초기 부인과 의학에 대한 많은 기록을 수집할 수 있게 해 주었다. 버지니아대학 카터 G. 우드슨 아프리카계미국인·아프리카연구소에서는 나를 2008~2009년도 박사후연구원으로 선정해 주었다. 그 연구소에서 보낸 시간은 내게 가장 성취감을 안겨 준 경험이 됐다. 미시시피대학이 지원한 2009년과 2010년 기금은 이 책을 위한 자료 조사와 저술에 더 없이 귀중하게 쓰였다. 리머대학은 일주일간 학교에 머물도록 해 주었고, 그동안 나는 아일랜드에 있는 동료들에게 연구를 발표할 수 있었다. 그리고 그 발표를 통해 동료들에게서 연구를 위한 새로운 자료와 비판적인 피드백을 얻을 수 있었다.

이 책의 초고 일부는 앤서니 맥엘리거트, 리엄 체임버스, 시에러 브레스너크, 캐서린 롤리스가 편집한 『역사 속의 권력: 중세 아일랜드에서 포스트모던 세계까지*Power in History: From Medieval Ireland to the Post-Modern World*』(더블린, 아이리쉬아카데믹프레스, 2011)의 「비하당한 신체: 노예제, 아일랜드 이민, 미국 부인과의학Perfecting the Degraded Body: Slavery, Irish-Immigration, and American Gynaecology」으로 수록되었다.

마지막으로 뉴욕시립대학 퀸즈컬리지는 1년간 안식년을 허락했고, 나는 그동안 이 원고를 마무리할 수 있었다. 2016년에는 뉴욕시립대학에서 윌리엄스튜어트여행기금을 받아 해외에 연구를 소개할 수 있었다. 나와 같은 학자들이 연구할 수 있는 것은 이미 사람들이 후학을 위한 길을 닦아 두었기 때문이다. 클라크애틀랜타대학에 있는 나의 멘토, 제니스 섬러에드먼드 박사와 데이비드 F. 도시 박사는 내 인생을 뒤바꾼 사람들이다. 역사가로서 내가 이룬 것이 있다면 이 두 사람의 가르침과 상호작용이 만든 것이다. 논문 지도를 맡았던 브렌다 스티븐슨 교수에게도 큰 빚을 졌다. 그가 보여 준 미국 노예제도에 대한 전문 지식에서 받은 깊은 인상은 여전히 내게 생생하다. 엘렌 두보이스, 조엘 브레슬로, 캐롤라인 스트리터는 논문지도위원이었다. UCLA에 있는 동안 제시카 왕, 스캇 브라운, 윌리엄 마로티, 라아난 부스탄, 발레리 마츠모토, 게리 내시, 전 UCLA역사연구소 소장 매리언 올리바는 큰 용기를 북돋아 주었다.

탁월한 코호트 멤버와 동료들, 자코비 윌리엄스, 미구엘 차베스, 내털리 조이, 조슈아 패디슨, 제시 슈라이어, 멜라니 슈미트 아리아스, 스테파니 어메리언, 메헤라 헤라르도, 실라 가르데트, 에보니 쇼, 리사 보이드, 밀로 앨버레즈, 브랜디 브리머에게도 감사를 전하고 싶다.

로스앤젤레스에 있는 동안, 베넷칼리지의 서던캘리포니아 동문, 모교와 그곳에서 사귄 친구들이 나를 지지해 준 일은 아직까지도 깊이 마음을 울린다. 내게 깊은 애정을 준 메릴린 맥켈, 다이애나 화이트, 고 마저리 페널브의 우정에 감사를 전한다. UVA의 데버라 맥도웰과 클로드레나 해럴드는 나의 멘토로 나는 아직도 그들의 천재성에 경외감을 느낀다. 미시시피대학에서 연구하는 동안 다정하고 늘 힘이 되는 역사학과 커뮤니티의 일원으로 지낼 수 있었음에 감사를 느낀다. CUNY 퀸즈컬리지 동료들은 똑똑하고, 늘 열심히 일하며, 큰 힘이 되어 주는 사람들이다.

조지아대학 출판부 편집팀 역시 놀라웠다. 월터 비긴스와 토머스 로셰가 편집자로서 이 프로젝트에서 늘 최선의 것을 기대해 준 것에 감사를 전한다. 인종과 대서양 세계 시리즈의 편집자, 리처드 뉴먼, 패트릭 라이엘, 마니샤 싱께도 감사의 마음을 전하고 싶다.

마지막으로 나를 기른 나의 마을, 특히 늘 지켜봐 주는 래니 노버, 로드니 크레이그 굿윈, 나키아 스프리그스께 감사를 전한다. 노예제, 성, 의학을 연구하는 학자, 짐 다운스, 샤를라 펫, 에드워드 뱁티스트, 제니퍼 모건, 바버라 크라우타머, 스티븐 스토, 셀리아 네일러, 나타샤 라이트풋, 캐서린 클린턴, 크리스토퍼 윌러비, 켈리 카터잭슨, 나탈리 레제, 데니스 타일러, 소니아 도널드슨, 브랜디 휴즈, 니콜 아이비, 셰넷 개럿스콧, 체리스 존스브랜치 그리고 원고를 읽고 의견을 전해 준 모든 이에게 감사드린다.

나의 자매-학자 그룹 구성원인 사샤 터너, 탈리타 르플로리아, 케네타 해먼드페리, 라숀 해리스, 소완드 머스타킴은 내가 이 분야에 발을 들인 후, 말 그대로 가장 큰 지지가 되어 주었다. 모두 내가 진심으로 사랑하는 사람들이다. 시그마감마로여학생클럽 자매들은 1992년부터 나를 지원해 주었다.

나의 가족, 돌아가신 외조부모님, 킹 솔로몬 쿠퍼와 은퇴한 흑인 간호사 메리 쿠퍼에게 나를 사우스캐롤라이나 남부의 자랑스러운 딸로 키워 주신 은혜에 감사드린다. 돌아가신 조부모님, 벤 쿠퍼 시니어와 목사 엘라 벨 쿠퍼는 늘 가족과 신앙을 우선하셨다. 두 분의 사랑을 경험할 수 있음에 감사드린다. 부모님, 아를리리 "티" 쿠퍼와 벤 쿠퍼 주니어, 새어머니 알베타는 늘, 서른의 나이에 먼 지역에서 남편과 함께 박사과정을 시작하겠다고 결정했을 때조차 나를 지지해 주셨다. 태어난 순간부터 최고라고 말씀해 주신 데 감사와 사랑을 전하고 싶다. 검은 피부를 가진 여자아이들이 이런 말을 더 많이 듣고, 믿기를 바란다.

내 자매와 그 배우자들 에이드리언 퍼트니와 리처드 퍼트니, 벤 쿠퍼 3세와 마퀴타 레일리 쿠퍼의 흔들리지 않는 지지와 사랑에 감사드린다. 이모 제네바 아이사는 늘 이타적인 모습을 보여 주셨다. 내 작업이 조카 니컬러스 킹, 런던 킹과 곧 태어날 패리스 솔로몬에게 물려줄 유산이 되기를 바란다. 브룩 워커는 최고의 친구이자 자매임을 밝혀 두고 싶다. 수십 년에 걸친 사랑과 지지에 감사를 전한다.

마지막으로 브라이언에게, 20년 전 우리가 이렇게 많은 것을 함께 경험하리라는 것을 누가 알았을까. 당신은 사심을 버리고, 때로는 자신을 버려가면서 나를 지원하느라 너무나 많은 것을 희생했다. 우리의 여정과 당신의 관대함, 변함없는 지지에 사랑과 감사를 보낸다.

추천의 글

2018년 4월, 뉴스 피드에서 뉴욕 센트럴파크의 동상 철거 동영상을 보게 되었다. 검색 알고리즘을 꽤 철저하게 관리하는 터라 피드에서 이 영상을 보게 된 일이 의아했다. 내막을 알고 보니 제임스 매리언 심스의 동상 철거식을 찍은 영상이었다. 심스는 산과 방광-질 누공 수술법, 수술 기구들을 개발한 미국 산부인과학의 아버지이고 추앙받는 의사였고, 그의 유산은 내가 현재 사용하는 기구에 붙은 심스질경이란 이름에 까지 이어지고 있었다. 하지만 역사가들의 고증과 끊임없는 노력으로 그가 흑인 노예 여성들을 대상으로 생체실험을 했다는 증거들이 밝혀지면서 그에 대한 문제 제기가 시작되었다. 1년여를 걸쳐, 미국의 흑인 여성 활동가, 재생산건강 활동가 들이 퍼포먼스와 공론화를 하면서 결국 센트럴파크에 당당히 자리를 차지하고 있던 '미국 산부인과학의 아버지' 동상이 철거된 것이었다.

영상 속 뉴스에서는 국부에 붉은 물감이 묻은 환의를 입은 흑인 여성 활동가들의 시위, 크레인에 매달려 마치 계단을 내려오듯 제단 위에서 바닥 위로 내려오는 동상, 이 과정 내내 "매리언 심스는 우리의 영웅이 아니다!Marion Sims, not our hero!"를 외치는 활동가들의 목소리를 교차해서 보여 줬다.

이 책은 인종학과 성차별적 고정관념, 미국 산부인과학의 기원이 서로를 어떻게 강화하고 교차하며 발전해 왔는지를 생생한 사례들과 방대한 고증을 통해 우리 눈앞에 그려 냈다. 가끔은 읽는 게 어려울 정도로 참혹했던 강간과 성 노동, 강요된 출산, 생체실험에도 불구하고 저자가 더 강조하고 싶었던 것은, 이런 폭력과 착취가 꺾을 수 없었던 이 여성들의 모성과 생명력, 연대와 전통이었다. 그들의 초신체superbody는 연약한 동시에 파괴할 수 없고, 질병에 취약한 동시에 인류의 질병을 낫게 하는 청사진이 되었다. 열등한 존재로 여겨지면서도, 지능과 판단력이 중요한 간호 노동을 하고, 그러면서도 간호사로 인정받지 못한다. 이렇게 저자는 노예제와 인종학, 산부인과학이 상정한 '흑인성'이 가지는 자가당착을 자연스럽게 풀어 낸다.

하지만 무엇보다도, 150년이 지나 노예제도가 없어지고 임상실험 윤리도 확립된 현대의 우리가 이 책에서 얻을 수 있는 것은 의사-환자관계에 대한 통찰일 것이다. 의사-환자관계는 고정적이지 않다. 이를 크게 세 모델로 설명하는 데, 혼수상태로 중환자실에 누워 있는 환자처럼 능동적-수동적 관계(권위-복종 관계라고도 하며, 부모-신생아 모형으로 비유한다)일 때도 있고, 암 수술을 앞둔 환자처럼 지도-협조의 관계(부모-자녀)일 때도 있고, 만성질환의 관리나 건강검진처럼 상호참여적인 관계(성인-성인)일 때도 있다. 과거에는 전자의 모델이 전형이었다면 현대에는 후자를 지향한다고 이야기하는 경우도 있지만, 사실 어떤 모델이 절대적으로 옳다, 또는 좋다고 이야기 할 수는 없다. 상황에 따라, 사안에 따라 모델은 바뀌기도 하고, 환자와 의사가 생각하는 건강이라는 목표가 다른 경우 어떤 모델이라도 불화가 일어나기도 한다.

의사가 보기에 마땅히 필요한 치료인데, 가족을 돌보느라, 아니면 일 때문에 일정을 내기 어려워 수술이나 처치를 연기하는 환자는 비이성적으로 여겨진다. 2센티미터 근종으로 초음파를 보러 가면 건강염려증 환자 취급을 당하고, 10센티미터 근종으로 초음파를 보면 미련하고 자기애가 없는 환자 취급을 당한다. 의료인의 경우 치료의 장단점을 설명하고 선택지를 주는 것이 아니라, 이미 정해진 답을 제시하고 그러지 않으면 생기게 될 최악의 시나리오를 설파한다. 동료들과의 대화에서, 의료 경험 리뷰에서 흔히 듣는 이런 이야기들은 권위주의 지도자-이상적 환자 모델을 고수하는 데에서 발생한 불협화음이다. 반면 여러 선택지를 설명했을 때 '선생님이 결정해 주셔야죠'라며 불신의 눈초리를 보내고, 권위와 명성을 기준으로 의사를 선택해서 더 만족을 얻는 환자들의 경우 상호참여적 관계가 어렵기도 하다. 그럼에도 불구하고, 이 책은 백인 노예주 남성 의사-흑인 노예 여성이라는 능동-수동적 관계가 전통적인 의사-환자 관계의 원형이 된 기원을 보여 줌으로서 의사에게도, 환자에게도 생각할 지점을 준다.

'낙태'는 여성의 몸에 나쁘기 때문에 반대한다는 산부인과 의사들의 목소리, 임신을 하면 자궁내막증이 좋아지기 때문에 어서 결혼을 해서 임신을 하라는 조언, 암의 재발을 '실패'로 생각해 신약과 임상실험과 비급여 항암제를 써서 끝까지 '싸우자'는 입장, 이런 사고들의 기저에 치료라는 대의가 수단을 정당화해 온 것은 아닌지, 여성을 '위한다'는 선의에 압도당해 여성의 삶이 아니라 질병만 보게 것이 아닌지. 이제는 의료인도 여성도 함께, 그리고 다시 질문해야 할 때이다.

산부인과학 교과서에는 한 줄로 요약되어 있지만 의학사와 의료윤리학 책에는 수십 페이지를 차지하고 있는 피임약 개발의 역사[1], 터스키기 매독 실험[2], 탈리도마이드 사건[3] 들을 보면 여성의, 유색인의, 이등 시민의 몸이 말 그대로 배틀그라운드라는 생각이 절로 든다. 하지만 이 책이 단지 '그럼 그렇지, 의료인들이 오만하고 권위적인 게 이런 뿌리였구나'로 읽히는 데 그치길 원치 않는다. 탈권위주의와 반과학운동을 혼동하는 '안아키'나 백신 반대 운동, 피임약 음모론으로 빠지지 않길 정말이지 부탁한다. 우리는 선조 여성들의 피와 눈물이 스민 과학 발전의 산물을 어떻게 민주적이고 여성주의적으로 사용할 수 있을지를 더 고민해야 한다. 의료인과 의사의 정보의 비대칭을 어떻게 줄일 수 있을지, 여성들의 의료 경험을 모아 내는 민우회의 작업들[4], '현명한 선택choosing wisely' 운동[5]에도 관심을 갖자. 더 많은 역사를 발굴해 내 읽는 것만큼, 우리의 현재의 경험들도 더 많이 드러나야 한다.

오늘부터 심스가 고안한 질경을 '심스가 흑인 여성 노예들을 착취하여 개발한 질경'이라고 바꿔 부를 수는 없겠지만, 그리고 이 질경을 보이콧해서 안 쓸 수도 없겠지만, 적어도 이 여성들의 역사가 발굴되어 다시 읽혀서 기구를 사용할 때마다 누구에게 고마워해야 하는지 잊지 않는다는 것, 그런 마음으로 내가 맺고 있는 의사-환자 관계를 되돌아보는 것, 이것이 진정한 남북전쟁 이전 시기, 남부 흑인농장병원의 유산이 아닐까.

2021년 2월

윤정원

주

들어가며. 미국 부인과 의학과 흑인들의 삶

1. Ivy, "Bodies of Work."
2. Downs, *Sick from Freedom*과 Samuel K. Roberts, *Infectious Fear* 참조.
3. 인도의 아유르베다는 서구권 밖의 체액 체계이다. 이 체액 체계는 검은 담즙, 황담즙, 가래, 혈액으로 이루어져 있다. 이 체계는 19세기까지 널리 받아들여졌다.
4. Willoughby, "Pedagogies of the Black Body," p. 4.
5. Hartman, *Scenes of Subjection*, p. 58 참조. 하트먼은 노예제 동안의 인종적 지배와 흑인이 테러와 저항을 사용해 정체성을 창조한 방법에 대해 연구했다.
6. "의학적 초신체"라는 용어는 Michele Wallace의 흑인 페미니즘 도서 『흑인 마초와 슈퍼우먼에 대한 신화*Black Macho and the Myth of the Superwoman*』에서 영감을 받아 만든 것이다. 이 책은 미국 사회에서 흑인 여성의 역할과 그들의 낮은 지위를 다룬다.
7. O'Neill, *Five Bodies*, p. 123.
8. 위의 책, p. 132.
9. Camp, *Closer to Freedom*, p. 8.
10. Walter Johnson, *Soul by Soul*, p. 136.
11. Gilman, "Black Bodies, White Bodies."
12. Stowe, *Doctoring the South*, p. 3.
13. 노예제와 의학의 역사에 초점을 맞춘 문헌들이 계속 늘어나고 있다. 이런 문헌들에 대한 정보를 더 얻고 싶다면 작고한 Marli Weiner, Sharla Fett, Marie Jenkins Schwartz, V. Lynn Kennedy와 같은 역사가들의 저작을 참고하라.

14. 아일랜드 이민자 여성에 대한 2차 자료는 주로 Kuhn McGregor, *From Midwives to Medicine*에서 얻은 것이다.

15. Bliss, *Blockley Days*; Dosite Postell, *Health of Slaves on Southern Plantations*; Emmet, *Reminiscences of the Founders*; Meigs, *Females and Their Diseases*; Sims, *Story of My Life* 참조.

16. Taylor, "Women in the Documents."

17. Breeden, *Advice among Masters* 참조.

18. 위의 책, p. 164.

19. Sandoval, *Methodology of the Oppressed* 참조. 이 책에서는 사랑을 분석의 범주로 삼는다. 그리고 나는 노예 여성의 투쟁에서 탄생한 '억압받는 자의 방법론'을 구성하는 주된 요소는 사랑의 정치화라고 본다.

20. Philips, *American Negro Slavery.*

21. Blassingame, *Slave Testimony,* p. 380.

22. Schroeder, *Slave to the Body*, p. 107.

23. Fanon, *Black Skin, White Masks,* p. 110.

1장. 미국 부인과 의학의 탄생

1. Beverly, *History and Present State* 참조.

2. Minges, *Far More Terrible for Women,* p. 183.

3. 위의 책, p. 182.

4. Yetman, *Voices from Slavery*, p. 262.

5. 남성 조산사와 14~15세기 동안, 특히 이탈리아에서 여성의학에 있어서 남성적 권위가 부상한 상황에 대해서 잘 정리된 역사를 확인하고 싶다면 Monica H. Green, *Making Women's Medicine Masculine*, 그중에도 6장 "The Masculine Birth of Gynaecology"를 참조하라.

6. Walzer Leavitt, *Women and Health in America*, p. 149.

7. Breeden, *Advice among Masters* 참조.

8. Ebert, "Rise and Development," p. 243.

9. 위의 책.

10. 위의 책, p. 247.

11. 위의 책, p. 260.

12. Sims, *Story of My Life*, p. 116.

13. Stephen Kenny, "Development of Medical Museums," p. 12.

14. Dain, H*ideous Monster of the Mind,* p. vii.

15. Walter Johnson, *Soul by Soul,* p. 136.

16. Gilman, "Black Bodies, White Bodies."

17. Spillers, "Mama's Baby, Papa's Maybe."

18. Eve, Meigs, "Article XII."

19. Pernick, *Calculus of Suffering,* p. 137.

20. 위의 책.

21. Eve, Meigs, 위의 글, p. 395. Charles Meigs는 대단히 유명한 산부인과의사이자 교수였다.

22. Schiebinger, Nature's Body, p. 60.

23. 이미 14세기부터 모험심이 강한 유럽 남성들이 *The Travels of Sir John Mandeville*과 같은 인기 있는 여행기를 엮어서 아시아, 아프리카, 이후에는 아메리카를 여행하면서 그들이 만났다고 하는 사람들의 차이점을 소개하고 논의했다. 이 이야기의 필자는 흑인 여성이 남성이든 여성이든 그 앞에서 벗은 몸을 보이는 데 거리낌이 없음에 놀라움을 표현했다. 그는 "에티오피아 여성들은 남성에 대한 수치심이 없었다."고 적었다. Morgan, *Laboring Women,* p. 16을 참조하라. 19세기의 인종 이론을 가리키는 말로는 "과학적 인종차별주의"보다 "생물학적 인종차별주의Bio-racism"가 더 정확하다.

24. Wood, *Origins of American Slavery,* p. 25.

25. Jefferson, *Notes on the State of Virginia.*

26. 위의 책.

27. 현대의 학자들은 이런 "과학" 연구를 유사과학 인종차별주의라고 부른다.

28. Gould, *Mismeasure of Man.*

29. Redpath, *Roving Editor,* p. 141.

30. Kuhn McGregor, *From Midwives to Medicine,* p. 111.

31. Brunton, *Women's Health and Medicine,* pp. 51~52.

32. Caton, *What a Blessing,* p. 26.

33. 18~19세기 동안 미국 의학의 고정적 성질에 대한 논의는 Breslaw, *Lotions, Potions, Pills, and Magic*을 참조하라.

34. Rutkow, "Medical Education."

35. Waring, *History of Medicine,* p. 169.

36. 이 의사들은 전부 노예 환자와 백인 환자 모두와 연구를 시작했다. 이 사람들이 생식의학을 변화시키고 수십 년이 흐른 후 이들은 동료들에게 다양한 미국 의학 분야의 "아버지"라는 칭호를 선사받았다.

37. Savitt, *Medicine and Slavery*, pp. 293~297.

38. John Spurlock, "Vesicovaginal Fistula," Medscape, 2016년 3월 1일(http://emediccine.medscape.com/article/267943-overview, 2016년 10월 11일 접속).

39. Sims, *Story of My Life*, p. 241.

40. Wright, "On the Prussiate of Iron," pp. 282~283.

41. 위의 글.

42. 위의 글, p. 283. 노예 여성이 6파운드(약 2.72킬로그램)의 피를 흘렸을 가능성은 매우 낮다. 그렇게 짧은 시간에 그 정도로 피를 흘렸다면, 그 노예 여성은 쇼크로 사망했을 것이다. 인간의 몸에 들어 있는 혈액은 6쿼터(약 5.7리터)이다. 라이트는 이 양을 잘못 계산했을 것이다.

43. 위의 글.

44. Breslaw, 앞의 책, p. 131.

45. Wright, 앞의 글, p. 280. 라이트는 이 조산사의 인종을 언급하지 않았지만 나는 이 여성 조산사가 백인이라고 생각한다. 거기에는 몇 가지 이유가 있지만 주된 이유는 그가 철 시안화물에 접근할 수 있었다는 점이다.

46. 위의 글, p. 281. 철 시안화물은 진한 푸른 색상 때문에 흔히 프러시안 블루라고 불린다. 프러시안 블루는 페로시아니드 제2철염이 산화될 때 생성된다.

47. 위의 글.

48. Weiner, *Hough, Sex, Sickness, and Slavery,* p. 43.

49. Archer, "Facts Illustrating a Disease," p. 319. 해당 기사는 여성 음순이 어떻게 달라붙었는지에 대한 정보는 제공하지 않는다. 비위생적인 환경으로 노예 여성의 음순이 달라붙었다는 아처 박사의 주장은 잘못된 것이다. 현대의 학자와 연구자 들이 저술한 아프리카의 잔존 관행

과 여성 생식기 훼손에 관한 수많은 연구는 이 노예 여성의 상태가 어디에서 비롯되었는지에 대한 보다 정확한 설명을 제공한다. 이러한 종류의 통과 의례에 대한 역사적 이해는 Gomez, *Exchanging Our Country Marks*를 참조하라.

50. Archer, 앞의 글, p. 319.

51. 위의 글.

52. 위의 글.

53. Schachner, *Ephraim McDowell*, p. 131.

54. Young Ridenbaugh, *Biography of Ephraim McDowell*, p. 88.

55. 위의 책.

56. Nystrom, "Everyday Life in Danville." 당시 댄빌에는 432명이 살았고 주민 대부분은 백인이었다.

57. Johnston, *Sketch of Dr. John Peter Mettauer*, p. 9.

58. Mettauer, "On Vesico-Vaginal Fistula," p. 120.

59. Hartman, *Scenes of Subjection*, p. 85.

60. Sims, 앞의 책, p. 116.

61. 위의 책, p. 32.

62. 제임스 매리언 심스가 발간한 7개의 논문을 출간 순으로 나열하면 다음과 같다. "Double Congenital Harelip—bsence of the Superior Incisors, and Their Portion of Alveolar Process" (1844); "On the Extraction of Foreign Bodies from the Meatus Auditorius Externus" (1845); "Trismus Nascentium, Its Pathology and Treatment" (1846); "Removal of the Superior Maxilla for a Tumor of the Antrum. Apparent Cure. Return of the Disease. Second Operation. Sequel" (1847); "Osteo-Sarcoma of the Lower Jaw. Removal of the Body of the Bone without External Mutilation" (1847); "Further Observations of Trismus Nascentium, with Cases Illustrating Its Etiology and Treatment" (1848); "On the Treatment of Vesico-Vaginal Fistula" (1852).

63. Sims, 앞의 책, p. 231.

64. 위의 책, p. 227.

65. 위의 책.

66. 위의 책, p. 236.

67. Sims, *Silver Sutures in Surgery,* p. 52.

68. Ewell, *Medical Companion or Family Physician*, p. 46.

69. Dosite Postell, *Health of Slaves*, p. 138.

70. Douglass, "Brief Essay," p. 218.

71. Sims, *Story of My Life,* p. 237.

72. Barker-Benfield, *Horrors of the Half-Known Life.*

73. Federal Census, Montgomery Ward, Montgomery, Alabama, 1850년 12월 5일.

74. "Announcements."

75. Harriet Washington, *Medical Apartheid* 참조. 워싱턴은 제임스 매리언 심스와 같은 선구적인 의사들이 노예 여성의 치료에서 의도적으로 인종차별주의적이고 잔인했다고 주장한다. 흑인 환자들을 대상으로 연구한 남부 백인 의사 대부분은 노예 여성들의 열등함을 한 치의 의심 없이 믿었지만, 그들을 고의적으로 불구로 만들고 살해하는 것은 노예제도의 경제적 이익에 반하는 일이었다. 19세기의 모든 의학은 실험적이고 극히 위험했다. 또한 워싱턴의 주장대로 흑인 여성들은 더 취약한 환자 집단이었지만, 기록으로 남은 증거를 보면 백인 의사들이 생식 능력을 통해 노예제도를 존속시키는 흑인 여성에게 가학적인 행동을 해서 의학적 대상으로서의 가치를 낮추지는 않았을 것이라 짐작된다.

76. Rosenberg, *Care of Strangers,* p. 89.

77. 1853년 3월의 의료 메모, William Darrach, George M. Darrach, U.S. National Library of Medicine, National Institutes of Health, Bethesda, Md. 마누스는 치료를 받기 위해 이 의사에게 자신이 임신했다는 정보를 주었을 것이다. 마누스가 죽음이나 아이와 헤어지는 것을 두려워했다면 특히 더 그렇다. 수종은 신체의 구멍이나 조직 내에 심각한 부종을 유발하는 질환이다.

2장. 노예제와 의학에서 흑인 여성의 경험

1. 백인 남성 대부분은 '뉴딜 대통령' 프랭클린 루즈벨트가 만든 산업진흥국에서 일을 했다. 제네바 톤실은 산업진흥국의 후원 하에 과거 노예였던 사람들과 면담한 소수의 아프리카계 미국인을 대표한다. 노

예였던 남성과 여성이 인종적 우세함을 과시하는 백인 면담자에게 굽실거렸을 수 있었다는 데 대한 많은 글을 보면, 그의 존재는 예외적이었다. 학자들은 제네바 톤실의 질문에 줄리아 브라운이 어느 정도로 솔직하게 답했는지 결코 알 수 없겠지만, 우리는 브라운이 악랄한 인종차별주의적 '짐 크로 아메리카Jim Crow America'(1862년 미국은 인종차별법을 폐지시켰으나 공공장소에서 흑인과 백인의 분리와 차별을 규정한 짐 크로법이 1876년부터 1965년까지 존재해 공공연한 인종차별이 존재했다.—옮긴이)를 살았던 아프리카계 미국인 여성 인터뷰어에게 친숙함과 공동체와 연관된 동류의식을 느꼈을 것이라는 합리적 추측이 가능하다.

2. Yetman, *Voices from Slavery*, p. 48; "Ex-Slave Interviews," p. 182.

3. *Arkansas Narratives*, p. 231.

4. Athey v. Olive, 34 Alabama 711(1859)(http://www.lib.auburn.edu/archive/aghy/slaves.htm, 2015년 3월 25일 접속).

5. Dorothy Roberts, *Killing the Black Body*, p. 40.

6. Fett, *Working Cures*, p. 20.

7. Hurmence, *We Lived*, p. 100.

8. Jacobs, *Incidents in the Life*, p. 13.

9. Clayton, *Mother Wit*, p. 48.

10. William Lincrieux가 Huger에게 보낸 편지, 1847년 7월 3일, Cleland Kinloch Huger Papers, South Caroliniana Library, University of South Carolina, Columbia.

11. Apter, "Blood of Mothers."

12. 위의 글.

13. Schiebinger, *Nature's Body*, p. 160.

14. Archer, "Facts Illustrating a Disease," p. 320.

15. 위의 글.

16. Bellinger, "Art. I.," pp. 241~242.

17. 위의 글, p. 242.

18. 위의 글, p. 243.

19. Stephen N. Harris, "Case of Ovarian Pregnancy," pp. 371~372.

20. 위의 글, p. 372.

21. 위의 글, p. 372. 당시의 의사들은 아이오딘화칼륨의 사용이 자궁 내 태아에 갑상선종을 발달시킬 위험이 있기는 하지만 생명을 위협한다고 생각지 않았다. 이 물질은 소금을 아이오딘화시키는 약물로 갑상선 치료에 도움을 준다.

22. 위의 글 pp. 371~372.

23. 위의 글, p. 372.

24. Tidyman, "Sketch," p. 337.

25. Weyers, *Abuse of Man*, p. 43.

26. 위의 책.

27. Account Book, 1826, Frame 00154, John Peter Mettauer Papers, National Library of Medicine, National Institutes of Health, Bethesda, Maryland. 일반적으로 백인 의사들은 출산에 20달러를 청구했다. 메타우어는 1826년 11월 윌리엄 하인즈의 노예 농장으로 "진통 중인 흑인 여성"을 왕진하러 가서 이 액수를 받았다.

28. 매매계약취소redhibition는 "물품 판매의 무효, 구매자의 사주가 있었을 때의 매도인에 대한 반환, (또한) 어떤 결함을 근거로 매도인이 판매된 물품을 회수하도록 하는 민사소송"이다. 당대의 "불량품법lemon law"과 유사하다. Oxford English Dictionary, 2016 online ed., s.v. "redhibition."

29. Tunnicliff Catterall, *Judicial Cases concerning American Slavery,* 2:320.

30. 위의 책.

31. 위의 책, 2:321.

32. 위의 책.

33. 위의 책, 2:331.

34. Pendelton, "Comparative Fecundity."

35. Nell Irvin Painter, *Soul Murder and Slavery*를 참조하라. Painter는 "영혼 살인soul murder"을 주인으로부터 성적, 감정적, 육체적 학대를 당한 노예, 특히 어린이들에게 영향을 주는 잔혹 행위로 정의한다. 페인터는 정신의학을 통해 "영혼 살인"의 피해자들이 감정을 억누른다고 말한다. 그는 영혼 살인이 남북전쟁 이전 시대 노예제의 일반적인 특징으로, 심각한 폭력에 바탕을 둔다고 주장한다.

36. Yetman, *Voices from Slavery*, p. 133.

37. Wyant Howell, *I Was a Slave*, pp. 24~25.

38. 위의 책, p. 25.

39. Williams, *Weren't No Good Times*, p. 78.

40. Sharla Fett, *Working Cures* 참조.

41. Yetman, *Voices from Slavery*, p. 47.

42. Eve, Meigs, "Article XII," p. 398.

43. Sharla Fett, 앞의 책 참조.

44. Yetman, 앞의 책, p. 230.

45. Dosite Postell, *Health of Slaves*, p. 118.

46. Tunnicliff Catterall, 앞의 책, 2:672.

47. 위의 책.

48. 위의 책. 이 소송 사건은 노예 여성이 자신의 상태를 새로운 주인에게 보고함에 있어서 "지연이나 주저함이 없었다"고 언급하고 있다. 이 여성이 병을 인정한 때는 그달 15일 혹은 20일로 주인이 그의 소유권을 취득한 후부터 12~17일의 기간이 있기는 했지만 말이다.

49. Breslaw, *Lotions, Potions, Pills, Magic*, p. 117.

50. "cachexia Africana"라는 용어는 미국인종학파의 창립자인 Samuel Cartwright가 만들었다. 그는 《DeBow's Review》에 게재된 "Diseases and Peculiarities of the Negro Race"에서 처음으로 이 용어를 사용했다.

51. Harrison, "Cases in Midwifery," p. 369.

52. 위의 글.

53. 위의 글, p. 369.

54. 연구가 밝힌 바에 따르면, 이 두 저널이 사용된 것은 1830년에서 1850년까지 20년 동안 계속 발행된 유일한 저널들이기 때문이다. 19세기 의학 저널은 대부분 수명이 대단히 짧았다.

55. 《Boston Medical and Surgical Journal》은 이후 《New England Journal of Medicine》으로 바뀌어 지금까지 발행되고 있다.

56. 이 노예 여성이 세계적으로 노예 거래가 끝나기 전인 1747년 태어났다면, 그는 서아프리카에서 태어났을 가능성이 높다. 그렇다면 그는 소녀에서 여성으로의 이행을 기념하는 할례 의식을 받았을 확률이 높다. 짐작일 뿐이지만, 그는 아마 어린 시절에 음핵절제를 받았을 것이다. 미국에 노예로 팔린 후, 이 나이 든 노예 여성은 민족 문화나 음

핵절제 이후에 몸을 어떻게 관리해야 하는지, 질 통증을 없애는 방법(존재한다면)에 대한 정보를 제공할 여성 사회로부터 유리되었다. 어린 시절 훼손된 질을 가지고 있는데다 이후 백인 남성이 오로지 손가락으로만 훼손된 질을 진찰하는 것은 그를 몹시 불안하게 만드는 경험이었음이 분명하다.

57. Bellinger, "Art. I," p. 248.

58. 위의 글.

59. 위의 글.

60. Dr. James Spann의 1838년 2월 10일자 Appraisement of the Personal Estate 사본, South Caroliniana Library, University of South Carolina, Columbia.

61. Deborah Gray White, Ar'n't I A Woman? 3장, pp. 91~118 참조. 이 장은 여성 노예의 삶이 어린 시절부터 노년까지 어떻게 변화하는지 상세히 논하고 있다. Gray White는 이 여성들의 삶에서 재생산과 여성성이 가지는 중요성도 상술한다.

62. Harrison, "Cases in Midwifery," p. 367.

63. 위의 글, p. 368.

64. Rawick, *American Slave,* p. 128.

65. Morris, *Culture of Pain*, p. 2.

66. Dorothy Roberts, *Killing the Black Body,* p. 42.

67. Yetman, *Voices from Slavery.*

68. 세 명의 인터뷰 대상자가 7월에 태어났다. 전체에서 7월 출생자의 비율은 11.11퍼센트이다.

69. 출산과 노예 여성에 관해서는 많은 사료가 있다. 예를 들어 Cheryll Ann Cody의 주요 논문 "Cycles of Work and of Childbearing: Seasonality in Women's Lives on Low Country Plantations"를 참조하라. 코디는 "사탕수수 재배 지역이 아닌 곳의 노예 여성들은 … 많은 수의 아이를 낳아 미국의 경우와 같이 인구 증가에 기여했다"고 적고 있다(Gaspar, Clark Hine, More Than Chattel, p. 61). 또한 이 저자는 학자들이 "농사일의 계절적 변동과 출산의 계절적 변동"을 관찰함으로써 "작물 생산의 연간 주기"가 임신이나 출산과 어떻게 관련되어 있는지 평가할 수 있다고 주장했다(p. 62).

70. Gaillard, "Art. VII," p. 499.

71. "List of Negroes, 1844 – 1859," Plantation Books, Glover Family Papers, South Caroliniana Library, University of South Carolina, Columbia. 더불어 노예 생식력에 대한 문헌들이 Glover Plantation의 노예 출생 자료를 정량화하는데 도움이 되었다는 점에 주목하라. 영양, 노동, 생식력 사이의 인과적 관계에 대한 보다 자세한 내용은 Menken, Trussel, Watkins의 논문 "The Nutrition Fertility Link"를 참조하라.

72. "List of Negroes, 1844 – 1859," Glover Family Papers.

73. "List of Negroes Sold, January 28, 1851," Plantation Book, Glover Family Papers, South Caroliniana Library, University of South Carolina, Columbia.

74. "List of Inferior Negroes at Richfield Plantation, Belonging to Joseph and Edward Glover, 1852," Plantation Book, Glover Family Papers, South Caroliniana Library, University of South Carolina, Columbia.

75. Blassingame, *Slave Testimony,* p. 380.

76. 위의 책, p. 169.

77. Breeden, *Advice among Masters,* p. 169.

78. Woodman, *Slavery and the Southern Economy*, p. 89. 임신기 강도 높은 노동이 저체중아 출산에 미치는 영향에 대한 보다 자세한 정보는 Campbell, "Work, Pregnancy, and Infant Mortality"를 참조하라.

79. Craghead, "Remarkable Case of Double Pregnancy," p. 114.

80. Breeden, 앞의 책, p. 164.

81. Nordhoff, *Freedmen of South-Carolina,* p. 6.

82. Hurmence, *Before Freedom,* p. 37.

83. Yetman, *Voices from Slavery,* p. 134.

84. Hurmence, 앞의 책, p. 79.

85. Medical Case Book (1860 – 1862), series/collection mc51, folder 246, J. J. A. Smith Papers, University of Alabama Archives, University of Alabama at Birmingham.

86. Hurmence, 앞의 책, p. 40.

87. Perdue, Barden, Phillips, *Weevils in the Wheat,* p. 142.

88. 위의 책. 노예의 부성에 대한 또 다른 논의로는 Edward Baptist의 "The Absent Subject"를 참조하라.

89. 노예였던 Mary Reynolds의 서사, *American Slave Narratives.*

90. Minges, Far More Terrible for Women, p. 26.

91. Alice Walker는 1979년 단편인 "Coming Apart"에서 "womanism"이라는 용어를 만들어 냈다. 그는 그 이론의 근거를 페미니즘과 흑인 여성이 미국 사회에서 직면했던 억압적인 문화적, 성적, 인종적 현실에 두었다.

92. Minges, 앞의 책, p. 26.

93. 더 많은 정보는 흑인 여성, 강간, 상이점에 대한 Darlene Clark Hines의 획기적인 논문 "Rape and the Inner Lives of Black Women in the Middle West"를 참조하라.

3장. 상충적 관계—노예제, 성, 의학

1. Bailey, "Art. XI."

2. 위의 글.

3. 위의 글.

4. Peixotto, Rhinelander와 Graves, *New York Medical Journal*, 141.

5. Felstein, *Once a Slave*, p. 132. 다음 단락은 몇몇 흑인 소녀가 당한 강간의 결과를 설명한다. "여주인이 아이를 때리고 훈제실에 가두었다. 2주 동안 그 소녀는 계속 채찍질을 당했다. 나이 든 하인 몇 명이 마리아 대신 사정을 했고 심지어는 '비난을 받아야 할 사람은 주인'이라는 언질을 주기까지 했다. 여주인의 대답은 평소와 같았다. '앞으로는 정신을 차리겠지. 이렇게 했으니 다시는 모르고 그런 짓을 하진 못할 거야.'"

6. Bailey, 앞의 글.

7. Jacobs, *Incidents in the Life*, p. 55.

8. 위의 책, p. 52.

9. Blassingame, *Slave Testimony*, p. 380.

10. Harrison, "Cases in Midwifery," p. 368.

11. 위의 글.

12. George (a slave) v. State, 37 Miss 316, 1859년 10월, p. 1249, Mississippi High Court of Errors and Appeals, Mississippi Supreme Court, Mississippi State Cases: Being Criminal Cases Decided in the High Court of Errors and

Appeals, the Supreme Court of the State of Mississippi: the June Term 1818-the First Monday in January 1872, p. 1249.

13. Melton, *Celia, a Slave* 참조.

14. Fogel은 *In Without Consent or Contract*를 통해 트리니다드 노예 여성의 영아 사망률과 미국 여성 노예의 영아 사망률을 폭넓게 다루고 있다. 포겔은 "고위험군 사회에서는 전체 유아 사망의 약 60퍼센트가 출생 후 첫 달 안에 발생했으며, 이러한 조기 사망의 절반 가까이가 출생 후 몇 시간 내에 또는 며칠 내에 발생했다"고 밝혔다. 그가 언급한 기간은 1830~1850년경이다. Richard H. Steckel에 따르면 남부 지방의 백인 영아 사망률은 흑인 노예 영아들의 사망률만큼이나 높다. 스테켈이 조사한 내용은 다음과 같다. "농장 기록을 기반으로 계산한 노예 영아 사망률은 1000명당 233명이다. 1세까지 생존한 어린이 1000명 중 약 201명은 5세까지 살아남지 못했다. 노예와 백인 사망률이 달랐을 수 있다는 점은 인정되지만, 이 자료들은 40퍼센트에 가까운 [백인 영아 사망률] 수치가 불합리하지 않다는 것을 암시한다." Steckel, "Antebellum Southern White Fertility," p. 336.

15. Block, *Rape and Sexual Power*, p. 100.

16. Dorothy Roberts, *Killing the Black Body*, pp. 29~31.

17. Sommerville, *Rape and Race*, p. 265.

18. Fett, *Working Cures*, p. 11.

19. Wragg, "Article II," pp. 146~147.

20. 위의 글, p. 147.

21. Flexner, *Medical Education*, p. 3.

22. Savitt, 7장과 8장은 실험적 수술과 시술에서 흑인의 용도를 이해하는 데 꼭 필요하다.

23. Dosite Postell, *Health of Slaves*, p. 118.

24. 남북전쟁 이전 뉴올리언스 노예시장에 대한 Walter Johnson의 철저한 연구는 노예 상인들에게 평가를 받는 동안 노예 여성들이 견뎌야 했던 의료 검진을 기록하고 있다.

25. Finley, "Article V," p. 263.

26. 위의 글. 이 노예 여성은 유방암이나 유방 섬유낭병, 성매개감염에 의한 부인과 감염이 있었던 것으로 짐작된다.

27. 위의 글, p. 264. 흔치는 않지만, 동료들에게 질병의 원인을 찾아달라고 도움을 청하는 관행이 그리 드물지는 않았다.

28. 위의 글.

29. Hegel, *Phenomenology of Mind,* p. 235.

30. Wyant Howell, *I Was a Slave,* pp. 28~29.

31. 위의 책, p. 29.

32. Hill Collins, *Fighting Words*, p. 80.

33. Minges, *Far More Terrible for Women*, p. 183.

34. Williams, *Weren't No Good Times*, p. 111.

35. Hartman, *Scenes of Subjugation,* p. 81.

36. Camp, *Closer to Freedom,* p. 4.

37. Jordan, *White over Black*, p. 32.

38. Yetman, *Voices from Slavery*, pp. 102~103.

39. Cott, *Bonds of Womanhood*, p. 187.

40. Williams, 앞의 책, p. 78.

41. Atkins, "Atkins on the Rupture."

42. Brooks Higginbotham, "African American Women's History," p. 252.

43. Atkins, "Atkins on the Rupture," p. 332.

44. Jenkins Schwartz, *Birthing a Slave*, p. 3.

45. Savitt, "Use of Blacks."

46. Perdue, Barden, Phillips, *Weevils in the Wheat,* p. 142.

47. 역사가 Evelyn Brooks Higginbotham은 이 정의를 제시하고 메타언어를 통한 이런 인종의 대체가 흑인 여성의 삶과 경험을 이해하기 어렵게 만든다고 덧붙였다.

48. Perdue, Barden, Phillips, 앞의 책, p. 142.

49. Taylor, "Women in the Documents."

50. Dusinberre, *Them Dark Days,* pp. 246~247.

51. Minges, *Far More Terrible for Women*, p. 153.

52. 1859년 루이지애나의 노예 소송 *Underwood v. Lacapere*에서 노예 주인은 6주 된 남아를 그의 어머니와 함께 팔았다. 이 아이는 기록할 만한 가치가 없었고 이 노예 여성은 800달러로 시세보다 낮은 평가를 받았다. 원고는 이 아이의 존재가 "어머니의 당시 가치를 크게 낮추었

다"고 지적했다. Helen Tunnicliff Catteral의 *Judicial Cases concerning American Slavery*, p. 670. 노예 영아의 판매는 어머니의 경제적 가치에 부정적인 영향을 주었다. 노예주들은 전적으로 의존적인 이 어린 노예들이 재정적 부담이라고 생각했기 때문이다. 아기들에게는 노예주의 재정적 투자가 필요했고 육체적, 정신적으로 노동을 할 수 있을 때까지 주인의 재산 증식에 기여할 수 없었다.

53. Minges, *Far More Terrible for Women*, pp. 152~153.

54. Berlin, Favreau, Miller, *Remembering Slavery*, p. 133.

55. Cott, *Bonds of Womanhood*, p. 193.

56. 다원론은 인간들이 다른 장소에 기원을 두고 있으며 생물학적, "인종적" 구성에 차이가 있다고 상정한다. Louis Agassiz는 다원론의 초기 옹호자 중 한 명이며 그 주제에 대해 많은 글을 남겼다. 그는 19세기에 발달한 과학적 인종차별주의의 주된 지지자이다.

57. 미주학파는 인종 간에 서로 차이가 있을 뿐 아니라 아프리카계 후손들은 유럽인들의 후손에 비해 생래적으로 열등하다고 주장하는 미국 의사, 민족학자, 박물학자 들에 의해 발달되었다. 이런 생물학 기반의 인종 과학의 주창자들은 두골 계측법이나 골격 연구, 안면 각도 분석에 의존해 흑인들이 유인원에 얼마나 가까운지 판단했다.

4장. 아일랜드 여성 이민자와 미국 부인과 의학

1. "궁핍한 이민자들Destitute Emigrants."

2. 2015년 9월 19일 뉴욕 브루클린에서 Natalie Leger의 언급. Noel Ignatiev의 *How the Irish Became White*와 Hasia Diner의 *Erin's Daughters in America*도 참조하라. 영국에 의한 아일랜드인의 "othering"에 대한 논의는 Audrey Horning의 *Ireland in the Virginian Sea*를 참조하라.

3. Hassard, *Life of the Most Reverend John Hughes*, p. 309.

4. 위의 책.

5. Dorsey, *Reforming Men and Women*, pp. 195~240.

6. "The Missing Link," Punch, 1862년 10월 18일, p. 165.

7. Maguire, *Irish in America*, p. 181.

8. 위의 책, p. 340.

9. Fitzgerald, *Habits of Compassion*, p. 58.

10. Richardson, *History of the Sisters of Charity Hospital,* p. 2.

11. the House of the Good Shepherd에서 한 일과 그 기관이 아일랜드 태생 성 노동자들의 삶에 미친 영향에 대한 보다 상세한 사항은 Maureen Fitzgerald의 *Habits of Compassion,* 2장, 특히 pp. 73~76을 참조하라.

12. 위의 책, p. 74.

13. Sanger, *History of Prostitution,* p. 594. 1857년 블랙웰스아일랜드에 불이 났고 생어의 원고와 개인 서재가 소실됐다. 그는 1856년에 마친 연구 원본을 가지고 있었다. 원고가 발표된 것은 몇 년 뒤였지만 그는 글과 연구의 완성 시점으로 이 날짜를 사용했다.

14. 위의 책, p. 594.

15. Rosenberg, Golden의 *Framing Disease,* xiv 중에서 Charles E. Rosenberg, "Framing Disease: Illness, Society, and History."

16. Sims, *Story of My Life,* p. 269. 1845년부터 1849년까지 운영한 심스의 앨라배마 노예 병원은 부인과 질환 치료만을 전문으로 하는 최초의 의료기관으로 알려졌으나, 미국 최초의 여성 병원이기도 하다.

17. McCauley, *Who Shall Take Care of Our Sick?,* p. 3.

18. "Erin's Daughters"라는 명칭은 아일랜드를 뜻하는 아일랜드어에서 유래되었다. 19세기 시인과 민족주의자 들은 아일랜드 여성을 낭만적으로 지칭할 때 이 용어를 사용했다. "Hibernia" 역시 아일랜드 여성을 가리키는 말이다. Diner의 Erin's Daughters in America 참조.

19. Rosenberg, *Care of Strangers,* p. 42.

20. Kuhn McGregor, *From Midwives to Medicine,* p. 105.

21. 위의 책, p. 109.

22. Thomas Addis Emmet는 버지니아에서 태어났지만 뉴욕에서 자랐다. 그는 남북전쟁 동안 남부에 대한 지지를 표현했다. 따라서 가족적 유대나 문화적 관련성 때문에 일부 북부인들과 마찬가지로 남부에 대한 애정을 가지고 있었다. 유명한 아일랜드 독립주의자 가문의 일원인 에밋은 메리 스미스가 아일랜드 혈통이라는 이유로 그를 차별하지는 않았더라도, 그의 피폐한 상태 때문에 반감을 가졌다.

23. 매리언 심스의 남부에 대한 지지, 그리고 그가 수술장을 구경꾼으로 메웠던 관행으로 인해 그가 남북전쟁이 시작된 직후 자신이 세웠던 병원에서 떠나야 했다는 추측이 있다.

24. Emmet, *Reminiscences of the Founders,* p. 5.

25. Kevin Kenny, *American Irish*, p. 107.

26. Gerber, *Making of an American Pluralism*, p. 130.

27. Niles, "Miscellaneous."

28. Takaki, *Iron Cages*, p. 116.

29. Lefkowitz Horowitz, *Rereading Sex*, p. 9.

30. Kevin Kenny, 앞의 책, p. 63.

31. 사우스보스턴 the House of Industry의 역사에 대한 정보는 매사추세츠 케임브리지 Harvard Business School에서 접근할 수 있다. 전자 도서관 기록은 http://www.library.hbs.edu/hc/wes/indexes/alpha/content/1001955798.html에서 이용할 수 있다.

32. Jackson, "Malformation," p. 394.

33. Dexter, "Singular Case of Hiccough," p. 195.

34. 위의 글, p. 196.

35. 위의 글.

36. 위의 글.

37. 위의 글, p. 197.

38. 위의 글.

39. Rosenberg, *Framing Diseases*, xvi.

40. Lowy, "Historiography of Biomedicine."

41. Meigs, *Lecture*, p. 5.

42. Kraut, *Silent Travelers*, p. 41.

43. Burnwell, "Article IV," p. 323.

44. 위의 글.

45. Thomas, *History of Nine Cases*, p. 11.

46. Fitzgerald, *Habits of Compassion*, p. 83.

47. Elliot, "Induction of Premature Labor," p. 331.

48. Fordos, "On the Employment," p. 206.

49. Elliot, 앞의 글, p. 333.

50. 위의 글.

51. Gliddon, Nott, "Types of Mankind."

52. Churchill, "Observations on the Diseases."

53. Thomas, *History of Nine Cases,* p. 5.

54. 위의 책, p. 6.

55. Gegan, "Case of Spontaneous Rupture," p. 360.

56. 위의 글.

57. 위의 글, p. 361.

58. 위의 글.

59. 위의 글.

60. 위의 글.

61. 위의 글, p. 362.

62. Agnew, "Vesico-Vaginal Fistula," p. 572.

63. 위의 글.

64. 위의 글.

65. 위의 글.

66. Saint Joseph Hospital의 웹사이트에는 다음과 같은 이야기가 있다. "1849년 아일랜드는 심각한 가뭄을 겪었고 이 때문에 사람들이 미국으로 도망쳐 왔다. 필라델피아에 정착한 아일랜드 이민자들에게는 의료 서비스가 절실히 필요했다. 점점 커지는 이민자들의 의료적 요구에 부응하기 위해 16번가와 지라드애비뉴 모퉁이에 튼튼한 3층 건물을 구입했다. 이곳은 필라델피아 최초의 가톨릭 병원인 Saint Joseph's Hospital로 알려지게 된다."(http://www.nphs.com /stjoinfo.html)

67. Agnew, "Vesico-Vaginal Fistula," p. 572.

68. 19세기 내내 아일랜드 여성의 신체와 이목구비는 유인원과 닮은 것으로 표현되었다. 아일랜드인을 유인원에 비유하는 역사에 대한 보다 비판적인 논의는 Curtis의 *Apes and Angels and Anglo-Saxons*를 참조하라. Roy Porter는 그의 책 Paddy and Mr. Punch에서 유인원에 대한 비유와 반아일랜드 인종차별주의에 대해 썼다. "Paddy" 와 "Mr. Punch"라는 이름은 아일랜드인을 동물에 비유한 전형적인 묘사로 영국의 유머 잡지나 문헌에서 발견된다. 더불어 Laura Briggs의 "The Race of Hysteria" 도 참조하라.

69. Briggs, "Race of Hysteria," p. 262.

70. MS B 324, William Darrach, George M. Darrach Papers, History of Medicine Division, National Library of Medicine, U.S. National Institutes of

Health, Bethesda, Md.

71. Warner, *Popular Treatise*, p. 109.

5장. 흑인 "의학적 초신체"의 역사와 의학적 시선

1. Sims, *Story of My Life*, pp. 470~471.
2. Morrison, *Race-ing Justice, En-gendering Power*, xi.
3. Curran, *Anatomy of Blackness*, pp. 223~224.
4. Anne Fausto-Sterling, "Gender, Race, and Nation: The Comparative Anatomy of 'Hottentot' Women in Europe, 1815~1817," Wallace-Sanders, *Skin Deep, Spirit Strong*, p. 72.
5. Schiebinger, *Nature's Body*, p. 135.
6. Fields, *Racecraft*, p. 17.
7. Brooks Higginbotham, "African-American Women's History," p. 252.
8. Schiebinger, 앞의 책, p. 156.
9. Breeden, *Advice among Masters*, p. 164.
10. Cartwright, "Diseases and Peculiarities."
11. Sims, 앞의 책, pp. 228~229.
12. 위의 책, p. 230.
13. 위의 책.
14. 위의 책, p. 238.
15. Curran, *Anatomy of Blackness*, p. 224.
16. Sims, 앞의 책, p. 242.
17. Curtis, *Apes and Angels*, p. 12.
18. 위의 책, p. 13.
19. Jordan, *White over Black*, p. 238.
20. Walzer Leavitt, *Women and Health in America*, p. 13.
21. 위의 책, p. 12.
22. Meigs, *Females and Their Diseases*, pp. 46~47.
23. Nell Irvin Painter는 Johann Friedrich Blumenbach가 "인류학의 아버지The Father of Anthropology"이자 "인종 과학과 인종 분류의 창시자Founding Father of racial science and the classification of races"로서 가지는 중요성에 주목한다. 블루멘바흐의 인종 과학 연구의 관련성에 대

한 더 많은 정보는 Irvin Painter의 미발표 논문, "Why Are White People Called 'Caucasian'?"에서 찾을 수 있다.

24. Schiebinger, *Nature's Body*, p. 163.

25. 위의 책.

26. Gallaher, "Case of Rupture," p. 291.

27. Code of Ethics, p. 5.

28. 위의 글, pp. 7, 9.

29. Archer, "Facts Illustrating a Disease," p. 323.

30. Baptist, Camp, *New Studies in the History*, p. 93의 Stephanie M. H. Camp, "The Pleasures of Resistance: Enslaved Women and Body Politics in the Plantation South, 1830–1861." 캠프는 "법을 위반한 신체outlawed body"가 노예들에게 "즐거움과 저항의 공간"이었다고 정의한다. 또한 그는 이 법을 위반한 신체를 "제3의 신체 … 이자 정치적 공간"으로 본다.

31. Archer, 앞의 글, p. 323.

32. Archer에 대한 보다 상세한 정보는, J. Alexis Shriver의 전기체 기사 "Dr. John Archer"를 참조하라.

33. Archer, 앞의 글, p. 323.

34. Wyant Howell, *I Was a Slave,* p. 15.

35. 위의 책. 과거 노예였던 Laura Clark는 WPA 인터뷰에서 "엄마에게는 아이가 스무 명 있었다"고 답했으나 Lulu Wilson은 그가 부모의 유일한 아이였다고 전했다. 이 여성에게 형제가 없었다는 사실에 근거하면 그의 어머니는 다른 남자와 억지로 "혼인"했고 "19명의 아이"를 낳았던 것이다.

36. 위의 책, p. 33.

37. Minges, *Far More Terrible for Women,* p. 22.

38. 위의 책, p. 22.

39. Pernick, *Calculus of Suffering*, p. 156.

40. Wyant Howell, 앞의 책, p. 33.

41. Kemble, *Journal of a Residence*, pp. 363~364.

42. 위의 책.

43. 위의 책.

44. 위의 책.

45. Heustis, "Case of Strangulated Umbilical Hernia," p. 380.

46. 위의 글, p. 381.

47. 미국의 저명한 의사이며 친노예제 인종차별주의자인 Samuel Cartwright는 흑인의 생물학적 결함이 그들이 함족과 연관되어 있기 때문이라는 "과학적" 설명을 내놓았다. 카트라이트는 이렇게 적었다. "그의 히브리식 이름이 파생된 동사는 안으로 굽은 무릎의 위치를 가리키며, 비열한 성향을 명확하게 표현한다. … 가나안의 아버지인 함, 이 흑인은 무릎을 굽히는 인류 종족, 즉 노예의 선조이며 … 흑인은 세계 어디에서나 시대를 막론하고 효율적인 표식 … 검은 표식을 지니고 있었다." McKitrick, *Slavery Defended*, p. 143의 Samuel Cartwright, "The Prognathous Species of Mankind."

48. Harding, "Taking Responsibility," p. 14.

49. Jenkins Schwartz, *Birthing a Slave*, p. 3.

50. 위의 책, p. 3.

51. Hurston, "What White Publishers Won't Print."

52. 이 장의 여러 부분들은 *Power in History: From Medieval Ireland to the Post-Modern World*, ed. Anthony McElligott, Liam Chambers, Ciara Breathnach, Catherine Lawless(Dublin: Irish Academic Press, 2011)에서 내가 쓴 장, "Perfecting the Degraded Body: Slavery, Irish-Immigration, and American Gynaecology"에서 찾아볼 수 있다.

나가며

1. 아프리카계 미국인 내분비학자 Desiree McCarthy-Keith 박사는 "백인 여성의 불임률이 7퍼센트인데 반해 흑인 여성의 불임률은 11.5퍼센트이다. … 그러나 여러 연구는 흑인 여성이 불임 치료를 덜 이용한다는 것을 보여 준다"고 썼다. Georgia Reproductive Specialists, "African American Women and Infertility: An Unmet Need," PR Newswire, 2012년 4월 2일(http://www.prnewswire.com/news-releases/african-american-women-and-infertility-an-unmet-need-145776205.html).

2. Spillers, "Mama's Baby, Papa's Maybe," p. 65.

추천의 글

1. 초기 피임약 개발 기간에는 고용량 호르몬제들이 실험적으로 사용되었고, 이로 인해 유방암이나 정맥혈전증 사망도 많았다. 대규모 임상실험 결과가 있어야 식품의약품안전처의 허가를 받고 시판을 할 수 있었기에, 개발자 존 록John Rock과 그레고리 핑커스Gregory Pincus는 1956년 푸에르토리코에서 대규모 임상시험을 시행했다. 미국령이며, 세계에서 가장 인구가 밀집된 지역이었고, 인구 조절이 필요한 정부와 적은 액수의 보상금에도 실험에 참여할 가난한 여성들까지, 푸에르토리코는 최적의 실험 장소였다. 참여자들은 임상시험이 아니라 피임약인줄만 알고 실험에 참여했다. 이 실험으로 발생한 수 건의 사망 사례는 인과성 조사조차 되지 않았고, 오심과 구토 같은 증상은 가벼운 부작용이라고 무시되었다. 현재는 임상시험윤리가 훨씬 더 강화되었고, 피임약 용량도 최소량으로 사용되고 있지만, 푸에르토리코 실험은 피임약 개발의 역사에서 여전히 오점으로 남아 있다.

2. 미국 공중보건국Public Health Service에서 1932년부터 시작해 40여년간 행해진 미국 역사 최악의 임상실험이다. 미국 앨라바마주 터스키기에 거주하는 400여 명의 가난하고 대부분 문맹인 흑인들을 대상으로, 초기에는 완치법이 없었던 매독 발병률에 대한 연구 및 보존적인 치료를 제공하는 프로그램으로 시작됐다. 하지만 매독에 효과적인 페니실린이 1947년 표준적인 치료법으로 상용화된 후에도 연구자들은 매독의 자연 진행 경과를 관찰하기 위해 피험자들을 속이면서 치료제를 제공해 주지 않았다. 피임을 해야 한다고 알려 주거나 선천성 매독을 방지할 치료 역시 제공하지 않았다. 1966년에서야 내부고발로 언론에 이 사건이 알려지면서 연구는 중단되었고, 인간참여연구에 대한 윤리기준이 제정되었다. 1997년에서야 빌 클린턴 대통령이 국가 차원에서 공식적으로 사죄하였다.

3. 1957년 독일의 한 제약 회사에서 임산부의 입덧 방지제로 출시한 탈리도마이드는 동물실험에서 아무 부작용이 없었기에, 인간 임상실험을 건너뛰고 시장에 출시되었다. 하지만 1960년에서 1961년사이에 이 약을 복용한 여성들이 사지가 소실되거나 짧은 기형아를 출산하면서, 이 약이 인간에서는 혈관 생성을 억제한다는 것이 밝혀졌고, 그 위험성이 드러나 1962년 판매가 중지되었다. 그 사이 유럽을 포함해 세계

전역 48개국에서 1만 2000명이 넘는 피해자가 태어났다.

4. 여성 중증질환 경험수기집 『아플 수 있잖아』(https://www.womenlink.or.kr/publications/22900), 산부인과 의료경험 사례집 『혹시, 산부인과 가 봤어?』(http://womenlink.or.kr/minwoo_actions/19379).

5. 2012년 미국 의료계에서 시작되어 유럽 지역까지 확산된 운동이다. 불필요한 검사와 처치를 줄여 과잉진단, 의료비 증가를 막기 위해 의사들이 학회의 가이드라인에 따라 스스로 적정진료를 하자는 취지로 시작되었다. 각 학회들에서 '소아 단순 감기에는 항생제를 투여하지 않는다', '양성질환으로 자궁절제술 시 난소를 무조건 같이 제거하지 않는다', '65세 이하 여성에서는 정례적으로 골다공증 검사를 하지 않는다' 같은 원칙들을 수 개씩 제출해, 환자와 의료인이 검색할 수 있도록 하였다. 한국에서는 대한암학회에서 '암 치료의 올바른 선택'이라는 이름으로 처음 캠페인을 시작했다(Choosing wisely international 홈페이지 https://www.choosingwisely.org, 암 치료의 올바른 선택 홈페이지 https://www.cancer.or.kr/mail/newsletter/2020_06).

도판 목록

그림

표

참고 문헌

사본 및 보존 자료

John Black Papers. South Caroliniana Library, University of South Carolina, Columbia, South Carolina.

William Darrach and George M. Darrach Papers. U.S. National Library of Medicine, National Institute of Health, Bethesda, Maryland.

Glenn Drayton Papers. South Caroliniana Library, University of South Carolina, Columbia, South Carolina.

Edward and William Glover Family Papers. South Caroliniana Library, University of South Carolina, Columbia, South Carolina.

Cleland Kinloch Huger Papers. South Caroliniana Library, University of South Carolina, Columbia, South Carolina.

John Peter Mettauer Papers. U.S. National Library of Medicine. National Institutes of Health, Bethesda, Maryland.

J. J. A. Smith Papers. University of Alabama Archives. Reynolds-Finley

Historical Library, University of Alabama at Birmingham, Alabama.

James Spann Papers. South Caroliniana Library, University of South Carolina, Columbia, South Carolina.

James Davis Trezevant Papers. South Caroliniana Library, University of South Carolina, Columbia, South Carolina.

신문과 잡지

Charleston Courier, 1837

Cork Examiner, 1848

Medical News, 1848

New York Times, 1851–65
Punch, 1862

의학 신문

Baltimore Medical and Philosophical Lycaeum
Boston Medical and Surgical Journal
Carolina Journal of Medicine, Science and Agriculture
Charleston Medical Journal and Review
DeBow's Review of the Southern and Western States. Devoted to Commerce, Agriculture, Manufactures
Journal of American Medical Sciences
Journal of the American Medical Association
Louisville Journal of Medicine and Surgery
Medical and Surgical Reporter
Medical Examiner
Medical Examiner and Record of Medical Science
Medical News
Medical Repository of Original Essays and Intelligence, Relative to Physic, Surgery, Chemistry, and Natural History
New York Medical Journal
North American Medical and Surgical Journal
Philadelphia Journal of Medical and Physical Sciences
Southern Journal of Medicine and Pharmacy
Virginia Medical Monthly

정부 기관 기록

Federal Census, Montgomery Ward, Montgomery, Alabama, December 5, 1850.

United States Census Bureau. "Resident Population and Apportionment of the U.S.House of Representatives." http://www.census.gov/dmd/www/resapport/states/kentucky.pdf.

공개된 1차 사료

Agnew, D. Hayes. "Vesico-Vaginal Fistula," *Medical and Surgical Reporter* 6, no. 26(September 1861): 572~573.

American Slave Narratives: An Online Anthology. http://xroads.virginia.edu/~hyper/wpa/reynold1.html.

"Announcements." *Medical News* 6, no. 65. (May 1848): 60.

Archer, John. "Facts Illustrating a Disease Peculiar to the Female Children of Negro Slaves, and Observations, Showing That a White Woman by Intercourse with a White Man and a Negro, May Conceive Twins, One of Which Shall Be White, and the Other a Mulatto; and That, Vice Versa, a Black Woman by Intercourse with a Negro and a White Man, May Conceive Twins, One of Which Shall be a Negro and the Other a Mulatto." *Medical Repository of Original Essays and Intel ligence, Relative to Physic, Surgery, Chemistry, and Natural History* 1 (February~April 1810): 319~323.

Arkansas Narratives. Vol. 2, pt. 3 of Slave Narratives: A Folk History of Slavery in the United States from Interviews with Former Slaves. Typewritten Records Prepared by the Federal Writers' Project, 1936–1938.

Assembled by the Library of Congress Project Works Project Administration for the District of Columbia. Sponsored by the Library of Congress, Washington, D.C., 1941(http://memory.loc.gov/mss/mesn/023/023.pdf).

Atkins, Charles. "Atkins on the Rupture of the Uterus and Vagina, Terminating in Recovery, with Remarks on These Accidents." *Carolina Journal of Medicine, Science and Agriculture* 1, no. 3 (July 1825): 332~342.

Bailey, R. S. "Art. XI.—Case of Rape.—Death the Consequence," *Charleston Medical Journal and Review* 6, no. 1 (January 1851): 676.

Baldwin, William O. "Observations on the Poisonous Properties of the Sulphate of Quinine," *American Journal of Medical Sciences* 13, no. 26 (April 1847): 292~310.

Beecher, *Catharine. Letters to the People on Health and Happiness*. New York: Harper& Brothers, 1855.

Bellinger, John. "Art. I.—Operations for the Removal of Abdominal Tumours. "Art. I.—Operations for the Removal of Abdominal Tumours. Case I.—

Extirpation of an Ovarian Tumour, Complicated with Hydrops Uteri—Recovery." *Southern Journal of Medicine and Pharmacy* 2, no. 3. (May 1847): 241~245.

Beverly, Robert, Jr. The History and Present State of Virginia. 1705, 1722. http://nationalhumanitiescenter.org/pds/becomingamer/growth/text1/virginiabeverley.pdf.

Bliss, Arthur Ames. *Blockley Days: Memories and Impressions of a Resident Physician, 1883–1884*, Philadelphia: Printed for private distribution, 1916.

Buell, W. P. "Report on the Diseases of Females Treated at the New York Dispensary, from May 1842 to May 1843." *American Journal of Medical Sciences* 7, no. 13(January 1844): 96~117.

Burnwell, George N."Article IV.—Statistics and Cases of Midwifery; Compiled from the Records of the Philadelphia Hospital, Blockley." *American Journal of the Medical Sciences* 7, no. 14 (April 1844): 317~339.

Campbell, Henry F., and Robert Campbell. *Regulations of Jackson Street Hospital, and Surgical Infirmary for Negroes.* Augusta, Ga.: Jeremiah Morris, Printer, 1859. http://archive.org /stream/regulations00jack/regulations00jack djvu.txt.

Cartwright, Samuel. "Agricultural and Plantation Department: Diseases and Peculiarities of the Negro Race." *DeBow's Review of the Southern and Western States. Devoted to Commerce, Agriculture, Manufactures* 1, no. 1. (July 1851): 64~74.

Churchill, Fleetwood. "Observations on the Diseases Incident to Pregnancy and Childbed." *Boston Medical and Surgical Journal* (1840): 250.

"City Poor—Interesting Items of Number, Cost, & c.—New Plan of Supporting Them, & c." *Journal of Prison Discipline and Philanthropy* 14, no. 1 (January 1859): 22~26.

Code of Ethics of the American Medical Association. Philadelphia: T. K. & P. G. Collins, 1854.

Craghead, William G. "A Remarkable Case of Double Pregnancy—One Ovum Entering the Uterus, the Other Being Arrested in the Tube. Communicated by Hugh L. Hodge, M.D., Professor Midwifery in the University of Pennsylvania." *American Journal of the Medical Sciences* 19, no. 37 (January 1850): 114~116.

"Destitute Emigrants." In *The Ocean Plague by a Cabin Passenger*, 118~123. Boston:n.

p., 1848. Reprinted from the *Cork Examiner*

Dexter, George T. "Singular Case of Hiccough Caused by Masturbation." *Boston Medical and Surgical Journal* 32, no. 10 (April 1845): 195~197.

Douglass, John. "A Brief Essay on the Best Mode of Preserving Health on Plantations." *Southern Journal of Medicine and Pharmacy* 2, no. 1. (February 1847): 216~219.

Dunbar, Paul Laurence. *Lyrics of Lowly Life*. London: Chapman & Hall, 1897.

Elliot, George T. "Induction of Premature Labor with the Douche." *New York Journal of Medicine* 2, no. 3 (May 1857): 331.

Emmet, Thomas Addis. *Incidents of My Life, Professional, Literary, Social, with Services in the Cause of Ireland*. New York: G. P. Putnam's Sons, Knickerbocker Press, 1911.

———. *Reminiscences of the Founders of the Woman's Hospital Association*. New York: Stuyvesant Press, 1893.

Eve, Paul F., and Charles D. Meigs. "Article XII—Case of Excision of the Uterus." *American Journal of Medical Sciences* (October 1850): 40, 397.

Ewell, James. *The Medical Companion or Family Physician*. Philadelphia: Carey, Lea, & Blanchard, 1834.

Fenner, C. S. "Vesico-Vaginal Fistula." *American Journal of the Medical Sciences* 38, no. 76 (October 1859): 353~355.

Finley, S. B. R. "Article V.—Case of Menstruation from the Mammae." *Carolina Journal of Medicine, Science, and Agriculture* 1, no. 3 (July 1825): 263~264.

Fordos, M. "On the Employment of Carbonic Acid as a Medicinal Agent." In *The Retrospect of Practical Medicine and Surgery*, edited by W. Braithwaite, 205~208. New York: W. A. Townsend, 1859.

Fox, George. "Article I. Account of a Case in Which the Cæsarean Section, Performed by Prof. Gibson, was a Second Time Successful in Saving Both Mother and Child." *American Journal of Medical Sciences* 22, no. 43 (May 1838): 13~23.

———. "Midwifery." *North American Medical and Surgical Journal* 12, no. 24 (October 1831): 484~492.

Gaillard, P. C. "Art. VII.—Remarks on Trismus Nascentium." *Southern Journal of*

Medicine and Pharmacy 1, no. 1 (January 1846): 499~506.

Gallaher, Thomas J. "Case of Rupture of the Uterus." *Medical Examiner and Record of Medical Science* 14, no. 77 (May 1851): 291~295.

Gegan, John, Jr. "Case of Spontaneous Rupture of the Uterus." *Medical and Surgical Reporter* 1, no. 21 (February 1859): 360~362.

Gliddon, George, and Josiah Nott. "Types of Mankind." *Georgia Blister and Critic* 1, no. 5 (July 1854): 112.

Hamilton, George. "Case of Diseased Uterus." *Medical Examiner 3,* no. 10 (March 1840): 157~158.

Harris, Stephen N. "Case of Ovarian Pregnancy." *Southern Journal of Medicine and Pharmacy* 1, no. 1 (January 1846): 371~377.

Harris, William Lett. "John Peter Mettauer, A.M., M.D., LL.D.: A Country Surgeon." *American Medical Association. Reprinted from the Virginia Medical Monthly* (November 1926): 1~18.

Harrison, John P. G. "Cases in Midwifery." *American Journal of the Medical Sciences* 15, no. 30 (February 1835): 366~374.

Hassard, John R. G. *Life of the Most Reverend John Hughes, D.D, First Archbishop of New York, with Extracts from His Private Correspondence.* New York: D. Appleton, 1866.

Hegel, Georg Wilhelm Friedrich. *The Phenomenology of Mind. Translated with an introduction and notes by J. B. Baillie.* London: G. Allen & Unwin; New York: Humanities Press, 1931.

Heustis, J. W. "Case of Strangulated Umbilical Hernia, with Removal of the Cyst, Followed by a Radical Cure." *American Journal of the Medical Sciences* 26, no. 32 (August 1835): 380~381.

Jackson, J. B. S. "Malformation of the Internal Genital Organs in an Adult Female." *American Journal of Medical Sciences* 22, no. 44 (August 1838): 393~395.

Jacobs, Harriet. *Incidents in the Life of a Slave Girl. 1861*; repr., New York: Oxford University Press, 1988.

Jarvis, Edward. "Insanity among the Coloured Population of the Free States: Table I. Table II. Table III. Table IV. Deaf and Dumb and Blind, among the Coloured Population." *American Journal of the Medical Sciences* 7, no. 13. (January

1844): 71~84.

Jefferson, Thomas. *Notes on the State of Virginia.* 1782; repr., Boston: Lilly & Wait, 1832.

Johnson, Charles S. *Shadow of the Plantation.* http://www.dollsgen.com/slavenarratives.html.

Johnston, George Ben. *A Sketch of Dr. John Peter Mettauer of Virginia.* Richmond, Va.: American Surgical Association, 1905.

Kelly, Howard. *Medical Gynecology.* New York: D. Appleton, 1908.

Kemble, Frances. *Journal of a Residence on a Georgian Plantation in 1838–1839.* New York: Harpers & Brothers, Franklin Square, 1863.

Maguire, John Francis. *The Irish in America.* London: Longmans, Green, 1868.

Meigs, Charles D. *Females and Their Diseases: A Series of Letters to His Class.* Philadelphia: Lea & Blanchard, 1848.

———. *Lecture on Some of the Distinctive Characteristics of the Female, Delivered before the Class of the Jefferson Medical College,* Philadelphia, January 5, 1847.Philadelphia: T. K. and P. G. Collins, Printers, 1847.

Mettauer, John Peter. "Vesico-VaginalFistula." *Boston Medical and Surgical Journal* 22, no. 10 (April 1840): 154~155.

———. "Fistula." *American Journal of Medical Sciences* 14, no. 27 (July 1847): 117~121.

Niles, Hezekiah. "Miscellaneous." *Niles Weekly Register*, November 2, 1834, 132.

Nordhoff, Charles. *The Freedmen of South-Carolina: Some Account of Their Appearance, Character, Condition, and Peculiar Customs.* New York: Charles T. Evans, 1863.

"On The Diseases Incident to Pregnancy and Child-bed." *Boston Medical and Surgical Journal* 23, no. 16 (November 1840): 1~8.

Pendelton, E. M. "The Comparative Fecundity of the Black and White Races." *Charleston Medical Journal and Review* 6(1851): 351.

Redpath, James. *The Roving Editor; or, Talks with Slaves in Southern States.* New York: A. B. Burdick, 1859.

Sanger, William W. *The History of Prostitution: Its Extent, Causes, and Effects throughout the World.* New York: Harper, 1859.

Savage, Henry. *The Surgery, Surgical Pathology, and Surgical Anatomy of the Female Pelvic Organs, in a Series of Coloured Plates Taken from Nature* (London: John Churchill & Sons, 1862).

Sims, James Marion. *Silver Sutures in Surgery: The Anniversary Discourse before the New York Academy of Medicine*. New York: Samuel S. & William Wood, 1858.

———. *The Story of My Life*. New York: D. Appleton, 1884.

———. "Trismus Nascentium—Its Pathology and Treatment." *American Journal of the Medical Sciences* 11, no. 21 (April 1846): 363~381.

Small, E. A. *Treatise on Inflammatory Disease of the Uterus, and Its Appendages, and on Ulceration and Enlargement of the Neck of the Uterus in Which the Morbid Uterine Manifestations and Functional Derangements Are Explained and Illustrated*. Boston: Sanborn, Carter & Bazin, 1856.

Stevens, Alex H. "A Case of Contraction to the Vagina, from Sloughing Caused by a Tedious Labour in Which the Cicatrix Was Safely Divided by a Bistourie to Facilitate Parturition during a Subsequent Labour." *Medical and Surgical Register, Consisting Chiefly of Cases in the New York* 1, pt. 2 (June 1820): 163~170.

Swett, John A. "Protracted Adhesion of a Portion of the Placenta, with Final Sloughing." *Boston Medical and Surgical Journal* 13, no. 14 (November 1835): 217~219.

Thomas, T. Gaillard. *The History of Nine Cases of Ovariotomy*. New York: D. Appleton, 1869.

Tidyman, Philip G. "Sketch of the Most Remarkable Diseases of the Negroes of the Southern States with an Account of the Method of Treating Them, Accompanied by Physiologic Observations." *Philadelphia Journal of Medical and Physical Sciences* 3, no. 6 (April 1826): 306–38.

Tiedemann, Frederick. "On the Brain of the Negro, Compared with That of the European and the Ourang-Outang." *Louisville Journal of Medicine and Surgery* 1, no. 1 (January 1838): 245~246.

Tunnicliff Catterall, Helen, ed. *Judicial Cases concerning American Slavery and the Negro. Vol. 2, Cases from the Courts of North Carolina, South Carolina, and Tennessee*. Washington, D.C.: Carnegie Institution of Washington, 1929.

Visiting Committee Minutes. Massachusetts General Hospital Association. March 23,

1827.

Warner, Lucien. *A Popular Treatise on the Functions and Diseases of Women.* New York: Manhattan, 1874.

Whyte, Robert H. *The Journey of an Irish Coffin Ship*, http://xroads.virginia.edu/~HYPER/SADLIER/IRISH/RWhyte.htm, from *The Ocean Plague; or, A Voyage to Quebec in an Irish Immigrant Vessel* (Boston: Coolidge and Wiley, 1848).

Wragg, John A. "Article II.—Case of Rupture of the Uterus." *Southern Journal of Medicine and Pharmacy* 2, no. 1 (March 1847): 146~148.

Wright, Thomas H. "On the Prussiate of Iron in Uterine Hemorrhage." *Baltimore Medical and Philosophical Lycaeum* 1, no. 3 (July 1811): 279~283.

2차 자료

"African American Women and Infertility: An Unmet Need." PRNewswire. http://www.prnewswire.com/news-releases/african-american-women-and-infertility-an-unmet-need-145776205.html.

Anbinder, Tyler. "From Famine to Five Points: Lord Lansdowne's Irish Tenants Encounter North America's Most Notorious Slum." *American Historical Review* 107, no. 2 (April 2002): 351~387.

Apter, Andrew. "The Blood of Mothers: Women, Money, and Markets in Yoruba-Atlantic Perspective." *Journal of African American History* 98, no. 1 (Winter 2013): 72~98.

Baptist, Edward. "The Absent Subject: African-American Masculinity and Forced Migration to the Antebellum Plantation Frontier." In *Southern Manhood: Perspectives on Masculinity in the Old South.* Athens: University of Georgia Press, 2004.

Baptist, Edward E., and Stephanie M. H. Camp. *New Studies in the History of American Slavery.* Athens: University of Georgia Press, 2006.

Barker-Benfield, G. J. *The Horrors of the Half-Known Life: Male Attitudes toward Women and Sexuality in Nineteenth-Century America.* New York: Harper & Row, 1976.

Berlin, Ira, Marc Favreau, and Steven F. Miller, eds. *Remembering Slavery: AfricanAmericans Talk about Their Personal Experiences of Slavery and Freedom.* New

York: New Press in association with the Library of Congress, 1998.

Blakely, Robert, and Judith Harrington. *Bones in the Basement: Postmortem Racism in Nineteenth-Century Medical Training*. Washington, D.C.: Smithsonian Institute Press, 1997.

Blassingame, John W., ed. *Slave Testimony: Two Centuries of Letters, Speeches, Interviews, and Autobiographies*. Baton Rouge: Louisiana State University Press, 1977.

Block, Sharon. *Rape and Sexual Power in Early America*. Chapel Hill: University of North Carolina Press, 2006.

Breeden, James O., ed. *Advice among Masters: The Ideal in Slave Management in the Old South*. Westport, Conn.: Greenwood Press, 1980.

Breslaw, Elaine G. *Lotions, Potions, Pills, and Magic: Health Care in Early America*. New York: New York University Press, 2012.

Briggs, Laura. "The Race of Hysteria: 'Overcivilization' and the 'Savage' Woman in Late Nineteenth-Century Obstetrics and Gynecology." *American Quarterly* 52, no. 2. (June 2000): 246~273.

Brooks Higginbotham, Evelyn. "African American Women's History and the Metalanguage of Race." *Signs* 17, no. 2 (Winter 1992): 251~274.

Brunton, Deborah. *Women's Health and Medicine: Health and Wellness in the Nineteenth Century*. Santa Barbara, Calif.: Greenwood Press, 2014.

Byrd, W. Michael, and Linda A. Clayton. *An American Health Dilemma: A Medical History of African Americans and the Problems of Race; Beginnings to 1900*. New York: Routledge, 2000.

Camp, Stephanie M. H. *Closer to Freedom: Enslaved Women and Everyday Resistance in the Plantation South*. Chapel Hill: University of North Carolina Press, 2004.

———. "The Pleasures of Resistance: Enslaved Women and Body Politics in the Plantation South, 1830–1861." *Journal of Southern History* 68, no. 3 (August 2002): 533~572.

Campbell, John. "Work, Pregnancy, and Infant Mortality among Southern Slaves." *Journal of Interdisciplinary History* 14, no. 4 (Spring 1984): 793~812.

Caton, Donald. *What a Blessing She Had Chloroform: The Medical and Social Response to the Pain of Childbirth from 1800 to the Present*. New Haven, Conn.: Yale University Press, 1999.

Clark Hine, Darlene. *HineSight: Black Women and the Re-Construction of American History*. Brooklyn: Carlson, 1994.

———. "Rape and the Inner Lives of Black Women in the Middle West: Preliminary Thoughts on the Culture of Dissemblance." Special issue, "Common Grounds and Crossroads: Race, Ethnicity, and Class in Women's Lives," *Signs* 14, no. 4 (Summer 1989): 912~920.

Clark Hine, Darlene, and Kathleen Thompson. *A Shining Thread of Hope: The History of Black Women in America*. New York: Broadway Books, 1998.

Clayton, Ronnie. *Mother Wit: The Ex-slave Narratives of the Louisiana Writers' Project.* New York: Peter Lang, 1990.

Cooper Owens, Deirdre B. "The Tie That Binds: Black and Irish Women's Bodies, Experimental Surgery and Reproductive Care." Paper presented at the Ninety-Second Annual Association for the Study of African-American Life and History, Charlotte, N.C., October 2007.

Cott, Nancy F. *The Bonds of Womanhood: "Women's Sphere" in New England, 1780–1835*. 2nd ed. New Haven, Conn.: Yale University Press, 1997.

———. ed. *Root of Bitterness: Documents of the Social History of American Women.* New York: E. P. Dutton, 1972.

Curran, Andrew S. *The Anatomy of Blackness: Science and Slavery in an Age of Enlightenment.* Baltimore: Johns Hopkins University Press, 2013.

Curtis, L. Perry, Jr. *Anglo-Saxons and Celts: A Study of Anti-Irish Prejudice in Victorian England.* Bridgeport, Conn: Conference on British Studies at the University of Bridgeport, 1968. Distributed by New York University Press.

———. *Apes and Angels: The Irishman in Victorian Caricature.* Washington, D.C.:Smithsonian Institution Press, 1997.

Dain, Bruce. *A Hideous Monster of the Mind: American Race Theory in the Early Republic.* Cambridge, Mass.: Harvard University Press, 2002.

Dezell, Maureen. *Irish America: Coming into Clover; The Evolution of a People and a Culture.* New York: Doubleday, 2000.

Diner, Hasia R. *Erin's Daughters in America: Irish Immigrant Women in the Nineteenth Century.* Baltimore: Johns Hopkins University Press, 1983.

Dooley, Brian. *Black and Green: The Fight for Civil Rights in Northern Ireland and Black*

America. London: Pluto Press, 1998.

Dorsey, Bruce. *Reforming Men and Women: Gender in the Antebellum City*. Ithaca, N.Y.: Cornell University Press, 2002.

Dosite Postell, William. *The Health of Slaves on Southern Plantations*. Baton Rouge: Louisiana State University Press, 1951.

Downs, Jim. *Sick from Freedom: African-American Illness and Suffering during the Civil War and Reconstruction*. New York: Oxford University Press, 2012.

Doyle, Bertram Wilbur. *The Etiquette of Race Relations in the South: A Study in Social Control*. Chicago: University of Chicago Press, 1937.

Dusinberre, William. *Them Dark Days: Slavery in the American Rice Swamp*. New York: Oxford University Press, 1996.

Ebert, Myrl. "The Rise and Development of the American Medical Periodical 1797–1850." *Journal of Medical Library Association* 100, E (July 1952): 243~276.

Eltis, David. "Europe, Revolution and the Transatlantic Slave Trade." Paper presented to the History Department at the University of California, Los Angeles, November 8, 2007.

Fanon, Frantz. *Black Skin, White Masks. Translated by Charles Lam Markmann*. New York: Grove Press, 1967.

Felstein, Stanley, ed. *Once a Slave: The Slaves' View of Slavery*. New York: William Morrow, 1971.

Fett, Sharla. *Working Cures: Healing, Health, and Power on Southern Slave Plantations*. Chapel Hill: University of North Carolina Press, 2002.

Fields, Barbara, and Karen E. Fields. *Racecraft: The Soul of Inequality in American Life*. London: Verso, 2012.

Finkelman, Paul. *Slavery and the Founders: Race and Liberty in the Age of Jefferson*. Armonk, N.Y.: M. E. Sharpe, 2001.

Fitzgerald, Maureen. *Habits of Compassion: Irish Catholic Nuns and the Origins of New York's Welfare System, 1830–1920*. Urbana: University of Illinois Press, 2006.

Flexner, Abraham. *Medical Education in the United States and Canada: A Report to the Carnegie Foundation for the Advancement of Teaching*. Bulletin no. 4. New York: Carnegie Foundation for the Advancement of Teaching, 1910.

Fogel, Robert William. *Without Consent or Contract: The Rise and Fall of American Slavery*. New York: Norton, 1989.

Gaspar, David Barry, and Darlene Clark Hine. *More Than Chattel: Black Women and Slavery in the Americas.* Bloomington: Indiana University Press, 1996.

Geary, Laurence M. *Medicine and Charity in Ireland, 1718–1851*. Dublin: University College Dublin Press, 2004.

Genovese, Eugene. *The Political Economy of Slavery: Studies in the Economy and Society of the Slave South*. New York: Pantheon Books, 1965.

Gentile O'Donnell, Donna. *Provider of Last Resort: The Story of the Closure of the Philadelphia General Hospital.* Philadelphia: Camino Books, 1995.

Gerber, David. *The Making of an American Pluralism: Buffalo, New York, 1825–60.* Urbana: University of Illinois Press, 1989.

Gilman, Sander L. "Black Bodies, White Bodies: Toward an Iconography of Female Sexuality in Late-Nineteenth- Century Art, Medicine, and Literature." *Critical Inquiry* 12, no. 1 (Autumn 1985): 204~242.

Gomez, Michael. *Exchanging Our Country Marks: The Transformation of African Identity in the Colonial and Antebellum South, 1526–1830*. Chapel Hill: University of North Carolina Press, 1998.

Gould, Steven Jay. *The Flamingo's Smile*. New York: Norton, 1985.

———. *The Mismeasure of Man*. New York: Norton, 1996.

Graham Goodson, Martha. "Enslaved Africans and Doctors in South Carolina." *Journal of the National Medical Association* 95, no. 3 (March 2003): 225~233.

Gray, Laman A. *The Life and Times of Ephraim McDowell.* Louisville, Ky.: Gheens Foundation, 1987.

Gray White, Deborah. *Ar'n't I a Woman? Female Slaves in the Plantation South*. New York: Norton, 1985.

Green, Monica H. *Making Women's Medicine Masculine: The Rise of Male Authority in Pre-modern Gynecology*. Oxford: Oxford University Press, 2008.

Groneman, Carol. "Working-Class Immigrant Women in Mid-Nineteenth-Century New York: The Irish Woman's Experience." *Journal of Urban History* 4, no. 3 (May 1978): 255~273.

Harding, Sandra. "Taking Responsibility for Our Own Gender, Race, Class:

Transforming Science and the Social Studies of Science." *Rethinking Marxism* 11, no. 3 (Fall 1989): 8~19.

Harris, Leslie M. *In the Shadow of Slavery: African Americans in New York City, 1626–1863.* Chicago: University of Chicago Press, 2003.

Hartman, Saidiya V. *Scenes of Subjugation: Terror, Slavery, and Self-Making in Nineteenth-Century America.* New York: Oxford University Press, 1997.

Hill Collins, Patricia. *Black Feminist Thought: Knowledge, Consciousness, and the Politics of Empowerment.* 2nd ed. New York: Routledge, 2000.

———. *Fighting Words: Black Women and the Search for Justice.* Minneapolis: University of Minnesota Press, 1998.

Horning, Audrey. *Ireland in the Virginian Sea: Colonialism in the British Atlantic.* Chapel Hill: University of North Carolina Press. 2014.

Hurmence, Belinda, ed. *Before Freedom, When I Just Can Remember: Twenty-Seven Oral Histories of Former South Carolina Slaves.* Winston-Salem, N.C.: John F. Blair, 1989.

———. *We Lived in a Little Cabin in the Yard.* Winston-Salem, N.C.: John F. Blair, 1994.

Hurston, Zora Neale. "What White Publishers Won't Print." *Negro Digest*, April 1950, 89.

Ignatiev, Noel. *How the Irish Became White.* New York: Routledge, 1995.

Irvin Painter, Nell. "Why White People Are Called 'Caucasian.' " Paper presented at the Fifth Annual Gilder Lehrman Center International Conference, for the "Collective Degradation: Slavery and the Construction of Race" panel, Yale University, New Haven, Conn., November 8, 2003.

Ivy, Nicole. "Bodies of Work: A Meditation on Medical Imaginaries and Enslaved Women." *Souls: A Critical Journal of Black Politics, Society, and Culture* 18, no.1 (June 2016): 11~31.

James, Joy, and T. Denean Sharpley-Whiting. *Black Feminist Reader.* Malden, Mass.: Blackwell, 2000.

Jenkins Schwartz, Marie. *Birthing a Slave: Motherhood and Medicine in the Antebellum South.* Cambridge, Mass.: Harvard University Press, 2006.

Johnson, Walter. *Soul by Soul: Life inside the Antebellum Slave Market.* Cambridge,

Mass.: Harvard University Press, 1999.

Jones, Jacqueline. *Labor of Love, Labor of Sorrow: Black Women, Work, and the Family from Slavery to the Present.* New York: Basic Books, 1985.

Jordan, Winthrop D. *White over Black: American Attitudes toward the Negro, 1550–1812.* Chapel Hill: University of North Carolina Press, 1968.

Kenny, Kevin. *The American Irish: A History.* Essex, U.K.: Pearson Education Limited, 2000.

Kenny, Stephen. "The Development of Medical Museums in the Antebellum American South: Slave Bodies in Networks of Anatomical Exchange." *Bulletin of the History of Medicine* 87, no. 1 (Spring 2013): 12.

Kerber, Linda K., Alice Kessler-Harris, and Kathryn Kish Sklar. *U.S. History as Women's History: New Feminist Essays.* Chapel Hill: University of North Carolina Press, 1995.

Kraut, Alan M. *Silent Travelers: Germs, Genes, and the "Immigrant Menace."* Baltimore: Johns Hopkins University Press, 1995.

Kuhn McGregor, Deborah. *From Midwives to Medicine: The Birth of American Gynecology.* New Brunswick, N.J.: Rutgers University Press, 1998.

Lefkowitz Horowitz, Helen. *Rereading Sex: Battles over Sexual Knowledge and Suppression in Nineteenth-Century merica.* New York: Vintage Books, 2002.

Lowy, Ilana. "Historiography of Biomedicine: 'Bio,' 'Medicine,' and In Between." *Isis* 102, no. 1 (March 2011).

Lucas, Marion B. *A History of Blacks in Kentucky: From Slavery to Segregation, 1760–1891.* Lexington: University Press of Kentucky, 2003.

Lynch-Brennan, Margaret. "Ubiquitous Biddy: Irish Immigrant Women in Domestic Service in America, 1840–1930." PhD diss., University at Albany, State University of New York, 2002.

"Marion Sims and the Southern Gynecologists." *Journal of the American Medical Association* 60, no. 4. (January 1913): 285.

McCaffrey, Lawrence J. *The Irish Diaspora in America.* Washington, D.C.: Catholic University of America Press, 1984.

McCauley, Bernadette. *Who Shall Take Care of Our Sick? Roman Catholic Sisters and the Development of Catholic Hospitals in New York City.* Baltimore: Johns Hopkins

University Press, 2005.

McElligott, Anthony, Liam Chambers, Ciara Breathnach, and Catherine Lawless. *Power in History: From Medieval Ireland to the Post-Modern World.* Dublin: Irish Academic Press, 2011.

McKitrick, Eric L. *Slavery Defended: The Views of the Old South.* Englewood Cliffs, N.J.: Prentice-Hall, 1963.

Melton, Robert, ed. *Celia, a Slave.* Athens: University of Georgia Press, 1991.

Menken, Jane, James Trussel, and Susan Watkins. "The Nutrition Fertility Link: An Evaluation of the Evidence." *Journal of Interdisciplinary History* 11, no. 3 (Winter 1981): 425~444.

Minges, Patrick, ed. *Far More Terrible for Women: Personal Accounts of Women in Slavery.* Winston-Salem, N.C.: John F. Blair, 2006.

Morantz-Sanchez, Regina. *Conduct Unbecoming a Woman: Medicine on Trial in Turn-ofthe-Century Brooklyn.* New York: Oxford University Press, 1999.

Morgan, Jennifer. *Laboring Women: Reproduction and Gender in New World Slavery.* Philadelphia: University of Pennsylvania Press, 2004.

Morris, David B. *The Culture of Pain.* Berkeley: University of California Press, 1991.

Morrison, Toni, ed. *Race-ing Justice, En-gendering Power: Essays on Anita Hill, Clarence Thomas, and the Construction of Social Reality.* New York: Pantheon Books, 1992.

Numbers, Ronald, and Todd L. Savitt. *Science and Medicine in the Old South.* Baton Rouge: Louisiana State University Press, 1989.

Nystrom, Judy. "Everyday Life in Danville during Dr. Ephraim McDowell's Era, 1802–1830". Washington, D.C.: American College of Obstetricians and Gynecologists, 1989.

O'Neill, John. *Five Bodies: The Human Shape of Modern Society.* Ithaca, N.Y.: Cornell University Press, 1985.

Painter, Nell Irvin. *Soul Murder and Slavery: Toward a Fully Loaded Cost Accounting.* Waco, Tex.: Baylor University Press, 1995.

Perdue, Charles L., Thomas E. Barden, and Robert K. Phillips, eds. *Weevils in the Wheat: Interviews with Virginia Ex-slaves.* Charlottesville: University Press of

Virginia, 1976.

Pernick, Martin S. A *Calculus of Suffering: Pain, Professionalism, and Anesthesia in Nineteenth-Century America.* New York: Columbia University Press, 1985.

Philips, Ulrich B. *American Negro Slavery: A Survey of the Supply, Employment, and Control of Negro Labor, as Determined by the Plantation Regime.* New York: D. Appleton, 1918.

Porter, Roy. *Paddy and Mr. Punch: Connections in Irish and English History.* London: Allen Lane, 1993.

Rawick, George P., ed. *The American Slave: A Composite Autobiography.* Westport, Conn.: Greenwood, 1972.

Richardson, Jean. *A History of the Sisters of Charity Hospital, Buffalo, New York, 1848–1900.* Lewiston, N.Y.: Edwin Mellen Press, 2005.

Roberts, Dorothy. *Killing the Black Body: Race, Reproduction, and the Meaning of Liberty.* New York: Vintage Books, 1997.

Roberts, Samuel K. *Infectious Fear: Politics, Disease, and the Health Effects of Segregation.* Chapel Hill: University of North Carolina Press, 2009.

Roediger, David. *The Wages of Whiteness: Race and the Making of the American Working Class.* London: Verso, 1991.

Rosenberg, Charles E. *The Care of Strangers: The Rise of America's Hospital System.* Baltimore: Johns Hopkins University Press, 1987.

Rosenberg, Charles E., and Janet Golden, eds. *Framing Disease: Studies in Cultural History.* New Brunswick, N.J.: Rutgers University Press, 1991.

Rutkow, Ira M. "Medical Education in Early 19th Century America." *Archives of Surgery* 134, no. 4 (April 1999): 453.

Sandoval, Chela. *Methodology of the Oppressed: Theory out of Bounds.* Minneapolis: University of Minnesota Press, 2000.

Sappol, Michael. *A Traffic of Dead Bodies: Anatomy and Embodied Social Identity in Nineteenth-Century America.* Princeton, N.J.: Princeton University Press, 2002.

Savitt, Todd L. *Medicine and Slavery: The Diseases and Health Care of Blacks in Antebellum Virginia.* Urbana: University of Illinois Press, 1978.

———. *Race and Medicine in Nineteenth- and Early-Twentieth- Century America.* Kent, Ohio: Kent State University Press, 2007.

———. "The Use of Blacks for Medical Experimentation and Demonstration in the Old South." *Journal of Southern History* 48, no. 3 (August 1982): 331~348.

Schachner, August. *Ephraim McDowell: "Father of Ovariotomy" and Founder of Abdominal Surgery, with an Appendix on Jane Todd Crawford*. Philadelphia: J. B. Lippincott, 1921.

Schiebinger, Londa. *Nature's Body: Gender in the Making of Modern Science*. Boston: Beacon Press, 2004.

Schroeder, Lars. *Slave to the Body: Black Bodies, White No-Bodies and the Regulative Dualism of Body-Politics in the Old South*. Frankfurt: Peter Lang, 2003.

Shriver, Alexis J. "Dr. John Archer: The First Graduate of Medicine in America (1768), and His Home 'Medical Hall,' in Harford County, Maryland." *Bulletin of the Medical Library Association* 20, no. 3 (January 1932): 90~101.

Sommerville, Diane Miller. *Rape and Race in the Nineteenth-Century South*. Chapel Hill: University of North Carolina Press, 2004.

Spillers, Hortense. "Mama's Baby, Papa's Maybe: An American Grammar Book," *Diacritics* 17, no. 2 (Summer 1987): 64~81.

Steckel, Richard H. "Antebellum Southern White Fertility: A Demographic and Economic Analysis." *Journal of Economic History* 40, no. 2 (June 1980): 331~350.

Stevenson, Brenda E. *Life in Black and White: Family and Community in the Slave South*. New York: Oxford University Press, 1996.

Stowe, Steven M. *Doctoring the South: Southern Physicians and Everyday Medicine in the Mid–Nineteenth Century*. Chapel Hill: University of North Carolina Press, 2004.

Takaki, Ronald. *Iron Cages: Race and Culture in Nineteenth-Century America*. New York: Oxford University Press, 1990.

Taylor, Ula. "Women in the Documents: Thoughts on Uncovering the Personal, Political, and Professional." Journal of Women's History 20, no. 1 (Spring 2008): 187~196.

Walker, Alice. *In Search of Our Mothers' Gardens: Prose*. San Diego: Harcourt Brace Jovanovich, 1983.

Wallace, Michele. *Black Macho and the Myth of the Superwoman*. New York: Dial Press, 1979.

Wallace-Sanders, Kimberly. *Skin Deep, Spirit Strong: The Black Female Body in American Culture*. Malden, Mass.: Blackwell, 2000.

Walter, Bronwen. *Outsiders Inside: Whiteness, Place, and Irish Women*. London: Routledge, 2001.

Walzer Leavitt, Judith. *Brought to Bed: Childbearing in America, 1750–1950*. New York: Oxford University Press, 1988.

———. *Women and Health in America: Historical Readings*. Madison: University of Wisconsin Press, 1984.

Waring, Joseph. *A History of Medicine in South Carolina, 1670–1825*. Vol. 1. Columbia: South Carolina Medical Association, 1964.

Washington, Harriet. *Medical Apartheid: The Dark History of Medical Experimentation on Black Americans from Colonial Times to the Present*. New York: Doubleday, 2007.

Weiner, Marli. *Mistresses and Slaves: Plantation Women in South Carolina, 1830–80*. Urbana: University of Illinois Press, 1997.

Weiner, Marli, and Mazie Hough. *Sex, Sickness, and Slavery: Illness in the Antebellum South*. Urbana: University of Illinois Press, 2012.

Weyers, Wolfgang. *The Abuse of Man: An Illustrated History of Dubious Medical Experimentation*. New York: Ardor Scribendi, 2003.

Williams, Horace Randall, ed. *Weren't No Good Times: Personal Accounts of Slavery in Alabama*. Winston-Salem, N.C.: John F. Blair, 2004.

Willoughby, Christopher. "Pedagogies of the Black Body: Race and Medical Education in the Antebellum United States." PhD diss., Tulane University, 2016.

Wood, Betty. *The Origins of American Slavery: Freedom and Bondage in the English Colonies*. New York: Hill & Wang, 1997.

Woodman, Harold D. *Slavery and the Southern Economy: Sources and Readings*. New York: Harcourt, Brace & World, 1966.

Wyant Howell, Donna, ed. *I Was a Slave: True Life Stories Told by Former American Slaves in the 1930s*. Washington, D.C.: American Legacy Books, 1997.

Yancy, George. *White Gazes: The Continuing Significance of Race.* Lanham, Md.: Rowman & Littlefield, 2008

Yetman, Norman. "Ex-Slave Interviews and the Historiography of Slavery," *American Quarterly* 36, no. 2 (1984): 181~210.

———. *Life under the "Peculiar Institution": Selections from the Slave Narrative Collection.* New York: Holt, Rinehart & Winston, 1970.

———. *Voices from Slavery: 100 Authentic Slave Narratives.* Mineola, N.Y.: Dover, 1999.

Young Ridenbaugh, Mary. *The Biography of Ephraim McDowell, M.D.: "The Father of Ovariotomy."* New York: Charles L. Webster, 1890.

찾아보기

*260쪽 이후는 주에 포함된 내용이다.

치유와 억압의 집, 여성병원의 탄생
:왜 여성들은 산부인과가 불편한가?

1판 1쇄 인쇄 2021년 3월 10일
1판 1쇄 발행 2021년 3월 23일

지은이 디어드러 쿠퍼 오윈스 | 옮긴이 이영래 | 감수·추천 윤정원
책임편집 김지은 | 편집부 김지하 홍은비 | 표지 디자인 studio-brn

펴낸이 임병삼 | 펴낸곳 갈라파고스
등록 2002년 10월 29일 제2003-000147호
주소 03938 서울시 마포구 월드컵로 196 대명비첸시티오피스텔 801호
전화 02-3142-3797 | 전송 02-3142-2408
전자우편 books.galapagos@gmail.com
ISBN 979-11-87038-68-9 (03300)

갈라파고스 자연과 인간, 인간과 인간의 공존을 희망하며, 함께 읽으면 좋은 책들을 만듭니다.